国际法新视野研究丛书
本书是国家社科基金项目（编号：12CFX101）中期成果
中央高校基本科研业务费专项资金资助项目（项目编号：2013-Ib-063）成果

武装冲突中文化财产的国际法保护研究

胡秀娟 著

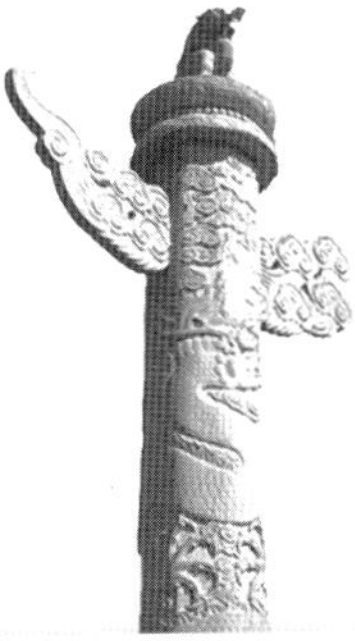

WUHAN UNIVERSITY PRESS
武汉大学出版社

图书在版编目(CIP)数据

武装冲突中文化财产的国际法保护研究/胡秀娟著.—武汉：武汉大学出版社,2014.10
国际法新视野研究丛书
ISBN 978-7-307-14364-7

Ⅰ.武…　Ⅱ.胡…　Ⅲ.文化—财产—保护—国际法—研究
Ⅳ.D997.1

中国版本图书馆 CIP 数据核字(2014)第 213302 号

责任编辑:胡　荣　　　责任校对:鄢春梅　　　版式设计:马　佳

出版发行：武汉大学出版社　（430072　武昌　珞珈山）
（电子邮件：cbs22@whu.edu.cn　网址：www.wdp.com.cn）
印刷:武汉中远印务有限公司
开本：720×1000　1/16　　印张:14　字数:200 千字　插页:1
版次:2014 年 10 月第 1 版　　2014 年 10 月第 1 次印刷
ISBN 978-7-307-14364-7　　定价:33.00 元

目　录

导　　论

一、为什么在武装冲突中还要保护文化财产？

Lives are being lost. Families are becoming refugees. Children are being maimed. Why care for monuments?

Some day the conflict will be over. Some day people will return to their homes. Somehow shattered lives should be rebuilt. The cultural heritage reflects identity. Its preservation helps to rebuild broken communities, reestablish their identities, and link their past with their present and future. ①

这首诗的大意是：

生命正在消逝。家人正在流亡。孩子正在受伤。为什么还要关注文物古迹？

总有一天冲突会结束。总有一天人们要返回家园。不管怎样，破碎的生活必须重建。文化遗产代表身份认同，对其保护有助于重建破碎的群体，重立他们的身份，并且将他们的过去、现在以及未来联系在一起。

这首曾经刊登在联合国教科文组织网站上的一首小诗也许能告诉我们为什么在武装冲突中，还要致力于文化财产的保护。

---

① 参见教科文组织网站：http：//www. unesco. org/culture/legalprotection/war/html_eng/index_en. shtml，accessed on March1，2008.

顾名思义，文化财产是指具有某种文化价值的财产，范围广泛，不同的地域、不同的时代对其范围也有不同的认定。一般而言，具有考古学、人种学、历史学、科学价值，或者具有美感的物品，可以称之为文化财产。放眼世界，每个国家、民族都存在着具有重要象征意义的特定的文化财产，如埃及的金字塔，印度的泰姬陵，希腊的帕特农神庙，中国的长城、故宫等。这些文化财产的重要性，不仅仅因其经济价值，而且通常被人们赋予了浓厚的感情，能给人们带来美感，也能荡涤人们的心灵。这些文化财产是人类的宝贵财富，能增进民族的文化认同感，也有助于增进不同文化传统的民族之间的理解和对人类过去的理解，还有助于培养文化多样性的氛围。① 不仅如此，文化财产是不可再生的。某个历史建筑、宗教神庙被损、被破坏，即使可以修复，也不可能回复到最初的状态，因为某种原始性已经丧失，重新建造的东西最多只能说是赝品。

但自古以来，文化财产一直饱受战争以及其他武装冲突的破坏，这方面的实例不胜枚举。我们没有统计已经逝去的岁月里，有多少文化财产遭到损毁。即使在武力已经被国际条约规定为非法的今天，武装冲突还是不断，对文化财产的破坏也在继续。也许远的事例已经淡出了人们的记忆，但“二战”中德国法西斯对欧洲各国文化财产的破坏和掠夺应当还刻在人们的脑海中；20 世纪 90 年代前南斯拉夫联盟境内的武装冲突打着“种族清洗”的旗号对文化财产，包括列入世界遗产目录的杜布罗夫尼克老城的破坏也引起了广泛关注；2003 年美英侵入伊拉克期间，对伊拉克国家博物馆的破坏和掠夺则是文化财产的又一场劫难。

从很早开始，人类就尝试着同武装冲突战斗，努力减少武装冲突带来的危害，包括对文化财产的危害。1899 年和 1907 年海牙公约体系中就有保护文化财产的相关条款，两次世界大战期间也有保

---

① Erika J. Techera, *Ptotection of Cultural Heritage in Times of Armed Conflict: the International Legal Framework Revisited*, MQJICEL, 2007, Vol. 4, p. 1.

护武装冲突中文化财产的尝试。第二次世界大战结束之后，鉴于文化财产在战争中的巨大损失，世界上第一个专门保护武装冲突中文化财产的公约——《关于发生武装冲突时保护文化财产的公约》（以下简称为《1954 年海牙公约》）及其议定书（以下简称为《1954 年第 1 议定书》）得以通过。但是，这些文件的通过并没能完全阻止武装冲突中文化财产受损的惨剧。两伊战争、前南斯拉夫联盟武装冲突中文化财产的悲惨境遇导致国际社会重新审视《1954 年海牙公约》及其议定书，并且通过了旨在发展和补充公约的文件——《关于发生冲突时保护文化财产公约第二议定书》（以下简称《1999 年第 2 议定书》）。而 2003 年美英入侵伊拉克期间，伊拉克国家博物馆的破坏和掠夺则进一步引发了人们保护文化财产的热情。

因此，虽然随着时代的发展，人们对武装冲突中的文化财产表现出更多的尊重，肆意破坏和掠夺文化财产的行为越来越受到舆论的谴责和法律的制裁，但现实告诉我们还要继续为保护武装冲突中的文化财产而努力。

二、国内外对本议题的前期研究

虽然文化财产的保护问题是近些年我国的研究热点之一，但是，武装冲突中文化财产的保护并没有引起国内学者的过多关注。相关的著述甚少。

相比较而言，国外则有较多学者关注武装冲突中文化财产的保护，相关的著述颇丰，本书的完成得益于这些前人的研究。联合国教科文组织（UNESCO）于 1996 年出版了《武装冲突中文化财产的保护——对 1954 年保护武装冲突中文化财产公约及其议定书以及相关国际文件的评注》，这本书是在 UNESCO 的支持下由 Jiri Toman 撰写的，其目的是使国际社会对《1954 年海牙公约》及其相关国际文件有更深入的了解，促使更多的国家加入这些国际文件。这本书主要采用逐条解释的方式，对《1954 年海牙公约》和《1954 年第 1 议定书》以及其他保护武装冲突中文化财产的国际文件进行解释，并分析各种规定在实践中的运用，是有关该论题的第一本专著。① 此后，随着《1999 年第 2 议定书》的通过。2004 年，由 Kevin Chamberlain 撰写的《战争和文化遗产——对 1954 年保护武装冲突中文化财产公约及其两个议定书的分析》得以出版，其不仅对《1954 年海牙公约》及其《1954 年第 1 议定书》，而且对《1999 年第 2 议定书》也作了专门逐条分析。2006 年，由 Roger O'Keefe 撰写的《武装冲突中文化财产的保护》② 也主要对《1954 年海牙公约》及其两个议定书和相关国际文件进行分析。2010 年，Jiri Toman 撰写的另外一本书——《战争中的文化财产：保护的提高》③ 得以出版，这本书也是在 UNESCO 的要求下完成的，对《1999 年第 2 议定书》和前南刑事法庭相关案例进行分析，与前述 1996 年的著作构成了有机整体。除此之外，在审视《1954 年海牙公约》之时，独立专家 Boylan 撰写了一篇报告，专门讨论《1954 年海牙公约》和《1954 年第 1 议定书》的条文规定及其实践中的具体运用、存在的缺陷和修改建议。这篇报告对了解《1954 年海牙公约》和《1954 年第 1 议定书》也具有重要意义。④

---

① Jiri Toman, *The Protection of Cultural Property in the Event of Armed Conflict, Commentary on the Convention for the Protection of Cultural Property in the Event of Armed Conflict and Its Protocol, Signed on* 14 *May* 1954 *in the Hague, and on Other Instruments of International Law Concerning such Protection*, Dartmouth Publishing Company, 1996, Preface.

② 这两本书也是了解《1954 年海牙公约》及《1999 年第 2 议定书》的重要书籍。Kevin Chamberlain, *War and Cultural Property, An Analysis of the* 1954 *Convention for the Protection of Cultural Property in the Event of Armed Conflict and Its Two Protocols*, Institute of Art and Law, 2004; Roger O'Keefe, *The Protection of Cultural Property in Armed Conflict*, Cambridge University Press, 2006.

③ Jiri Toman, *Cultural Property in War: Improvement in Protection*, UNESCO Publishing, 2010.

④ Patrick J. Boylan, *Review of the Convention for the Protection of Cultural Property in the Event of Armed Conflict*, 1993, A. 2 UNESCO Archive.

三、本书的写作思路

本书是在我的博士论文的基础上修改而成的，其基本的写作思路如下：

首先，对本论题的一些基本概念，如武装冲突、文化财产进行界定，并对武装冲突中保护文化财产的国际规则的历史发展进行概述。在此基础上，总结现行保护武装冲突中文化财产的国际法体系。

其次，区分武装冲突的状态，讨论国际性武装冲突、非国际性武装冲突以及占领状态下文化财产的保护。现行国际人道法区分国际性和非国际性武装冲突规定不同的规则。因非国际性武装冲突可能涉及主权、内政等因素，调整非国际性武装冲突的国际规则相对较少，而且其内容通常是规制国际性武装冲突的规则的简化，保护武装冲突中文化财产的国际规则也不例外。但是，非国际性武装冲突同样会给文化财产带来灾难。而且，“二战”之后发生的武装冲突主要是非国际性的。因此，本书先讨论国际性武装冲突中文化财产的保护，在此基础上，再讨论非国际性武装冲突中文化财产保护的特殊问题。按照1949年日内瓦四公约及其1977年附加议定书的规定，国际性武装冲突包括占领状态。因此，适用于国际性武装冲突的所有规则适用于被占领土。但是，占领状态的特殊性导致对文化财产的保护有一些特殊的问题需要讨论。而且，近年来美英入侵和占领伊拉克期间，文化财产的破坏和掠夺检验了相关国际规则的适用。因此，本书将结合这一事例讨论被占领土文化财产保护的相关规则。

再次，讨论武装冲突中针对文化财产的个人国际刑事责任。武装冲突中破坏、掠夺文化财产的行为既可能产生国家责任，也可能产生个人责任；既可能产生刑事责任，也可能产生民事责任、行政责任。但相比而言，刑事责任更为突出。因为武装冲突中被破坏的文化财产，特别是那些具有重要意义的纪念物，其价值不可估量，要求当事人承担民事责任不太现实。国家责任的承担在国际性武装冲突中才可实现。而要求个人承担刑事责任具有较强的威慑作用。

因此，个人刑事责任的规定是《1999年第2议定书》对《1954年海牙公约》的重要发展之一。而且，在这一问题上，一些国际刑事法庭和法院有丰富的案例。本书将主要结合前南斯拉夫联盟国际刑事法庭的相关案例予以讨论。

最后，联系我国实际，讨论我国与武装冲突中文化财产的国际法保护问题。着重分析《1954年海牙公约》在我国的适用以及我国加入《1999年第2议定书》的可能性和必要性。建议我国加入《1999年第2议定书》，并且完善相关立法，以更好地实施《1954年海牙公约》及其两个议定书以及其他保护武装冲突中文化财产的国际规则。

第一章 概　述

第一节　武装冲突和文化财产的界定

在武装冲突中重视文化财产的保护是随着时代的发展而逐渐得到认同的。这种认同最初主要表现为宗教信仰对神的尊重和敬畏而衍生出来的对宗教场所和宗教财产的尊重和保护，后来才扩展到因文化财产本身的价值而受到尊重。自 1899 年和 1907 年海牙和平会议以来，保护武装冲突中的文化财产的条款已经涵括在国际条约中。而 1954 年海牙外交大会，产生了世界上最早的专门保护武装冲突中的文化财产的国际条约。不仅如此，这些规则还在不停地向前发展。1977 年国际外交大会通过了 1949 年日内瓦四公约的两个附加议定书：《1949 年 8 月 12 日日内瓦四公约关于保护国际性武装冲突受难者的附加议定书》（以下简称为《日内瓦公约附加第 1 议定书》，以及《1949 年 8 月 12 日日内瓦四公约关于保护非国际性武装冲突受难者的附加议定书》（以下简称《日内瓦公约附加第 2 议定书》）。在这两个附加议定书中，增加了专门保护文化财产的条款。1998 年通过的《国际刑事法院罗马规约》也将武装冲突中攻击文化财产的行为列为战争罪而加以规制。1999 年国际外交大会则针对《1954 年海牙公约》的不足，通过了《1999 年第 2 议定书》，试图对其进行补充和完善。实践中，武装冲突中的文化财产也受到越来越多的尊重和保护。两次海湾战争中，以美国为首的联合军曾经列明一些“零攻击”目标，其中包括许多珍贵的可以归为文化财产的历史建筑物。① 不仅如此，针对文化财产的破坏行为越来越受到国际舆论的抨击和谴责。但是，对武装冲突和文化财产这两个关键术语，其界定并不明确，存在争议。

一、武装冲突的界定

毫无疑义，武装冲突（armed conflict）是国际人道法的基本概念。因为按照红十字国际委员会（ICRC）国际人道法咨询机构的解释，国际人道法是一套出于人道理由寻求对武装冲突的后果进行限制的规则，其适用的前提条件是存在武装冲突。② 但是，回顾历史，早期的国际文件并没有包含武装冲突这一术语。1899 年和 1907 年两次海牙和平会议达成的系列条约及其所附规章中使用的是战争（war）。直到 1949 年日内瓦四公约，才使用了武装冲突这一概念。应当说，武装冲突这一术语是对其前身"战争"术语的继承和发展。

（一）武装冲突与战争

在国际法领域，战争这一术语的使用先于武装冲突。传统国际法认为战争是一种法律状态，是敌对国家之间相互使用武力造成的冲突，具有相当的规模和范围，并持续一定的时间。偶然发生的、地方性的、短暂的边界冲突等，不构成国际法上的战争。而且法律意义上的战争还需要各国有"交战意思"。③ 从形式而言，战争的开始通常要符合一定的要件，如经过宣战等。

传统国际法承认战争是国家推行政策的工具，承认"诉诸战争权"是主权国家的合法权利。但是，随着国际法的发展，这种权利逐渐受到限制。这种限制首先表现为对作战方法和手段的限

① See Richard L., *Iraq's Beleaguered Heritage*, Archaeology, May/June, 1991, p. 38.

② ICRC, *What is International Humanitarian Law?*, available at http://www.icrc.org/web/eng/siteeng0.nsf/html/humanitarian-law-factsheet, accessed on March 2, 2009.

③ 邵津等著：《国际法》，北京大学出版社、高等教育出版社 2000 年版，第 414 页。

制，渐渐发展为对国家"诉诸战争权"的限制。《国际联盟盟约》规定战争的部分违法性。1928 年《关于废弃战争作为国家政策工具的一般条约》则对战争予以全面禁止。其序言明确宣称：相信断然地废弃战争作为实行国家政策工具的时机已经到来。第 1 条也规定：缔约各方以他们各国人民的名义郑重声明，他们斥责用战争来解决国际纠纷，并在他们的相互关系上废弃战争作为实行国家政策的工具。

这些限制导致一些国家在进行类似战争的行为之后，又以不存在战争状态，而仅是某种借助武力的短期行为为由，竭力避免受到这些规则的约束。① 在这种背景下，1945 年《联合国宪章》进一步作了相关规定。其第 2（4）条不仅禁止战争，而且禁止各成员国在其相互关系上使用武力或者威胁使用武力。与此一致，出现了替代战争的术语"武装冲突"。武装冲突是一种事实状态。各国经过宣战的战争或者各国没有宣战，只有事实上敌对行为的冲突都可以被列入武装冲突的范围；同时这一概念还可以包括一国内部类似的敌对行为。因此，相对于传统的战争概念，武装冲突包含了前者没有包括的两种行为：非国际性武装冲突和非战争的国际性武装冲突。且判断是否存在武装冲突只需从发生的事实来判定，而不管当事方的主观意图，判断标准更为客观。从这种意义上理解，武装冲突的外延比战争宽，判定起来比传统战争容易，有利于扩大国际人道法的适用。因此，自 1949 年之后，国际文件更为频繁地使用武装冲突这一术语。②

（二）界定武装冲突的不同观点

武装冲突是国际人道法的基本概念，但是，并没有国际文件对武装冲突作出明确界定，学者们也是见仁见智，而国际法将武装冲

---

① See Olivier Durr, *Humanitarian Law of Armed Conflict: Problems of Applicability*, Journal of Peace Research, Vol. 24, No. 3, 1987, p. 264；另参见梁西主编：《国际法》（第三版），武汉大学出版社 2012 年版，第 419 页。

② See Dietrich Schindler, *The Different Types of Armed Conflicts According to the Geneva Conventions and Protocols*, Recueil des Cours, 1979, Vol. 163, Issue II, p. 125.

突分为国际性和非国际性两类是无疑义的。1949 年日内瓦四公约共同第 2 条和共同第 3 条分别阐明其适用于国际性武装冲突和非国际性武装冲突。《日内瓦公约附加第 1 议定书》和《日内瓦公约附加第 2 议定书》）则从名称上明确：前者适用于国际性武装冲突，而后者适用于非国际性武装冲突。因此，虽然存在不同观点，武装冲突的两分法得到了普遍认同。

1. 国际性武装冲突的界定

一般而言，国际性武装冲突是指发生在两个或两个以上主权国家之间的武装冲突，但其界定还需从国际文件和相关的案例和学说来考察。

（1）国际条约的界定

第一，1949 年日内瓦四公约共同第 2 条的规定。

对国际性武装冲突概念的考察，首先应当提及 1949 年日内瓦四公约共同第 2 条。共同第 2 条第 1 项和第 2 项规定：于平时应予实施之各项规定之外，本公约适用于两个或两个以上缔约国间所发生之一切经过宣战的战争或任何其他武装冲突，即使其中一国不承认有战争状态。凡在一缔约国的领土一部分或全部被占领之场合，即使此项占领未遇武装抵抗，亦适用本公约。红十字国际委员会对共同第 2 条的评论强调：两个国家之间的分歧导致武装力量的干涉就是第 2 条所称的武装冲突，即使一方否定战争状态的存在。冲突持续的时间长短和杀戮的多少并不影响对此的界定。①

这一规定及评论表明：共同第 2 条所称的国际性武装冲突发生在国家之间，形式上包括国家之间经宣战的战争，即使并不存在武装冲突；也包括国家之间的其他武装冲突，即使未经宣战；还包括一国对另一国的全部或者部分占领，即使这种占领未遭遇武装抵抗。也即国际性武装冲突发生在一个或者多个国家借助于武装力量

① J. Pictet, *Commentary on the Geneva Convention for the Amelioration of the Condition of the Wounded and Sick in Armed Forces in the Field*, ICRC, Geneva, 1952, p. 32.

对抗其他国家之时，不管这种冲突的原因或者激烈程度，也不论是否存在公开的敌对状态。是否存在国际性武装冲突依赖于事实上发生了什么，而不管当事方的主观意图。在借助武装力量对抗其他国家之时，即使冲突一方不承认另一方政府的合法性，共同第2条所称的武装冲突也存在，国际人道规则也应适用。

第二，1977年《日内瓦公约附加第1议定书》的规定。

随着国际形势的发展，特别是二十世纪五六十年代以来，国际反殖民运动的风起云涌，民族解放运动的兴起以及发展中国家力量的增强。1949年日内瓦四公约共同第2条对国际性武装冲突的规定引发了质疑，在此背景下，1977年《日内瓦公约附加第1议定书》对共同第2条有所发展。

1977年《日内瓦公约附加第1议定书》第1条第4款规定该议定书除了适用于共同第2条外，还适用于“各国人民在行使庄严加载《联合国宪章》和关于各国依《联合国宪章建立友好关系及合作的国际法原则宣言》的自决权中，对殖民统治和外国占领以及对种族主义政权作战的武装冲突”。据此，1977年《日内瓦公约附加第1议定书》将国际性武装冲突延伸至各国人民为了行使自治权利而反对殖民地、外国占领者以及种族主义者的武装冲突，这是对共同第2条的发展。因为在此之前，殖民地被认为是宗主国的组成部分，殖民地人民和宗主国之前的冲突不能构成共同第2条所称的国际性武装冲突。①1977年《日内瓦公约附加第1议定书》解决了这一问题，明确民族解放战争是国际性武装冲突，适用相关的国际人道法规则。

1977年《日内瓦公约附加第1议定书》对共同第2条的发展被国际社会普遍接受。因此，国际性武装冲突在国际条约体系中包括以下几类：国家之间发生的经宣战的战争，即使并不存在武装冲突；国家之间发生的其他武装冲突，即使未经宣战；一国对另一国

① Dietrich Schindler, *The Different Types of Armed Conflicts According to the Geneva Conventions and Protocols*, Recueil des Cours, 1979, Vol. 163, Issue II, p. 133.

的全部或者部分占领，即使这种占领未遭遇武装抵抗；反殖民、反外国占领和反种族主义武装冲突。

（2）理论上的讨论

自武装冲突这一术语被提出以来，学者们对其也进行了讨论。如 Dietrich Schindler 认为，只要两个国家之间存在部分武装力量的冲突，就可以认为存在 1949 年日内瓦四公约共同第 2 条意义上的武装冲突，即使是很微小的边界事件也是如此。两个国家之间武装力量的任何形式的使用使 1949 年日内瓦公约开始生效。① 而根据 H. P. Gasser 的解释，对武装力量的任何形式的使用，导致日内瓦公约在两个国家之间的适用……不管是否遇到抵抗。只要一方武装部队发现另一方的受伤或者投降人员或者控制着另一方的平民，或者只要拘留战俘或者控制另一国的部分领土，他们就必须遵守相关公约。②《德国联合服役规章》则宣称：如果有一方借助武装力量对抗另一方，就存在武装冲突……个人或者某一群体使用军事力量不能构成充分条件。③

2. 非国际性武装冲突的界定。

一般而言，非国际性武装冲突是指发生在一国领域内的武装冲突。但何种程度的冲突构成非国际性武装冲突，从而达到适用国际法的程度，理论和实践上有争议。

（1）国际条约的界定

学者们在讨论非国际性武装冲突时，一般区分 1949 年日内瓦公约共同第 3 条下的非国际性武装冲突和 1977 年《日内瓦公约附

① Dietrich Schindler, *The Different Types of Armed Conflicts According to the Geneva Conventions and Protocols*, Recueil des Cours, 1979, Vol. 163, Issue II, p. 131.

② H. P. Gasser, *International Humanitarian Law: An Introduction*, in: Humanity for All: International Red Cross and Red Crescent Movement, ed. by H. Haug, Paul Haupt Publishers, Berne, 1993, pp. 510-511.

③ D. Fleck, *The Handbook of Humanitarian Law in Armed Conflicts*, Oxford University Press, Oxford, 1995, p. 40.

加第2议定书》下的非国际性武装冲突。① 这种区分的主要原因在于这两个国际条约对非国际性武装冲突的规定有较大的区别。除此之外，1998年《国际刑事法院罗马规约》对非国际性武装冲突的规定也得到了较多的讨论。

第一，1949年日内瓦公约共同第3条的规定。

共同第3条首次在条约中提出将国际人道法的一些基本规则适用于非国际性武装冲突。其指出“在一缔约国领土内发生的非国际性武装冲突，冲突各方必须最低限度遵守……”共同第3条的这一规定具有重大意义。因为在此之前，非国际性武装冲突并没有被纳入国际条约的调整范围。共同第3条的规定构成非国际性武装冲突适用国际人道法规则的基础。但就其措辞而言，只是规定非国际性武装冲突是发生在一国领土内的冲突，而这一要求是非国际性武装冲突的应有之义。所以，共同第3条并没有对非国际性武装冲突进行界定。

考察共同第3条的制定背景，不难解释为何未对非国际性武装冲突进行界定。史实表明，在1949年为订立日内瓦四公约而举行的外交大会上，应否加入一个规范非国际性武装冲突的特别条款，本身存在争论。一些代表担心此类条款会导致对国家主权的侵犯，不赞成在公约中包含一个特别条款。而另一些代表认为公约的目的是人道主义的，应将其适用于一切武装冲突，不管是国际的还是非国际的，从而竭力将整个公约适用于非国际性武装冲突。在此背景下，对非国际性武装冲突的界定，虽有一些提议，但没有得到广泛的认同。如法国代表曾提出：发生在一个或者多个缔约国境内的武装冲突，每一方应受制于公约，只要该方存在有组织的军事力量，有组织者，有确定的领土，并且有遵守公约的意图。这一提议事实上对非国际性武装冲突进行了界定，虽然受到意大利、西班牙等国

① See Lindsay Moir, *The Law of Internal Armed Conflict*, Cambridge University Press, 2002; See also Dietrich Schindler, *The Different Types of Armed Conflicts According to the Geneva Conventions and Protocols*, Recueil des Cours, 1979, Vol. 163, Issue II.

的赞同，但也遭到了前苏联、美国、英国等的反对。

对共同第3条的评论认为①，“非国际性武装冲突”这一表述如此地普通，如此地模糊，以至于有人担心将覆盖任何类型的武力行为……但这并不是制定者的意图，制定者们并不认为武装冲突这一术语将适用于任何孤立的使用武力的行为。一般而言，只是适用于类似国际战争的状态，只不过这种状态发生在单一国家境内。根据这些评论，可以推定共同第3条在制定之初，其所称的非国际性武装冲突范围很窄，仅相当于“内战”。但是，正因为共同第3条没有对其作出明确界定，这就允许人们对其解释超出制定者们制定时的意图。

因此，从措辞来看，共同第3条规定非常笼统，只强调非国际性武装冲突必须发生在“缔约国境内”，而这一要求因为四个日内瓦公约已被普遍批准而在实践中失去了重要性。除此之外，到底谁可以成为非国际性武装冲突方，何种程度的冲突才可以称为非国际性武装冲突，共同第3条都没有作出任何规定。正如同一位学者所言：共同第3条中的非国际性武装冲突，最为确定地也许是没有人能够精确断言其所要传达的意思。② 但对前一问题，即非国际性武装冲突的发生对象，一般理解为可以发生在一个或多个武装集团之间。也即根据不同情况，非国际性武装冲突可以发生在政府武装力量和非政府武装集团之间，也可以是非政府武装集团相互之间。对后一问题，一般认为，虽然在国内发生的冲突形式多样，如国内骚乱和紧张、暴动等，但并非所有这些都构成共同第3条下的非国际性武装冲突，而是要达到一定的激烈程度。广为接受的最低限度是《日内瓦公约附加第2议定书》第1（2）条所规定的程度，即不包括内部动乱和紧张局势，如暴动、孤立而不时发生的暴力行为和其他类似性质的行为。

---

① ICRC, *Commentary to Geneva Convention II*, p. 33.

② See James G. Stewart, *Towards A Single Definition of Armed Conflict in International Humanitarian law: A Critique of Internationalized Armed Conflict*, IRRC, June 2003, Vol. 85, No. 850, p. 318.

第二，1977 年《日内瓦公约附加第 2 议定书》第 1 条的规定。

随着国际形势的发展，特别是“二战”之后非国际性武装冲突的增加。① 国际社会认为有必要对 1949 年日内瓦四公约的相关规定进行补充。在这种背景下，考虑到共同第 3 条的规定不太充分，对 1949 年日内瓦四公约重新审视之时，红十字国际委员会极力主张订立一个附加议定书，发展共同第 3 条中的规则，并且其适用范围应当与共同第 3 条保持一致。但是，在 1977 年日内瓦会议上，红十字国际委员会的提议遭到反对，一些国家担心共同第 3 条对非国际性武装冲突的模糊界定，将使新增的附加议定书过分侵入国家主权管辖的事项。

因为各代表团之间存在分歧，因此，《日内瓦公约附加第 2 议定书》的制定者们必须考虑各种观点并加以平衡。正如同英国代表团团长 John Redvers Freeland 所称：潜在的困难是如何在适用范围和内容上进行平衡。如果适用的标准如此之高以至于仅涵括传统内战，那么《日内瓦公约附加第 2 议定书》毫无意义。如果适用的标准过低以至于涵括针对零星刑事犯罪分子的警察行动，就不太可能被缔约国所接受。② 结果，《日内瓦公约附加第 2 议定书》第 1 条对其适用范围规定为：

本议定书发展和补充 1949 年 8 月 12 日日内瓦四公约共同第 3 条而不改变其现有的适用条件，应适用于为 1949 年 8 月 12 日日内瓦四公约关于保护国际性武装冲突受难者的附加议定书（《日内瓦公约附加第 1 议定书》）所未包括、而在缔约一方领土内发生的该方武装部队和在负责统率下对该方一部分领土行使控制权，从而使其能进行持久而协调的军事行动并执行本议定书的持不同政见的武装部队或其他有组织的武装集团之间的一切武装冲突。同时还强

① See David P. Forsy, *Legal Management of Internal War: The 1977 Protocol on Non-international Armed Conflicts*, The American Journal of International Law, Vol. 72, No. 2 (Apr. 1978), p. 272.

② Stefanie Küfner, *The Threshold of Non-international Armed Conflict*, LWWL Research Thesis (August 2007), p. 14.

调：本议定书不应适用于非武装冲突的内部动乱和紧张局势，如暴动、孤立而不时发生的暴力行为和其他类似性质的行为。

相较于共同第 3 条的笼统规定，《日内瓦公约附加第 2 议定书》对非国际性武装冲突的界定更为详细。第 1 款规定非国际性武装冲突的三个构成要件：冲突一方必须是政府武装力量，另一方是持不同政见的武装部队或其他有组织的武装集团；非政府武装集团必须有负责统率者，对部分领土行使控制权；能进行持久而协调的军事行动。第 2 款则将某些程度较低的冲突，如内部动乱和紧张局势排除在外。

这一规定表明，虽然《日内瓦公约附加第 2 议定书》是对共同第 3 条的补充和发展，但有实质性的改变，其界定的非国际性武装冲突包括的范围更为狭窄。具体而言，二者的主要区别在于：

首先，对冲突方的限制。《日内瓦公约附加第 2 议定书》明确非国际性武装冲突中的一方必须是政府武装力量，也即冲突双方均为持不同政见者或其他武装集团的，不属于此文件下所称的非国际性武装冲突。而共同第 3 条没有这种限制条件，冲突方可以仅为非政府武装集团。

其次，“领土控制”和“持久而协调”的要求。《日内瓦公约附加第 2 议定书》明确非政府方控制部分领土是构成非国际性武装冲突的要件之一。同时，根据红十字国际委员会的评论，持久意味着军事行动持续或者连续进行，其强调连续性和持续性。同样，协调意味着达成协议的、有计划的、精心设计的或者是根据计划协议行动的。这两项要求将某些低强度的武装冲突排除在外，进一步对非国际性武装冲突的范围予以限制。

《日内瓦公约附加第 2 议定书》和共同第 3 条的区别规定意味着有些国内冲突构成共同第 3 条下的非国际性武装冲突，而不构成前者所称的非国际性武装冲突。正因为共同第 3 条和《日内瓦公约附加第 2 议定书》对非国际性武装冲突的规定区别明显，虽然后者的内容较之共同第 3 条更为详细，但是共同第 3 条仍具有积极作用。一些不能满足《日内瓦公约附加第 2 议定书》的非国际性武装冲突，仍然可以受到共同第 3 条的规制。《日内瓦公约附加第

2 议定书》第 1 条的措辞也表明这一点，其写明“本议定书发展和补充 1949 年 8 月 12 日日内瓦四公约共同第 3 条而不改变其现有的适用条件”。虽然在议定书的制定过程中，有建议删除“不改变其现有适用条件”，但综合这些因素，这一建议并没有被采纳。①

第三，1998 年《国际刑事法院罗马规约》第 8 条的规定。

作为国际刑法的重大成果，1998 年《国际刑事法院罗马规约》在规定战争罪的管辖时，也提及非国际性武装冲突。其第 8（2）（d）条指出：……适用于非国际性武装冲突，因此不适用于内部动乱和紧张局势，如暴动、孤立而不时发生的暴力行为和其他类似性质的行为，这一规定针对“严重违反 1949 年日内瓦四公约共同第 3 条”的行为。第 8(2)(f)条指出：……适用于非国际性武装冲突，因此不适用于内部动乱和紧张局势，如暴动、孤立而不时发生的暴力行为和其他类似性质的行为。……适用于在一国境内发生的武装冲突，如果政府当局与有组织武装集团之间，或这种集团相互之间长期进行的武装冲突，这一规定针对“其他严重违反国际法既定框架内适用于非国际性武装冲突的法规和惯例的行为”。从其文字分析，1998 年《国际刑事法院罗马规约》第 8(2)(d)条和第 8(2)(f)条的主要区别在于，后者对非国际性武装冲突的构成有“长期”要求，而前者没有。《国际刑事法院罗马规约》对非国际性武装冲突的第一种表述，即第 8(2)(d)条没有引起太多的讨论，一般认为，与 1949 年日内瓦四公约共同第 3 条规定一致。所增加的限定“因此不适用于内部动乱和紧张局势，如暴动、孤立而不时发生的暴力行为和其他类似性质的行为”，虽然共同第 3 条没有规定，但一般认为是共同第 3 条的应有之义。而后者则引发了学者的讨论。一种观点认为：《国际刑事法院罗马规约》第 8(2)(f)条的规定与 1949 年日内瓦四公约及《日内瓦公约附加第 2 议定书》相一致，第 8(2)(f)条对构成非国际性武装冲突的“长期”要求，

① Dietrich Schindler, *The Different Types of Armed Conflicts According to the Geneva Conventions and Protocols*, Recueil des Cours, 1979, Vol. 163, Issue II, p. 114.

仅仅是对《日内瓦公约附加第2议定书》严格构成要件的一种限制解释，而不是创制了自成一类的非国际性武装冲突类型。另一种观点则与前者相反，认为第8(2)(f)条对构成非国际性武装冲突的“长期”要求，创制了自成一类的非国际性武装冲突，其比共同第3条更严格，因为增加了“长期”二字；但是比《日内瓦公约附加第2议定书》宽松，因为去掉了“领土控制”、“持久而协调”等要求，并且对冲突方没有限制。

（2）理论上的讨论

学者们对非国际性武装冲突的界定有不同的观点。如Gasser认为：“非国际性武装冲突是发生在一缔约国领土之内的，政府武装力量和非政府武装集团之间的冲突。另一情况是，政府崩溃之后，发生在不同武装集团之间的冲突。”① D. Schindler建议对非国际性武装冲突作一详细界定：首先，敌对状态借助于武装力量进行，而且达到如此强烈的程度，即作为一般原则，政府被迫利用武装力量，而非仅仅采纳政治手段；其次，就持不同政见者而言，敌对行为必须是集体形式，即不仅仅为某个单一团体。除此之外，持不同政见者必须有最低限度的组织。其武装力量必须在某一负责者的指挥之下进行，且能够满足最低人道要求。② 而红十字国际委员会的咨询意见认为：非国际性武装冲突是持续性的武装对抗，发生在政府武装部队和一个或者多个武装集团之间，或者一个国家之内的非政府武装集团之间。武装对抗必须达到某种最低限度的紧张，冲突所涉当事方必须表现出最低限度的组织性。Anthony Cullen则认为界定非国际性武装冲突这一术语时，应特别重视国际人道法保护受害人和特定物体的目的和意图，应从这一角度寻求对非国际性

---

① H. P. Gasser, *International Humanitarian Law: An Introduction*, in: *Humanity for All: the International Red Cross and Red Crescent Movement*, ed. by H. Haug, Paul Haupt Publishers, Berne, 1993, p. 555.

② Dietrich Schindler, *The Different Types of Armed Conflicts According to the Geneva Conventions and Protocols*, Recueil des Cours, 1979, Vol. 163, Issue II, p. 147.

武装冲突的界定。①

3. 塔迪奇案件②判决对武装冲突的阐释

1949 年日内瓦四公约和 1977 年两个附加议定书对武装冲突的规定，在前南斯拉夫联盟国际刑事法庭审理的塔迪奇案件中对此作了深入的讨论。

（1）案情简介

该案件是前南斯拉夫联盟国际刑事法庭审理的第一例案件，案情本身并不复杂。塔迪奇，一个波西尼亚塞族人，根据《前南斯拉夫问题国际刑事法庭规约》第 2、3、5 条的规定，被指控犯有反人类罪、对日内瓦公约的重大违反，以及对战争法律和习惯的违反。面对这一指控，塔迪奇在上诉中提出因为当时所在地区不存在武装冲突，审判庭不能就战争罪对他行使管辖权，因为武装冲突的存在是追究战争罪的前提。因此，在考虑塔迪奇是否根据《前南斯拉夫问题国际刑事法庭规约》第 3 条违反战争法律和习惯时，审判庭必须确定当时是否存在武装冲突。这一先决问题涉及对波西尼亚和黑塞哥维亚在 1992 年 5 月 24 日到 8 月 30 日之间的状况的法律定性。因为塔迪奇是被指控在这段时间因为谋杀、强奸、虐待囚犯而犯有战争罪。

塔迪奇的辩护意见认为：在被指控犯罪的时间和地点，不存在法律上可以识别的武装冲突——不管是国内的还是国际性的。但是，上诉庭拒绝了这一辩护意见。其理由是：国内和国际性武装冲突的时间和地理范围超出了敌对行为的时间和地点。并且，上诉庭还阐释了武装冲突这一术语。③

（2）对武装冲突的阐释

上诉庭认为：当国家之间借助于武装力量，就存在国际性武装

---

① See Anthony Cullen, *The Concept of Non-International Armed Conflict in International Humanitarian Law*, Cambridge University Press, 2010.

② Prosecutor v. Dusko Tadic, available at http://www.icty.org/case/tadic/4, accessed on Sep. 11, 2009.

③ Prosecutor v. Dusko Tadic, Decision on the Defence Motion for Interlocutory Appeal on Jurisdiction, para. 70.

冲突。从这种武装冲突开始，直到全面的和平协定达成，国际人道法一直适用。而且，国际人道法适用于交战国的所有领土，而不管那里是否发生了实际的战斗。① 这一对武装冲突的定义对 1949 年日内瓦公约共同第 2 条和《日内瓦公约附加第 1 议定书》进行的阐释，具有重要意义。自此，这一定义被其他国际文件所采纳。

塔迪奇案件不仅阐述了国际性武装冲突这一术语，其对非国际性武装冲突的阐释也引起了关注。根据前南斯拉夫联盟国际刑事法庭上诉庭的观点：当政府当局和其他有组织的武装团体之间或者这些武装团体之间有长期的武装暴力，就存在非国际性武装冲突。直到冲突成功和平解决，国际人道法一直适用。② 上诉庭的这一界定具有十分重要的意义。它从两个方面区别于《日内瓦公约附加第 2 议定书》的界定：首先，它突破了《日内瓦附加第 2 议定书》对冲突方的限制性规定，不要求冲突一方必须是政府武装集团；其次，《日内瓦公约附加第 2 议定书》中的“领土控制”和“持久而协调”的要求被“长期武装暴力”取代。上诉庭的这一定义在前南斯拉夫联盟国际刑事法庭随后的案例以及许多文件中被引用，并且被《国际刑事法院罗马规约》所采纳，后者仅是将“武装暴力”改为了“武装冲突”。

二、文化财产的界定

虽然早在 1899 年和 1907 年的海牙公约体系中就有保护武装冲突中的“用于宗教、艺术、科学或者慈善目的的建筑物”③ 等可以部分归为文化财产的建筑。但是，直到《1954 年海牙公约》才

---

① Prosecutor v. Dusko Tadic, Decision on the Defence Motion for Interlocutory Appeal on Jurisdiction, para. 70.

② Prosecutor v. Dusko Tadic, Decision on the Defence Motion for Interlocutory Appeal on Jurisdiction, para. 70.

③ 这里的“用于慈善目的的建筑物”很难归为文化财产的范围，这也是人们认为 1899 年和 1907 年海牙公约体系对文化财产的界定不是很确定的原因。

第一次在国际条约中出现“文化财产”（cultural property）这一术语。① 此后，这一术语在多个国际文件中延续使用。尽管如此，对这一术语下一个明确的定义却很难。这主要包括两个方面的原因：其一，每份国际文件主要出于自身的目的来规范所涉及的文化财产范围，因此，正如 Lyndel V. Prott 和 O'Keefe 所言：“出于各种原因，每份条约和建议根据其自身目的而进行（文化财产）界定；在现阶段，也许不可能取得一个适用于各种文件的普遍界定。”② 而随着国际文化财产规则的发展，调整的文化财产范围越来越广。Prott 和 O'Keefe 的断言在今天更得到了进一步的印证。现今很难有统一的、放之四海皆准的文化财产的定义。其二，随着人们认识的不断发展，文化财产包含的外延不断扩大，从主要包括物质性文化财产扩展到非物质性的，从主要包括陆上文化财产扩展到水下的。这种不断扩大的外延也增加了界定文化财产的难度。不仅如此，理论上还有所谓“文化财产”还是“文化遗产”（cultural heritage）的术语之争。

（一）文化财产还是文化遗产

这是国际条约以及联合国教科文组织提出的建议和宣言中最常出现的两个术语。③ 相比较而言，文化财产的出现稍早于文化遗产。在《1954 年海牙公约》之后，1970 年教科文组织通过的《关于禁止和防止非法进出口文化财产和非法转让其所有权的方法的公

① Lyndel V. Prott and Patrick J. O'Keefe, *Cultural Heritage or Cultural Property?*, International Journal of Cultural Property, 1992, Vol. 1, p. 312; See also Manlio Frigo, *Cultural Property v. Cultural Heritage: A "Battle of Concepts" in International Law?* IRRC June 2004, Vol. 86, No. 854, p. 367; See also Hirad Abtahi, *The Protection of Cultural Property in Times of Armed Conflict: The Practice of the International Criminal Tribunal for the Former Yugoslavia*, Harvard Human Rights Journal, Vol. 14, Spring 2001, p. 5.

② L. V. Prott and P. J. O'Keefe, *Law and the Cultural Heritage*, Vol I, Professional Books Limited, 1984, p. 8.

③ 除此之外，偶尔出现其他的用语，如“文物”一词出现在 1995 年国际统一私法协会《关于被盗或者非法出口文物的公约》中。

约》（以下简称《教科文组织 1970 年公约》）也采纳了“文化财产”这一术语。《1999 年第 2 议定书》与《1954 年海牙公约》保持一致，同样使用“文化财产”这一表述。而另一些国际文件，则采纳了“文化遗产”这一术语，如教科文组织 1972 年通过的《保护世界文化和自然遗产公约》，2001 年通过的《保护水下文化遗产公约》，以及 2003 年通过的《保护非物质文化遗产公约》。除此之外，2001 年 3 月份，阿富汗塔利班销毁巴米扬大佛后，教科文组织通过的《关于蓄意破坏文化遗产问题的宣言》也使用了“文化遗产”这一术语。因此，从近期的国际文件来看，“文化遗产”比“文化财产”一词更常见。

理论界对这两个术语作了较多的讨论，基本观点认为，“文化遗产”一词比“文化财产”更为适当①，其原因存在于多个方面。首先，从遗产和财产两词来分析。财产这一概念在西方法律史上存在多年。财产法中包含着多种价值理念，其中有一点特别重要，即强调保护所有者的权利。而所有权被定义为对物的利用、转让以及排他的权利。虽然经过发展，这种所有权并非是无限制的，但其以保护所有者为中心的理念并未改变。因此，按照逻辑推理，一幅张大千的名画，可以被其所有者焚烧、用来陪葬等，即使这幅画的毁损是人类文化成果的悲剧。而遗产，作为一个较新的术语，没有太多的价值负担，也没有强调保护所有者的价值理念。从逻辑上推论，文化遗产法的基本政策是为当代和后代保护遗产。这种保护当然包含着对所有者权利的限制，而不管所有者是个人、法人、某个团体或是国家。因此，“遗产”一词更符合保护的理念。最后，“财产”一词意味着具有商业价值。一些文化遗产确实有商业价值，可以买卖，也被一些人当做保值的工具，文化遗产的商业化在

① See Lyndel V. Prott, *Problems of Private International Law for the Protection of the Cultural Heritage*, Recueil des Cours, 1989, Vol. 217, Issue V, p. 228; See also Lyndel V. Prott and Patrick J. O'Keefe, *Cultural Heritage or Cultural Property?*, International Journal of Cultural Property, 1992, Vol. 1, p. 307; See also Janet Blake, *On Defining the Cultural Heritage*, International and Comparative Law Quarterly, Vol. 49, No. 1 (Jan. 2000), p. 65.

全世界非常明显。但是，这并不符合保护文化遗产的初衷。而“遗产”一词则意味着是一种要保护和传递给后代的遗产，暗含着对其的保存和保护价值。① 这在某种意义上可以抵消商业化带来的消极影响。② 最后，文化遗产包含的范围宽于文化财产，因为文化遗产中的非物质部分不能称为财产。出于这些原因，应当使用“文化遗产”，而不应当使用“文化财产”。

但是，这些争论虽然在理论上有重要价值，对现行的国际实践并无太大影响。因为如前所述，每一份国际条约或者教科文组织的建议、宣言都是从自身的目的来确定所规范的文化财产的范围。而且，一些国际文件并没有使用“文化财产”或者“文化遗产”这一术语，而是具体列举所规范的可以视为文化财产的物品。因此，笼统而言，似乎可以说文化遗产的范围宽于文化财产，文化遗产比文化财产更为适当。但具体到每份国际文件，又不能断定采纳文化遗产这一术语的文件调整的范围就比采用文化财产的宽一些。

（二）学者们的界定

学者们对文化财产（或者文化遗产）也作了许多界定。如著名文化遗产法学者 John Henry Merryman 认为，文化财产是具有文化价值的物品。一般包括考古学意义上的、人种学意义上和具有历史意义的物品、艺术品和建筑，其种类几乎可以延伸至所有的人类制造或者改造的物品。③ 前述著名的澳大利亚文化遗产法学者 Lyndel V. Prott 和 O'Keefe 所写的《文化遗产还是文化财产》一文中认为，文化遗产由人类生活的各种表现组成。这种表现代表了特定的生活视角，并且证明了那种视角的历史性和有效性。这种文化的表现或者生活方式的证明可以包含在实体物中，如纪念物或者遗址，也可以包括在可以移动的物品中，如各种艺术品、有重要历史

① Janet Blake, *On Defining the Cultural Heritage*, International and Comparative Law Quarterly, Vol. 49, No. 1 (Jan. 2000), p. 83.

② Lyndel V. Prott and Patrick J. O'Keefe, *Cultural Heritage or Cultural Property?*, Internationa Journal of Cultural Property, 1992, Vol. 1, p. 311.

③ John Henry Merryman, *The Public Interest in Cultural Property*, California Law Review, Vol. 77, No. 2 (Mar. 1989), p. 314.

意义和考古意义的物品以及有科学意义的物品，还包括非物质性的东西。① 国际文化遗产法律方面的专家 Janet Blake 在其《关于文化遗产的界定》一文中则认为国际法意义上的文化遗产应当是：应保存和传递给后代的一种遗产，并且与群体特性有联系，既是该团体文化特性的象征，也是构成该团体特征的实质因素。②

（三）主要国际文件中所规定的文化财产的范围

如前所述，虽然理论上给文化财产下一个广泛认可的定义很难。但是，主要的国际文件对其保护的文化财产的范围却很明确。一些国际文件规定其直接适用于某些物品，而这些物品毋庸置疑可以列入文化财产的范围；另一些国际文件则明确提出文化财产（或文化遗产）这一术语，并且对该术语所包含的范围进行列举。

1. 未使用文化财产（或文化遗产）术语的国际文件对文化财产的规定

《1954 年海牙公约》之前的国际文件几乎都是采用这种模式。1977 年日内瓦公约的两个附加议定书以及《国际刑事法院罗马规约》也延续了这种表现形式。

①1874 年《布鲁塞尔宣言》第 8 条提到：用于宗教、慈善、教育、艺术和科学的建筑，即使属于国家，也应看做私人财产。扣押、破坏或者故意损害此类性质的机构、历史纪念物、艺术和科学品，应当受到有权机构的追诉。

②1907 年《海牙第 4 公约》第 27 条规定：在攻击和轰炸中，必须尽可能采取必要措施避免致力于宗教、艺术、科学和慈善目的的建筑物，历史古迹，医院和伤病员聚集的地区受到损害……

③1935 年《罗里奇公约》第 1 条规定：历史古迹，博物馆，科学、艺术、教育和文化机构……

④1977 年两个附加议定书提到：构成各国人民文化或精神遗

---

① Lyndel V. Prott and Patrick J. O'Keefe, *Cultural Heritage or Cultural Property?* International Journal of Cultural Property, Vol. 1, 1992, p. 307

② Janet Blake, *On Defining the Cultural Heritage*, International and Comparative Law Quarterly, Vol. 49, No. 1 (Jan. 2000), pp. 83-84.

产的历史纪念物、艺术品或礼拜场所……

⑤1998年《国际刑事法院罗马规约》规定：专用于宗教、教育、艺术、科学或慈善事业的建筑物、历史纪念物、医院和伤病人员收容所……

从以上规定可以看出，采用这种形式的国际文件没有使用文化财产（或者文化遗产）这一术语，而是直接规定所保护的建筑、物品的范围。这就导致一些并不能归为文化财产的建筑、物品（如具有慈善目的的建筑或者医院等）和可以归为文化财产的建筑、物品放在一起。这种形式没有特别彰显文化财产的价值，也未对文化财产作出界定。

2. 使用文化财产（或者文化遗产）术语的国际文件对文化财产的界定

（1）《1954年海牙公约》的界定

《1954年海牙公约》对“文化财产”这一术语作了明确界定。其第1条规定，本条所称“文化财产”，不问其来源或所有权如何，应包括：对各国人民的文化遗产具有重大意义的动产或不动产，例如建筑、艺术或历史上的纪念物，不论是宗教性的或者是世俗的；考古遗址；具有历史或艺术上价值的整套建筑物；艺术品；手稿、书籍和其他具有艺术、历史或考古价值的其他物品；以及科学珍藏、书籍或档案的重要珍藏或者上述各物的复制品；其主要目的是为保存或展览前述动产的建筑物，以及发生武装冲突时用以掩护前者所述可以移动文化财产的保藏所，和用以存放大量的上述动产、不动产、建筑物和保藏所的中心站。

（2）《教科文组织1970年公约》的界定

《教科文组织1970年公约》第1条规定，“文化财产”一词系指每个国家，根据宗教的或世俗的理由，明确指定为具有重要考古、史前史、历史、文学、艺术或科学价值的财产并属于下列各类者：动物群落、植物群落、矿物和解剖以及具有古生物学意义的物品的稀有收集品和标本；有关历史，包括科学、技术、军事及社会史，有关国家领袖、思想家、科学家、艺术家之生平以及有关国家重大事件的财产；考古发掘（包括正常的和秘密的）或考古发现的成果；业已肢解的艺术或历史古迹或考古遗址之构成部分；100 年以前的古物，如铭文、钱币和印章；具有人种学意义的文物；有艺术价值的财产，如全部是手工完成的图画、绘画和绘图，不论其装帧框座如何，也不论所用的是何种材料（不包括工业设计图及手工装饰的工业产品）；用任何材料制成的雕塑艺术和雕刻的原作；版画、印片和平版画的原件；用任何材料组集或拼集的艺术品原件；稀有手稿和古版书籍，有特殊意义的（历史、艺术、科学、文学等）古书、文件和出版物，不论是单本的或整套的；邮票、印花税票及类似的票证，不论是单张的或成套的；档案，包括有声、照相和电影档案；100 年以前的家具物品和古乐器。

这一列举表明《教科文组织 1970 年公约》中可以视为文化财产的物品的范围非常宽。但其也指出，这些物品能否涵括在公约中，由各国“明确指定”，也即各国指定的范围可以窄于公约所列举的物品范围。

（3）1976 年教科文组织《关于文化财产交换的建议》的界定

《关于文化财产交换的建议》第 1（1）条将文化财产明确界定为：人类创造的表现、证据或者自然进化的证据，在某个国家的权力机构看来，大多数是具有历史的、艺术的、科学或者技术价值和利益的物品。

（4）1978 年教科文组织《保护可移动文化财产的建议》的界定

依《保护可移动文化财产的建议》第 1（1）条的规定，所有可移动的人类创造的表现或者证据或者自然进化的证据，并且有考古的、历史的、艺术的、科学的或者技术的价值和利益，是可移动文化财产。

（5）2001 年《保护水下文化遗产公约》中的界定

依《保护水下文化遗产公约》第 1 条的规定，水下文化遗产系指至少 100 年来，周期性的或者连续的、部分或者全部位于水下的具有文化、历史或考古价值的所有人类生存的遗迹。如遗址、建筑、房屋、工艺品和人的遗骸，及其具有考古价值的环境和自然环境；船只、飞行器、其他运输工具或上述三类的任何部分，所载货物或其他物品，及其具有考古价值的环境和自然环境；具有史前意义的物品。

这些文件不仅使用了文化财产（或者文化遗产）这一术语，而且对文化财产（或者文化遗产）进行了界定，较之第一种形式更为准确，因为其仅仅指向文化财产（或者文化遗产），而不包含如医院等不属于文化财产（或者文化遗产）的建筑。但是，出于各自不同的目的，这些文件并没有使用统一的文化财产（文化遗产）的界定。而且，其所包含的归属于文化财产（文化遗产）的具体物品并不一致。

综上所述，本书中所含的两个关键术语“文化财产”和“武装冲突”，都没有放之四海皆准的界定。本书也未试图给这两个术语下一个明确的定义。但是，从尽量保护武装冲突中的文化财产的理念出发，以及从国际法的发展趋势来看，武装冲突包含国际性和非国际性武装冲突，其包括的范围宽于战争。而且，国际性武装冲突这一术语是在比较宽泛意义上来使用，当两个或多个国家借助于武装力量就可以认定存在国际性武装冲突，不管冲突方是否承认冲突的存在。非国际性武装冲突的界定则更为复杂，有 1949 年日内瓦公约共同第 3 条意义上的宽泛的界定，有《日内瓦公约附加第 2 议定书》上的比较严格的界定，还有介于二者之间的 1998 年《国际刑事法院罗马规约》的界定。而对于文化财产，只能笼统界定为具有文化意义的财产。具体哪些物品和建筑可以列入文化财产的范围，还需要考虑每份文件特别是国际条约的规定以及各国自己的规定。至于“文化财产”和“文化遗产”这两个术语，应当承认后者比前者更妥当。但是，如前所述，因为每份国际文件的规定不同。同时，鉴于重要的专门保护武装冲突中文化财产的公约——《1954 年海牙公约》使用的是“文化财产”这一术语。因此，本书名使用文化财产，而不是文化遗产。但是，本书并不细分二者的区别，有时可能在互换的意义上使用这两个概念。但有一点，本书所研究的保护对象不包括非物质性文化遗产，只包括物质性文化遗产。

第二节 武装冲突中文化财产保护规则的历史沿革

自古以来，武装冲突中破坏和掠夺文化财产的事例屡见不鲜。这种破坏有时是直接针对文化财产而引起的，特别是当某种文化财产被用做军事目的时更是如此；有时是在攻击其他军事目标时附带而导致的；而有时则是在因种族、民族矛盾发生的武装冲突中为了心理上的优势故意攻击文化财产。而文化财产，是人类的宝贵财富，具有不可替代性。文化财产的毁损可能导致人类历史的断裂和感情的伤害。因此，如何在武装冲突中保护好文化财产是人类应当思考的课题。但是，回顾历史，这种思考经过了漫长的时间。

一、《1954年海牙公约》制定之前的历史回顾

在人类社会的早期，没有规则禁止军队毁灭敌国、掠夺敌人的财产，文化财产的破坏被认为是战争不可避免的后果。但在这种普遍意识中，也闪烁着保护文化财产的火花，只是这种保护经常并不是以文化财产的名义，而主要出于宗教目的，其保护的文化财产也主要是宗教财产和宗教场所。这种理念被许多人宣扬过，如古希腊历史学家 Polybius（202—120 BC）写道："法律和诉诸战争权允许战胜者摧残和毁灭要塞、碉堡等属于敌人的财产，从而摧毁敌人和增加自己的战斗力。但是……任何人都会承认，放任摧毁众多寺庙、雕像和其他神圣物品是疯子所为的行为。"而教会也着力鼓吹保护宗教财产，如公元989年的宗教大会声称宗教场所和宗教财产应当得到保护。①

在欧洲，最早跨越宗教目的的保护武装冲突中的文化财产是在文

① Jiri Toman, *The Protection of Cultural Property in the Event of Armed Conflict*, *Commentary on the Convention for the Protection of Cultural Property in the Event of Armed Conflict and its Protocol*, Signed on 14 May 1954 in the Hague, and on Other Instruments of International Law Concerning such Protection, Dartmouth Publishing Company, 1996, p. 4.

艺复兴时期。在16—17世纪，国际法学者表现出对武装冲突中的文化财产的关注。例如，Jacob Przyluski 提出交战方应当对艺术品进行保护，而不仅仅因其宗教性质。① Alberic 和真提利斯（Justin Gentilis）也持相同观点。从1648年威斯特伐利亚和会开始，越来越多的条约涉及将武装冲突中移走的财产返还其原地。首先是档案，后来是艺术品。但直到17世纪，被誉为国际法之父的格劳秀斯（Grotius）还坚持以战争的正义性与否来决定是否保护文化财产，强调：只要是正义战争，国家之间的法律并不能使宗教财产免受损害。② 到了18世纪，情况才开始有所改变，瓦泰勒（Emmerich de Vattel）在他的重要著作《国家法律或者自然法原则》中写道："不管是什么原因导致破坏一个国家，这些建筑应当得到保护，包括组成人类荣耀的部分，以及不能增加敌人战斗力的东西，如寺庙、墓葬、公共建筑，以及所有无上美丽的建筑。损坏这些能得到什么呢？剥夺了人们享有这些艺术性纪念物和建筑的人应当被认为是人类的敌人……"③ 其后，受到法国启蒙思想家卢梭（Rousseau）所发展的概念的影响，文化财产也得益于公私财产的区分而得到一定的保护。按照这种分类，公共财产特别是那些有助于战争的财产，属于敌对国家，能够被扣押、掠夺和破坏。而私有财产是不能被掠夺和破坏的，宗教财产以及学校、收藏馆以及图书馆应作为私有财产看待。世界上其他宗教和文明与欧洲的趋势相

① Jiri Toman, *The Protection of Cultural Property in the Event of Armed Conflict, Commentary on the Convention for the Protection of Cultural Property in the Event of Armed Conflict and its Protocol*, Signed on 14 May 1954 in the Hague, and on Other Instruments of International Law Concerning such Protection, Dartmouth Publishing Company, 1996, pp. 4-5.

② Kevin Chamberlain, *War and Cultural Property*, The Institute of Art and Law, 2004, p. 7.

③ Emmerich de Vattel, *The Law of Nations or the Principles of Natural Law*, Applied to the Conduct and to the Affairs of Nations and of Sovereigns, Carnegie Institution of Washington, 1916 (reproduction of the 1758 edition), Washington, D. C., p. 293.

似，文化财产也经常得益于物品和场所的宗教性而得到保护。

（一）保护武装冲突中的文化财产的主要文件

虽然人类历史的早期闪烁着保护文化财产的火花，但在成文规则中保护武装冲突中的文化财产则是18—19世纪才开始的。这主要是因为这一时期新的武器装备的出现，一些传统的武装冲突规则开始改变。而在这些新出现的规则中，首先应当提及的是1863年的《利伯法典》（*Lieber Code*）。

1. 1863年的《利伯法典》对文化财产的保护

《利伯法典》是世界上第一个尝试对战争法律和习惯进行编纂的文件，全称为《美国陆战指导规则》。① 这部法典是美国内战时期由利伯（Francis Lieber）草拟，林肯总统颁发的。尽管该法典只约束美国军队，但因其最大程度上与当时的战争法律和习惯相一致，并且对其他国家战争立法以及1899年和1907年海牙系列公约的制定具有重要影响。因此，这部法典在武装冲突法的发展史上具有重要意义。该法典有三个条款，即第34、35、36条直接涉及文化财产的保护。

该法典首先对公私财产予以了区分，第31条允许军队在武装冲突中掠夺公共财产。但第34条特别规定："作为一个基本原则，属于教堂、医院和其他专有慈善性质的机构、教育机构，或者用于提高知识水平而建造的建筑，无论是公立学校、大学、科研和天文机构、艺术品或者科学性质的博物馆——这些物品不被认为是第31条所称的公共财产；但是，公共服务需要时，可以征税和使用。"第35条规定："古典艺术品、图书馆、科学收藏或者珍贵的器械，如天文望远镜以及医院，必须尽量保证不会遭到可以避免的损害，即使这些物品处于被包围或者轰炸的防御工地内。"第36

① 《美国陆战指导规则》是世界上第一部正式的成文的军事法规，是美国内战时期，由利伯草拟，林肯总统签署的，目的是为了指导内战中南方和北方之间的关系。其对后来各国的军事立法以及国际人道条约的制定具有重要意义。详见红十字国际委员会网站：http：//www. icrc. org/ihl. nsf/73cb71d18dc4372741256739003e6372/a25aa5871a04919bc12563cd002d65c5? OpenDocument，accessed on Jan. 1，2014.

条表明："如果这些艺术品、图书馆、收藏品、文件属于敌对国家或者政府，可以免受损害。征服政府或者国家的统治者必须命令为了上述国家的利益查封或者转移，最终的权利归属应通过后来的和平条约解决。如果被美国军队所获得，绝不能被卖掉或者成为礼物，也不能被私人所占有或者任意损坏和破坏。"

《利伯法典》对随后出台的一些文件具有重要影响。1874 年，由俄国召集的 15 个国家参加的国际会议上，通过了《布鲁塞尔宣言》（由于英国的反对，宣言最终没有成为具有法律约束力的文件）。该宣言总共有 56 条，第 8 条规定了文化财产的保护："教区的财产，或者致力于宗教、慈善、教育、艺术、科学的机构，尽管属于国家，应当认为是私有财产。对其的掠夺、毁损以及故意损害这些机构、历史古迹、艺术品或具有科学意义的物品，将受到有管辖权的机构的追诉。"1880 年，由国际法协会和国际法专家组成的组织，在其制定的《战争法律和习惯守则》第 56 条中也有类似的规定。

2. 1899 年和 1907 年海牙公约：保护武装冲突中的文化财产的早期国际性规定

1899 年和 1907 年的海牙和平会议是世界上最早的，在国际范围内对武装冲突中的法律和习惯进行成文编纂的尝试，其结果是出台了一系列武装冲突方面的条约和规章。这些条约和规章有一些零星的规则涉及文化财产的保护，尽管其并没有使用"文化财产"这一术语。

与先前的文件相同，1899 年和 1907 年的海牙公约和规章首先从性质上将文化财产视为私有财产，提供比公共财产更高的保护。1899 年《海牙第 2 公约》（《陆战法律和习惯规约》）所附规章第 56 条明确规定：市政当局的财产，包括宗教、慈善、教育、艺术和科学机构的财产，即使是国家所有，也应作为私有财产对待。对这些机构、历史性建筑物、艺术和科学作品的任何没收、毁灭和故意的损害均应予以禁止并受法律追究。1907 年《海牙第 4 公约》所附规章亦保留了这一条。

不仅如此，1899 年和 1907 年海牙公约中还有专门条款保护文化财产，1899 年《海牙第 2 公约》所附规章第 27 条规定：在包围和轰炸中，应当尽可能采取所有必要的措施，以避免用于宗教、艺术、科学或者慈善目的的建筑物、医院和伤病员聚集的场所受到损害，只要这些场所在当时没有被用于军事目的。同时，规章也规定了被围困者的义务：被围困者有义务用易于识别的特别标志标明这些建筑物或场所，并须事前通知敌方。1907 年《海牙第 4 公约》所附规章第 27 条继承了这一规定，只是将 1899 年的“应当”修改为“必须”，同时，保护的场所增加了“历史纪念物”。此外，1907 年《海牙第 9 公约》第 5 条也规定：海军轰炸时，指挥官必须采取所有必要的措施，尽可能避免使宗教建筑，用于艺术的、科学的或者慈善目的的建筑，历史古迹，医院和其他伤病员聚集的地方受到损害，只要这些建筑在当时没有用于军事目的。当地居民有义务通过可识别的标记标明这些古迹、建筑和场所，这种标记可以是大的长方形，对角区分为两个不同颜色的三角形，上半部分为黑色，下半部分为白色。

1899 年和 1907 年海牙系列公约及其规章中的规定，使世界上第一次出现了保护武装冲突中的文化财产的有约束力的国际规则，对文化财产的保护具有重要意义。这些规定对文化财产的保护有以下特点：规定零星；区分不同的战争方式，如陆战、海战等分别规定；保护的文化财产主要限于不可移动文化财产。

1899 年和 1907 年海牙系列公约约束其缔约国，而且因国际社会公认其内容已经成为国际习惯的组成部分，对非缔约国也有约束力。因此，虽然其制定已经超过 100 年，但对现代武装冲突中文化财产的保护仍然意义重大。

3. 两次世界大战之间保护文化财产的国际尝试

第一次世界大战中文化财产的灾难证明 1899 年和 1907 年海牙条约体系中的相关条款过于简单，不能对文化财产提供有效的保护。而且，当时武器装备的新发展也对文化财产产生新的威胁。在此背景下，在战争期间，就有许多保护文化财产的尝试。如有人建议仿照红十字国际委员会（ICRC），建立一个保护文化财产的“黄金十字”（gold cross）组织。荷兰考古协会曾在 1918 年 4 月，向荷兰女王建议召开国际会议保护历史、艺术建筑和物品不受战争的损害。虽然因为“二战”的迅速爆发，这些尝试并没有多少实质性的效果，但其中的一些文件还是推进了文化财产的保护。

（1）1922 年《关于控制战争中无线电装置和空战的海牙规则（草案）》中保护文化财产的相关条款

该规则的制定起因于 1922 年华盛顿限制军备会议上采纳的一个决议。该决议决定任命一个法学家委员会，负责草拟一个与战争和空战中使用无线电相关的规则。委员会的任务之一是审查自 1907 年海牙和平会议以来的国际法规则是否充分，是否能够应对战争中攻击和防御所采取的方法。委员会由法、日、意、荷、英、美六国的代表组成，各代表将他们得出的结论报告给各自政府。1922 年 12 月到 1923 年 2 月，代表们聚集在海牙，草拟了《关于控制战争中无线电装置和空战的海牙规则（草案）》。从性质上而言，有关空战的规则从来没有产生法律约束力，仅仅是建议。但是，它们作为“澄清和阐明适用于空战规则的权威尝试”具有重要意义。① 这些空战规则在很大程度上与陆战和海战的习惯规则相一致，对后来国际法的发展产生了重要影响。②

该空战规则中的第 25 条和第 26 条增加了某些特定规则，以求对具有重大历史意义的建筑进行更有效的保护，并且首次提出了区分一般保护和特别保护的理念。第 25 条规定了一般保护：在空中轰炸中，指挥官必须采取所有必要的措施尽量使致力于公共福利、艺术、科学、慈善目的的建筑物、历史纪念物、医院船只、医院和其他收容伤病员的场所免受破坏，只要这些建筑物、物品和场所在当时没有用做军事目的。这些建筑物、物品和场所在当时必须标上从航空器上可以识别的标记。将标记使用于上述以外的建筑、物品

① See Kevin Chamberlain, *War and Cultural Property*, The Institute of Art and Law, 2004, p. 10.

② 关于该海牙规则的具体规定，详见红十字国际委员会的网站：http：// www. icrc. org /ihl. nsf/I NTRO/ 275? OpenDocument, accessed on Mar. 1, 2008。

和场所，将被视为背信行为。在《日内瓦条约》① 保护的建筑上，其标记应当是白底、红十字，其他建筑上的标记是大的长方形分成两个三角形，一半为黑色，一半为白色。交战方希望在晚上保护上述建筑，必须采取必要的措施标注上述特定的充分可视的标记。

第 26 条则规定对于某些特别重要的建筑提供特别的规则进行保护，但要求这些建筑及其周围不用于军事目的，并接受特殊的监控体系。第 26 条用了 8 款对这种特殊保护进行规制，主要内容包括：第一，国家认为合适时，有权在其境内纪念物的周围建立保护区。此种保护区在战时应享有轰炸豁免权。第二，周围已经建立保护区的纪念物应在平时通过外交途径通知其他国家，通知应标明保护区的范围，通知在战时不得撤回。第三，保护区除纪念物或纪念物群实际占用的面积外，得包括从该区外围算起不超过 500 公尺宽度的区域。第四，为保证交战国飞行员识别保护区的范围，应使用无论白天或夜间从航空器都能清晰可见的标志。第五，纪念物本身的标志为本公约规定的标志。用以标明周围地区的标志，应由每个接受本条规定的国家决定，并将在对纪念物及其周围地区作出通知的同时通知其他国家。第六，标明本条第 5 款所指地区的标志的任何滥用，均将视为背信弃义的行为。第七，接受本条规定的国家不应将纪念物及其周围地区用于军事目的，或以任何方式使之有利于其军事组织，或在此种纪念物及其周围地区内作出任何具有军事目的的行为。第八，为保证第 7 款各项规定不被违反，应委派一个检查委员会，该委员会由驻在接受本条规定的国家中的三名中立国代表或其所派的代理人组成。检查委员会成员之一应由受委托照顾交战国另一方利益的国家的代表（或其代理人）担任。

该规则所采取的对武装冲突中的文化财产区分一般保护和特别保护的理念为国际博物馆事务所（International Museums Office）所制定的《保护战争中历史建筑和艺术品国际公约的草案初稿》所采纳，并最终在《1954 年海牙公约》中得以实现。

---

① 这里所谓的日内瓦公约是指于 1864 年通过，1906 年和 1929 年修正的《改善战地陆军伤者境遇公约》，而不是 1949 年日内瓦公约。

（2）1935 年《罗里奇公约》：首个专门保护文化财产的公约

《罗里奇公约》的全称为《关于保护艺术和科学机构及历史纪念物条约》，1935 年签于华盛顿，适用于美洲国家，目前有 10 个缔约国，包括美国。该公约是第一次世界大战的产物，共有 8 个条文。①

该公约首先界定了所保护的文化财产的范围，包括历史纪念物、博物馆、科学、艺术、教育和文化机构。该公约规定，在武装冲突中，这些机构应视为中立。此类机构的人员也应受同样的尊重与保护。该公约还规定了文化财产的识别标记：白底，红圆圈，圆圈中为三合红球形的旗。公约还规定了军事目的的例外：纪念物和机构若被用于军事目的，应停止享有本条约之特权。此外，该公约还强调在和平时期，这些文化财产同样受到保护。

《罗里奇公约》的条款虽然很少，实践中也未发挥积极作用，但仍具有一定的意义。它是第一个专门保护文化财产的公约，至今仍然适用于美洲部分国家，包括美国，其内容也影响了后来的《1954 年海牙公约》。②

（3）《保护战争中历史建筑和艺术品国际公约的草案初稿》③的制定

这是“二战”之前国际社会为保护武装冲突中的文化财产所作的最重要努力，这份文件最终由于“二战”的爆发而没有形成具有法律约束力的国际条约。但是，其对“二战”之后《1954 年海牙公约》的制定具有重要意义。这份草案初稿的形成得益于国际博物馆事务所的推动。早在 1931 年，国际博物馆事务所就召开了雅典会议，建议教育公众在战时尊重文化财产。随后，西班牙内战对文化财产的广泛破坏推动了事务所的步伐。事务所在巴黎召集

① 《罗里奇公约》的简介，详见红十字国际委员会网站：http://www.icrc.org/Web/chi/sitechi0.nsf/html/treaty-roerich-pact-15041935，accessed on Jan. 2，2009。

② 《1954 年海牙公约》的前言部分，明确提出了这一点。

③ See Patrick J. Boylan，*Review of the Convention for the Protection of Cultural Property in the Event of Armed Conflict*，1993，A. 2 UNESCO Archive.

了一个专家委员会，准备了这份草案初稿。

这份草案初稿从形式上包含了一份条约，并附有一份实施条例。这种形式后来被《1954 年海牙公约》采纳。同时，草案初稿寻求在军事利益与最大限度保护受威胁的纪念物和艺术品之间的平衡。这表现为既要考虑军事必要，也需考虑文化财产保护的需要。事务所委员会甚至声称“谨慎以避免提出在（战争）到来时，证明是不可操作或者不可适用的规则和方法。宁愿限制在那些在实践中被认为是可行的，而不是寻求达到更高标准和更为彻底的计划……”该草案以几个基本原则为基础：如和平时期的组织和准备；军队的教育；纳入军事规则和指令；采取措施惩罚掠夺；对可移动财产建立庇护所等。同时，草案在前言中宣称历史建筑和艺术品的保护不仅仅基于其是国家遗产，而是认为对这些物品的破坏将使整个国际社会受到损害。因此，对这些物品的保护是出于整个国际社会的利益。该草案文本后来提交给了国际联盟，而且荷兰提出的召开外交大会通过该草案的建议也被国际联盟接受。但是，一切都太晚了，第二次世界大战爆发了。

（二）评析

综观 1954 年之前保护文化财产的文件，可以发现有一些共同的特点。第一，从理念上，这些文件主要将文化财产视为私有财产，而不是将其独立为一类特殊财产进行保护。第二，区分不同性质的战争，如陆战、空战、海战规定不同的保护规则。第三，规定零星而简单，1863 年的《利伯法典》、1874 年的《布鲁塞尔宣言》、1899 年和 1907 年的海牙系列公约和规章都是在其文件中对文化财产的保护进行零星规定。1935 年《罗里奇公约》虽然专门规定了文化财产的保护，但条文很少。第四，保护的文化财产范围较为宽泛，但主要集中于不可移动文化财产。第五，没有使用“文化财产”或“文化遗产”这一后来国际文件中广泛使用的概念，而是采用具体列举的方式，明确所要保护的财产的范围。第六，主要是限制攻击方的攻击，而几乎不涉及防御方的保护义务。如果防御方将文化财产用于军事目的，只是导致攻击方的攻击合法，而防御方的行为本身并没有受到限制。第七，一般都要求在文化财产上设有标记。第八，对文化财产的保护都不是绝对的，在一定条件下可以放弃。特别是文化财产用于军事目的时更是如此。

二、《1954 年海牙公约》及其议定书的制定

（一）制定背景

《1954 年海牙公约》是世界上第一部专门保护武装冲突中的文化财产的国际性公约。事实上，鉴于第一次世界大战对文化财产的破坏，“二战”前国际社会就有订立此类公约的意愿。随着美国在 1935 年《罗里奇公约》上签字，国际社会制定一个更加全面的保护战争中的纪念物和艺术品公约的意愿更为强烈。1939 年，荷兰政府提交了由国际博物馆事务所精心制作的《保护战争中历史建筑和艺术品国际公约的草案初稿》。但这一努力由于第二次世界大战的爆发而没有成功。① 第二次世界大战中对文化财产的破坏和掠夺，以及联合国重要机构之一——教科文组织的产生对《1954 年海牙公约》的制定都起到了巨大的促进作用。②

《1954 年海牙公约》的制定经历了较长的准备时间。1949 年，联合国教科文组织根据荷兰的提议，在第 4 次会议上（1949 年，巴黎）采纳了 6. 42 号决议，将注意力集中于保护所有具有文化价值的物品。根据这项决议，教科文组织的秘书处和技术与法律专家在一起，在咨询了国际博物馆理事会之后，对该问题进行了新的研究。该研究结果通过报告的形式提交，并在 1950 年的第 5 次大会上进行了讨论。在该会议上，意大利代表团根据前述国际博物馆事务所 1936 年的公约草案，提出了保护武装冲突中的文化财产的草案文本。这一草案文本被递交给各个成员国，各成员国的意见在第 6 次会议上提交。而国际古迹、艺术、历史遗迹和考古委员会对草

① 这一背景，详见红十字国际委员会网站：http：//www. icrc. org/ihl. nsf/INTRO/395？OpenDocument，accessed on Jan. 4，2009。

② Jennifer Lehman，*The Continued Struggle With Stolen Cultural Property：The Hague Convention，The UNESCO Convention，and the UNIDROIT Draft Convention*，14ARIZ. J. INT'L & COMP. L. （1997），pp. 527-531.

案进行了修改，增加了一个新的文件——《公约实施条例》。经过修改后的草案再次提交各成员国，教科文组织秘书处根据各成员国的意见再次修改了公约草案。新版本由一个政府专家委员会审定，该委员会代表了 23 个成员国。专家委员会的工作导致产生了三个独立的文件：评论、公约草案，实施条例。1952 年 9 月 10 日，这三个文件在第 7 次大会上提交给教科文组织。教科文组织的工作组对草案提出了一些修改建议，并且将有关被占领土所转移文化财产的归还问题单独列出来，变成了一个附加议定书。教科文组织的总干事根据缔约国大会的决议，将草案再一次提交给成员国，并且根据荷兰的建议，在 1954 年 4 月至 5 月期间，组织了政府间会议，史称 1954 年海牙会议。①

海牙会议于 1954 年 4 月 21 日到 5 月 14 日召开，有 56 个国家的代表参加。会议对公约草案进行了讨论，在 1954 年 5 月 14 日进行的最后会议上，37 个国家的代表在最后文本上签字②，《1954 年海牙公约》及其议定书和实施条例得以通过，成为国际人道法的重要组成部分。毫无疑问，前述 3 个文件的通过，对武装冲突中的文化财产的保护具有里程碑式的意义。它使以前分散的保护文化财产的法律集中于 2 个文件（或者说是 3 个文件）中，为国际社会保护武装冲突中的文化财产提供了全面的国际准则。

（二）主要内容

1954 年海牙会议通过了 3 个文件，即《1954 年海牙公约》及其实施条例和议定书。《1954 年海牙公约》包括前言、最后条款和中间的 7 章内容，共有 40 条。其实施条例包括 4 章 21 条，主要规

① Jiri Toman, *The Protection of Cultural Property in the Event of Armed Conflict*, *Commentary on the Convention for the Protection of Cultural Property in the Event of Armed Conflict and its Protocol*, Signed on 14 May 1954 in The Hague, and on Other Instruments of International Law Concerning such Protection, Dartmouth Publishing Company, 1996, pp. 21-23.

② CBC/SR/13, The Hague. 教科文组织对 1954 年海牙外交大会的报告，详见教科文组织网站：http://unesdoc.unesco.org/images/0014/001428/142831mb.pdf, accessed on Oct. 6, 2008。

定程序事项，是公约的组成部分，公约成员国要遵从条例的规定。其议定书的条文很少，仅有15条，是一个单独文件，主要规定各国争议颇多的武装冲突中从被占领土所转移的文化财产的返还问题，公约成员国可以决定是否加入该议定书。

《1954年海牙公约》的前言部分提出了一个为后来国际文件所沿用的重要原则，即文化财产的保护不仅仅是该财产所在地国家的事务，而且是国际社会应当关注的事务。文化财产的损失不仅仅是财产所在地的损失，而且是整个人类的损失。因此，文化财产应当得到国际保护，而且这种保护既适用于武装冲突中，也适用于和平时期。正文部分则界定了所保护的文化财产的范围，规定了武装冲突中保护文化财产的两种方式，即“一般保护”和“特别保护”，还规定了缔约国的具体义务以及公约的执行等。

三、国际法的发展对《1954年海牙公约》的冲击

《1954年海牙公约》制定之后，国际法有了新发展，其中的一些新规定对《1954年海牙公约》产生了冲击，这导致国际社会重新审视该公约。

（一）国际人道法的发展：1977年两个附加议定书的制定

有感于两次世界大战，特别是第二次世界大战造成的严重人道灾难，国际社会于1949年制定了四个公约，分别保护战场中受伤的士兵、海战中的伤者和遇船难者、战俘以及敌方控制下的平民，这四个公约统称为1949年日内瓦公约。其中，第四公约中规定了民用财产的保护。但是，保护文化财产的专门条款并未包含在这四个公约中。随着国际形势的发展，1977年国际社会通过了1949年日内瓦公约的两个附加议定书：发展国际性武装冲突中的人道规则的《日内瓦公约附加第1议定书》，以及发展非国际性武装冲突中的人道规则的《日内瓦公约附加第2议定书》。这两个附加议定书对1949年日内瓦公约进行了补充和发展。

两个附加议定书都有专门条款保护文化财产。《日内瓦公约附加第1议定书》第53条规定：在不妨碍《1954年海牙公约》和其他有关国际文件的规定的条件下，禁止从事以构成各国人民文化或

精神遗产的历史纪念物、艺术品或礼拜场所为对象的敌对行为；禁止利用这类物体以支持军事努力；禁止使这类物体成为报复的对象。《日内瓦公约附加第 2 议定书》第 16 条也规定：在不妨碍《1954 年海牙公约》规定的条件下，对构成各国人民文化或精神遗产的历史纪念物、艺术品或礼拜场所从事任何敌对行为，以及利用这些物体以支持军事努力，都是禁止的。不仅如此，前份文件第 85 条将武装冲突中攻击文化财产的行为规定为“重大违反”(grave breach)①，要求个人承担国际刑事责任。

两个附加议定书强调保护非国际性武装冲突中的文化财产和将武装冲突中攻击文化财产的行为规定为“重大违反”对《1954 年海牙公约》产生了冲击。而且，附加议定书没有将军事必要视为保护武装冲突中的文化财产的例外，也引起了关注。此外，附加议定书中新出现的一些概念，如“军事目标”等也对后来的文件产生了影响。

（二）国际刑事法律和实践的发展

国际刑事法律和实践的发展也对《1954 年海牙公约》产生了冲击。对武装冲突中的个人追究刑事责任，已有“二战”结束之后的纽伦堡和远东军事法庭的实践。《日内瓦公约附加第 1 议定书》也有条款涉及。而前南斯拉夫联盟以及卢旺达国际刑事法庭的设立以及对武装冲突中针对文化财产行为的审判更是对此予以了明确。

同时，1998 年《国际刑事法院罗马规约》的通过也对《1954 年海牙公约》的相关规定产生了重要影响。1998 年 7 月 17 日，联合国建立国际刑事法院罗马外交大会以决定性的优势通过了《国际刑事法院罗马规约》，共有 120 个国家赞成。这意味着人类历史上诞生了第一个永久性的国际刑事法院。根据《国际刑事法院罗马规约》第 8 条的规定，在国际性或者非国际性武装冲突中，故意指令攻击专用于宗教、教育、艺术、科学或者慈善目的的建筑物

① 我国一般把它翻译为“严重违反”，为了和《1999 年第 2 议定书》规定的“serious breach”（严重违反）相区分，本书称之为“重大违反”。

或者历史建筑物、医院以及其他伤病员集中的场所，可以构成战争罪，除非这些场所构成军事目标。

《国际刑事法院罗马规约》规定战争罪适用于武装冲突中攻击文化财产的行为，强化了刑事责任。这对新的保护武装冲突中的文化财产的国际文件产生了重要影响。

四、武装冲突中文化财产保护规则的新发展：《1999 年第 2 议定书》的制定

（一）制定进程

《1999 年第 2 议定书》是国际社会继《1954 年海牙公约》之后，在保护武装冲突中的文化财产问题上的最重要的新发展，其制定经历了较长时间。

自 20 世纪 80 年代起，国际社会对《1954 年海牙公约》的兴趣逐渐降低。很少有国家对加入该公约表现出兴趣，已经加入的国家则对公约要求提交的执行报告缺乏积极性。① 而这一阶段的国际社会并不平静，1980 年发生了两伊战争，这场持续了近 8 年的战争对两伊境内的文化财产造成了严重破坏。1990 年伊拉克对科威特的入侵又伴随着对科威特文化财产的掠夺。自 1991 年爆发的前南斯拉夫联盟武装冲突更是使其境内的文化财产遭到重创。在此背景下，早在两伊战争时期，伊朗就提出要求教科文组织重新审视《1954 年海牙公约》，但直到战争结束，这一问题也没有提上教科文组织的日程。直到 1991 年 11 月，也即前南斯拉夫境内发生破坏文化财产的恶性事件后不久，在教科文组织第 26 次缔约国大会上，才提出“国际保护世界文化遗产的体系并不令人满意，因武装冲突而受到持续不断的威胁”②，要求对现行保护文化财产的国际文件进行重新审视。1992 年，教科文组织总干事对执行局提交报告，提出主流观点认为现行公约不能适应时代需要，要研究修改现行公

① Roger O'Keefe, *The Protection of Cultural Property in Armed Conflict*, Cambridge University Press, 2006, p. 236.

② 26C/Resolution 3. 9, Preamble, third recital.

约或者制定新公约等问题。但是，对此问题研究的独立专家 Boylan 在其 1993 年提出的报告中认为：尽管过去的 40 年里，《1954 年海牙公约》及其议定书存在着明显缺陷，但其作为国际法仍然有效，具有现实意义，在实践中可行并且适应当前情况。目前存在的本质问题是未能很好地执行公约及其议定书，而非这些文件具有固有的缺陷。①

而随着前南斯拉夫境内的武装冲突对文化财产的破坏加剧，Boylan 的结论受到挑战，制定新文件的进程加快。1993 年和 1994 年，教科文组织召开了两次专家会议。在 1994 年的会议上，荷兰提交了对《1954 年海牙公约》修改的详细建议，称为 Lauswolt 文本。② 1995 年 11 月，教科文组织缔约国第 28 次大会召开，对《1954 年海牙公约》及其修改文本进行了讨论。随后的几次专家会议也对此进行了进一步的讨论。1999 年 3 月 15 日，海牙召开了外交大会，对《1999 年第 2 议定书》的相关事项进行磋商。3 月 26 日，《1999 年第 2 议定书》得以通过。此议定书，正如其前言所称，并非取代《1954 年海牙公约》，而是对其加以补充。

《1999 年第 2 议定书》的通过和生效③，意味着国际社会加强了对武装冲突中的文化财产的保护。自此，《1954 年海牙公约》及其两个议定书成为国际上最重要的保护武装冲突中的文化财产的文件。

（二）制定背景

1.《1954 年海牙公约》存在的问题

《1954 年海牙公约》和《1954 年第 1 议定书》虽然对保护武装冲突中的文化财产具有里程碑式的意义，但是它们也存在诸多问题。

---

① Patrick J. Boylan, *Review of the Convention for the Protection of Cultural Property in the Event of Armed Conflict*, 1993, A. 2 UNESCO Archive.

② 这一文本在《1954 年海牙公约》的制定进程中起到了非常重要的作用。

③ 2004 年 3 月 9 日生效。

首先，它们主要适用于国际性武装冲突。而随着国际形势的发展，特别是冷战的结束，国际上发生的许多武装冲突并非明确为国际性的，其对文化财产同样造成巨大损害。这使它们的适用范围受到质疑。

其次，制裁措施的规定过于简单。《1954 年海牙公约》规定的制裁措施只有短短一个条文，既没有规定具体罪行，也没有规定违反公约应追究个人刑事责任，只是将这一问题留给各缔约国自行处理。其第 28 条明确规定："缔约各方承允在其普通刑事管辖系统内对违犯或教唆违犯本公约的任何人，不论该人属何国籍，采取一切必要步骤予以追诉并施以刑罚或纪律制裁。"这使公约规定的"制裁"根本不可能发挥作用，降低了其威慑力，在实践中也会产生麻烦。

最后，一些条款太过含糊笼统。如军事必要，以及特别保护的规定等。①

2. 相关国际法的发展

相关国际法的发展也是制定《1999 年第 2 议定书》的原因。如前所述，1977 年国际社会签订了两个附加议定书，对 1949 年日内瓦公约进行了补充和发展。这两个议定书所体现出来的对非国际性武装冲突中人道问题的关注、所提出的更为明确的"军事目标"概念、对武装冲突中预防措施的强调、附带损害的规制以及所明确的应受到刑罚处罚的具体破坏文化财产的行为都对《1954 年海牙公约》产生了冲击。

而且，如前所述，国际刑事法律和实践，特别是前南斯拉夫和卢旺达刑事法庭的实践以及《国际刑事法院罗马规约》对武装冲突中破坏文化财产行为的刑事责任的规制也促使国际社会重新审视《1954 年海牙公约》的制裁条款。

3. 武装冲突对文化财产的持续破坏

这也是修改《1954 年海牙公约》和制定新规则的原因。如前所述，从 1980 年开始，持续到 1988 年的伊拉克和伊朗战争给两伊

① 这一部分将在后面详述。

境内的文化财产造成严重损害。20 世纪 90 年代的前南斯拉夫联盟的武装冲突打着“种族清洗”的旗号，对文化财产故意进行直接攻击。这些也促使进一步发展保护武装冲突中的文化财产的国际规则。

（三）与《1954 年海牙公约》的关系

在审视《1954 年海牙公约》之初，对其修改应采用何种模式，以及修改后的文件和《1954 年海牙公约》的关系，有四种不同的构想。第一种构想：直接对《1954 年海牙公约》进行修订。但是按照该公约第 39 条的规定，修订需要所有缔约国的同意。显而易见，这并不容易达成。因此，这一修改模式没有被采纳。第二种构想：制定一个新的、独立于《1954 年海牙公约》的公约。但是，制定新的公约又需要进行实质性的讨论，并且还会导致武装冲突中的文化财产有两套不同的保护体系，故这一模式也被抛弃。第三种构想：制定修订公约的议定书，但是这也需要所有缔约国的同意。第四种构想：采纳《日内瓦公约附加第 1 议定书》和《日内瓦公约附加第 2 议定书》的模式，不修改公约，制定新的议定书对公约进行补充，且新的议定书只对批准国有效。这种模式最终被采纳。① 因此，《1999 年第 2 议定书》不是替代《1954 年海牙公约》，而是对《1954 年海牙公约》的补充。对此，《1999 年第 2 议定书》第 2 条明确规定：“本议定书是在其相互关系上对《1954 年海牙公约》的补充。”“补充”二字说明《1999 年第 2 议定书》不影响公约缔约国的关系。也即，同是《1954 年海牙公约》和《1999 年第 2 议定书》的缔约国在相互关系上，受制于《1954 年海牙公约》和《1999 年第 2 议定书》；仅是《1954 年海牙公约》的缔约国在其相互关系上，只受制于《1954 年海牙公约》；一方既是《1954 年海牙公约》也是《1999 年第 2 议定书》的缔约国和另一方仅仅是《1954 年海牙公约》的缔约国之间，在其相互关系上

① See Jean Marie Henkearts, *New Rules for the Protection of Cultural Property in Armed Conflict*, International Review of the Red Cross, No. 835, 1999, pp. 593-620.

仅仅受制于《1954 年海牙公约》。①

但作为一般规定的例外，《1999 年第 2 议定书》第 4 条第 b 项将缔约国之间在“特别保护”和“重点保护”制度之间的适用规定为：《1954 年海牙公约》第二章（特别保护）无论是在本议定书的缔约国之间，还是在一个缔约国与一个根据规定接受并执行本议定书的非缔约国之间的执行，如果一项文化财产同时置于特别保护和重点保护之下，那么只执行关于重点保护的规定。这一规定表明一般情况下，《1999 年第 2 议定书》只补充《1954 年海牙公约》，但是，如果缔约国都是《1999 年第 2 议定书》的缔约国，或者《1999 年第 2 议定书》缔约国与按照本议定书的要求接受并执行本议定书的非缔约国之间，并且文化财产同时受到“特别保护”和“重点保护”，那么，“重点保护”就取代了“特别保护”。

（四）主要内容

《1999 年第 2 议定书》除前言之外，共分九章 47 条。第一章引言共有 4 条，对议定书出现的一些术语予以界定，并明确了议定书与《1954 年海牙公约》的关系。第二章共有 5 条，规定文化财产的一般保护，补充和发展了《1954 年海牙公约》中一般保护的规定。第三章共有 5 条，建立了新的重点保护制度。第四章共有 7 条，规定刑事责任与权限，是对《1954 年海牙公约》制裁措施的发展。第五章仅有 1 条，明确议定书的所有规定适用于非国际性武装冲突。第六章共有 7 条，对执行机构予以了强化。第七章共有 4 条，规定对议定书的传播以及国际援助。第八章共有 5 条，规定议定书的实施。最后一章共有 9 条，主要涉及议定书的加入等程序性事项。

世界上第一个尝试着对战争法律和习惯进行编纂的文件《利伯法典》中有保护文化财产的规定，这表明在此之前，保护武装

① 不存在仅仅是《1999 年第 2 议定书》而非《1954 年海牙公约》的缔约国的情况，因为按照《1999 年第 2 议定书》第 41 条和第 42 条的规定，只有《1954 年海牙公约》的成员国才能成为《1999 年第 2 议定书》的成员国。

冲突中的文化财产，已是战争习惯的组成部分。从19世纪末开始，国际社会开始有成文的国际规则保护武装冲突中的文化财产。但第一次世界大战之前的国际法的重要成果——1899年和1907年的海牙系列公约并没能阻止“一战”中文化财产被毁的恶果。“一战”之后，国际社会加快了制定保护武装冲突中的文化财产的国际文件的步伐。但除了主要施行于美洲的《罗里奇公约》外，其他的仅仅是草案或者建议。第二次世界大战的迅速爆发使这些草案或者建议没能成为国际条约，但这些草案或者建议为“二战”之后相关国际条约的制定打下了坚实的基础。第二次世界大战中文化财产严重被毁、被掠，以及国际社会对文化财产重视的加深，导致《1954年海牙公约》的出台。作为世界上第一个专门保护武装冲突中的文化财产的公约，《1954年海牙公约》为武装冲突中的文化财产的保护打下了坚实的国际法基础。但在两伊战争以及伊拉克占领科威特期间，特别是前南斯拉夫联盟武装冲突中，文化财产一次又一次地成为武装冲突的牺牲品。这导致了《1999年第2议定书》的出台，这份文件对《1954年海牙公约》予以了补充，强化了惩罚和执行机制，更有利于武装冲突中文化财产的保护。

第三节 武装冲突中保护文化财产的国际法体系

保护武装冲突中的文化财产的国际条约和习惯国际法规则、联合国安理会的相关决议、教科文组织发布的建议书和宣言，以及相关国际刑事法庭的判决构成了保护武装冲突中文化财产的国际法体系。其中，条约只对缔约国生效，习惯国际规则普遍适用于国际社会。联合国安理会的相关决议对联合国的成员生效，建议书和宣言只具有软法的性质，但是对习惯规则的形成具有重要意义，也具有道义上的约束力。相关国际刑事法庭的判决虽然只对个案生效，但其对相关国际规则的阐释推进了保护武装冲突中的文化财产国际规则的发展。

一、国际条约

（一）1899 年和 1907 年海牙公约体系中的相关条款

这主要包括 1899 年《海牙第 2 公约》所附规章第 27 条①和第 56 条②以及 1907 年《海牙第 4 公约》所附规章第 27 条③和第 56 条④的规定，后者是对前者的继承和发展。两个公约中的第 56 条虽然表述有所不同，但基本内容没有区别。第 27 条的内容则有些不同，体现在三个方面：首先，后者将前者的“应当”（should）换成了“必须”（must），更为强调采取保护措施的必要性。其次，后者将“历史纪念物”增加为应受保护的建筑。最后，后者强调“用易于识别的特别标志标明这些建筑物或场所，并须事前通知敌方”是被围困者的义务。

这两条规定虽然时代比较久远，但因是最早对武装冲突中的文化财产进行保护的成文国际性条款，而且被公认成为习惯国际规则，因此经常被引用和提及。

---

① 1899 年《海牙第 2 公约》所附规章第 27 条规定：在包围和轰炸中，应当（should）尽可能采取所有必要的措施，以避免用于宗教、艺术、科学或者慈善目的的建筑物、医院和伤病员聚集的场所受到损害，只要这些场所在当时没有被用于军事目的。被围困者应当用易于识别的特别标志标明这些建筑物或场所，并须事前通知敌方。

② 1899 年《海牙第 2 公约》所附规章第 56 条规定：市政当局的财产，包括宗教、慈善、教育、艺术和科学机构的财产，即使是国家所有，也应作为私有财产对待。对这些机构、历史性建筑物、艺术和科学作品的任何没收、毁灭和故意的损害均应予以禁止并受法律追究。

③ 1907 年《海牙第 4 公约》所附规章第 27 条规定：在包围和轰炸中，必须（must）尽可能采取所有必要的措施，以避免用于宗教、艺术、科学或者慈善目的的建筑物、历史纪念物（historic monuments）、医院和伤病员聚集的场所受到损害，只要这些场所在当时没有被用于军事目的。被围困者有义务用易于识别的特别标志标明这些建筑物或场所，并须事前通知敌方。

④ 1907 年《海牙第 4 公约》所附规章第 56 条规定：市政当局的财产，包括宗教、慈善、教育、艺术和科学机构的财产，即使是国家所有，也应作为私有财产对待。对这些机构、历史性建筑物、艺术和科学作品的任何没收、毁灭和故意的损害均应予以禁止并受法律追究。

（二）1949 年日内瓦公约及其附加议定书体系中的相关条款

1949 年日内瓦四公约中并没有专门条款保护文化财产，但其对财产的一般规定同样适用于文化财产。1977 年《日内瓦公约附加第 1 议定书》和《日内瓦公约附加第 2 议定书》则修正了这一问题，以专门条款规定了对武装冲突中的文化财产的保护，这主要表现在《日内瓦公约附加第 1 议定书》第 53 条和第 85 条，以及《日内瓦公约附加第 2 议定书》第 16 条。

（三）《1954 年海牙公约》及其议定书体系

这一体系包括四份文件：《1954 年海牙公约》、《1954 年海牙公约实施条例》、《1954 年第 1 议定书》、《1999 年第 2 议定书》。这些是保护武装冲突中的文化财产的最重要的国际文件，为武装冲突中的文化财产提供了专门保护。前三份文件于 1956 年 8 月 7 日生效，后一份文件于 2004 年 3 月 9 日生效。

其中，《1954 年海牙公约》的参加国最多，迄今为止，已有 124 个成员国。①《1954 年海牙公约实施条例》是《1954 年海牙公约》的组成部分，后者的成员也是前者的成员。《1954 年第 1 议定书》因涉及武装冲突中移动、非法掠夺文化财产的返还，参加的国家较少。迄今为止，有 100 个成员国。②《1999 年第 2 议定书》的参加国最少，迄今为止，有 61 个成员国③，一些重要的国家，如英国在为加入做积极准备。④

（四）1998 年《国际刑事法院罗马规约》中的相关条款

这主要体现在该规约第 8 条，在国际性或者非国际性武装冲突

① 参见 http://www.unesco.org/eri/la/convention.asp? KO = 13637&language = E&order = alpha，2012 年 3 月 23 日访问。

② 参见 http://www.unesco.org/eri/la/convention.asp? KO = 13637&language = E&order = alpha，2012 年 3 月 23 日访问。

③ 参见 http://www.unesco.org/eri/la/convention.asp? KO = 13637&language = E&order = alpha，2012 年 3 月 23 日访问。

④ 2008 年 1 月，英国发布了《文化财产法案草案（武装冲突）》[*Draft Cultural Property (Armed Conflicts) Bill*]，这份法案是英国为了能够加入《1954 年海牙公约》及其两个议定书而做的准备。

中，故意指令攻击专用于宗教、教育、艺术、科学或者慈善目的的建筑物或者历史建筑物、医院以及其他伤病员集中的场所，可以构成战争罪，除非这些场所构成军事目标。这一规定意义重大，使武装冲突中攻击文化财产的行为纳入了国际常设刑事法院的审判范围。

（五）其他国际人道法条约中的相关规定

其他的国际人道法条约中也有保护文化财产的相关规定，如1980年《禁止或限制使用某些可被认为具有过分伤害力或滥杀滥伤作用的常规武器公约》及其附加议定书中就有专门保护文化财产的条款。

（六）其他保护文化财产的条约中的相关规定

这主要包括教科文组织所制定的一些保护文化财产（遗产）的公约，如1972年通过的《保护世界文化和自然遗产公约》，2001年通过的《保护水下文化遗产公约》，也包括《教科文组织1970年公约》以及国际统一私法协会于1995年通过的《关于被盗或者非法出口文物的公约》（以下简称《1995年UNIDROIT公约》）。前两个公约主要致力于和平时期对文化财产的保护，后两个公约则主要涉及非法转让文化财产的返还，这为武装冲突期间被掠夺文化财产的返还提供了法律依据。此外，1935年《罗里奇公约》虽然主要适用于美洲国家之间，也对文化财产国际规则的发展具有重要的推进作用。

二、习惯国际人道法规则

迄今为止，保护武装冲突中的文化财产已经成为国际社会的基本理念。对文化财产没有进行有效的保护会受到全世界的谴责，如2003年美英等国侵入伊拉克期间，伊拉克国家博物馆的被掠引起了世界的强烈愤慨，而阿富汗塔利班炸毁巴米扬大佛也引起了广泛的谴责。保护武装冲突中的文化财产已经成为习惯国际人道规则的一部分。1899年和1907年海牙公约体系中的相关条款被公认成为习惯国际法。而《1954年海牙公约》中的实质条款也被认为已经成为国际习惯法的一部分。

红十字国际委员会于2005年编纂的《习惯国际人道法规则》，在第12章收录了4条保护武装冲突中的文化财产的习惯规则。该规则第38条规定冲突各方必须尊重文化财产，在军事行动中需予以特别注意，以避免损害用于宗教、艺术、科学、教育或慈善目的的建筑以及历史纪念物，除非它们属于军事目标；禁止将对于每一民族的文化遗产具有重大意义之财产作为攻击之目标，除非为军事必要所绝对要求。该规则第39条禁止以可能使之遭受毁坏或损害目的的使用对于每一民族的文化遗产而言具有重大意义的财产，除非为军事必要所绝对要求。该规则第40条规定冲突各方必须保护文化财产，禁止对一切用于宗教、慈善、教育、艺术和科学目的的机构、历史纪念物以及艺术与科学作品予以扣押、毁坏或故意损坏；禁止针对就每一民族的文化遗产而言具有重大意义的财产实施任何形式的盗窃、抢劫或侵占以及任何破坏行为。该规则第41条规定占领国须防止文化财产从被占领领土非法输出，并且须将非法输出之财产返还被占领土的主管当局。① 鉴于该规则是由红十字国际委员会编纂，其权威性不言而喻。这4个条文应当成为保护武装冲突中文化财产的习惯规则。

三、教科文组织的建议书和宣言

教科文组织不仅积极制定保护文化财产的公约，而且，还发布了许多建议书和宣言。这主要包括1956年《关于国际考古发掘原则的建议书》、1968年《关于保护公共或私人工程危及的文化财产的建议书》、1972年《关于在国家一级保护文化和自然遗产的建议书》、1976年《关于保护历史或传统建筑群及其在现代生活中的作用的建议书》，以及《教科文组织关于蓄意破坏文化遗产问题的宣言》等。这些文件，从法律性质上而言，并不具有法律约束力。但其道义意义以及对各国立法的影响不容小觑。其中，《教科文组织关于蓄意破坏文化遗产问题的宣言》虽只包括前言和短短的10

① 参见［比］让-马里·亨克茨等著：《习惯国际人道法规则》，法律出版社2007年版，第120～130页。

条，但是其重申和提及的一些文化财产保护的基本原则值得关注，如将文化财产与人权相联系的理念，表现在前言中提到“文化遗产是社会、群体和个人的文化特性和社会凝聚力的重要组成部分，因此蓄意破坏文化遗产会对人的尊严和人权造成不利影响”。如重申的文化财产国际保护的理念，表现在重申了《1954 年海牙公约》前言中的基本原则——“鉴于各国人民均对世界文化作出了贡献，对文化财产（不管它属于哪国人民）的损害将构成对整个人类文化遗产的破坏”。此外，在正文中提到的文化遗产的重要性，各国应采取的具体措施，在蓄意破坏文化财产时，国家以及个人应承担的国际刑事责任，以及国际合作和公众宣传问题等都对文化财产的保护具有积极意义。

四、联合国安理会的相关决议

根据《联合国宪章》第 24 条的规定，联合国安理会对“维护国际和平及安全负有主要责任”。为了使安理会更好地承担责任，《联合国宪章》还规定“安理会于履行责任下之职务时，即系代表各会员国”。同时，第 25 条规定：“联合国会员国同意依宪章之规定接受并履行安全理事会之决议”。从这些规定可以看出，联合国安理会的决议对所有的联合国成员有效，因现今的联合国成员有 193 个，包括世界上主要的国家，因此，安理会的决议具有极大的影响力和强制力。

近些年来，联合国安理会针对世界紧张的局势，不时作出各种决议，这些决议已经成为国际法的重要渊源之一，这些决议的部分内容涉及武装冲突中的文化财产的保护。如联合国安理会于 2003 年 5 月针对伊拉克问题作出的第 1483 号决议，部分条款针对伊拉克国家博物馆和其他文化遗址被掠的问题。该决议在前言部分强调有必要尊重和保护伊拉克考古、历史、文化和宗教遗产。第 7 段明确提出：联合国所有成员国应采取措施推进自 1990 年 8 月第 661 号决议以来，从伊拉克非法流失的文化财产。第 1483 号决议得到了国际社会的广泛赞同，一些国家还就此采取了国内措施予以实施。①

1993 年，针对前南斯拉夫境内发生的武装冲突，联合国安理会通过了 808 号（1993）决议和 827（1993）号决议，决定建立国际刑事法庭，以审判那些应对自 1991 年以来在前南斯拉夫境内实施严重违反国际人道法行为负责的人。《前南斯拉夫国际刑事法庭规约》是前南斯拉夫刑事法庭的基本规章，也是安理会决议的产物。其中不仅有保护一般财产的规定，更有直接条款规定文化财产的保护，虽然其并没有使用“文化财产”这一术语。在第 3 条（d）项中规定：对战争法律和习惯的违反包括夺取、毁损或故意损害用于宗教、慈善和教育、艺术、科学的建筑，历史纪念物，艺术和科学品。同时规定，这一列举并非穷尽式的。《前南斯拉夫国际刑事法庭规约》在后来的审判中被引用，一些人因违反保护武装冲突中的文化财产的保护规则而遭到审判。除此之外，根据联合国安理会第 955 号决议成立的卢旺达国际刑事法庭以及《卢旺达国际刑事法庭规约》中也涉及了武装冲突中的文化财产的保护问题，其第 4 条规定对违反“1949 年日内瓦公约共同第 3 条以及《日内瓦公约附加第 2 议定书》的行为”予以审判。

五、相关的国际判决

自“二战”以来，一些国际法庭的判决涉及武装冲突中的文化财产的保护，这些判决推进着文化财产国际规则的发展。如根据《欧洲国际军事法庭宪章》和《远东国际军事法庭宪章》而组建的纽伦堡和远东军事法庭，所审理的部分案件即涉及这一问题。其中，典型的案例是 Alfred Rosenberg 案件。Alfred Rosenberg 被认为犯有战争罪和反人类罪是因为“在被侵欧洲国家有组织有体系掠夺公私财产”。判决提到对文化财产的掠夺问题“在希特勒 1940 年 1 月的命令之下，Alfred Rosenberg 掠夺了博物馆和图书馆，没

① 参见本书第四章。

收艺术品和收藏，掠夺私人住宅”①。前南斯拉夫国际刑事法庭更是有许多与文化财产的保护相关的案例，如检察官诉 Tihomir Blaskic 案件②，检察官诉 Dario Kordic 和 Mario Cerkez 案件③，检察官诉 Naletilic 和 Vinko Nartinovic 案件以及因涉嫌攻击享有世界文化遗产称号的杜布罗夫尼克老城而闻名的检察官诉 Strugar 和 Jokic 案件。④

根据一般法理以及《国际刑事法院罗马规约》第 38 条的规定，司法判例只能作为确定法律原则之辅助资料。因此，这些判决仅对个案有效，并没有普遍的约束力，但这些判决都是对现存保护武装冲突中的文化财产国际规则的详细阐释，也被后来的判决所经常引用，在国际上具有极大的影响力，推进了国际规则的进一步发展。因此，这些判决也可以被认为是保护武装冲突中的文化财产国际法体系的组成部分。

综上所述，武装冲突中保护文化财产的国际法体系，由条约、习惯、相关机构的决议、建议书和宣言以及相关国际刑事法庭（院）的判决构成。其中，最为重要的当属《1954 年海牙公约》及其两个议定书，这几份条约直接针对武装冲突中的文化财产的保护，具有很强的针对性。1899 年和 1907 年海牙系列公约中的相关规定，虽然较为零散，但其被公认成为国际习惯的组成部分，约束缔约国和非缔约国，因此也具有重要意义。作为“二战”后国际人道法的核心组成部分，1949 年日内瓦公约及其两个附加议定书，特别是后者中保护文化财产的直接规定对武装冲突中的文化财产保护也具有重要意义。1998 年《国际刑事法院罗马规约》将国际性武装冲突以及非国际性武装冲突中攻击文化财产的行为规定为战争罪纳入国际刑事法院的管辖范围，作为一个常设性的国际刑事法

---

① Prosecutor v. Tihomir Blaskic, Case No. IT-95-14-T, para. 228.

② 具体案情可以看 Prosecutor v. Tihomir Blaskic, Case No. IT-95-14-T。

③ 具体案情可以看 Prosecutor v. Dario Kordic&Mario Cerkez, Case No. IT-95-14/2-T。

④ 详细内容参见本书第五章。

院，这一规定有极强的威慑力。除此之外，因为武装冲突中的文化财产保护是一个综合性的课题，既涉及国际人道法，也涉及文化遗产保护法，因此，其他的国际人道法条约中保护文化财产的相关规定，以及其他相关保护文化财产的规定也可以被纳入保护武装冲突中的文化财产的国际法体系。国际刑事法庭（法院）的判决虽然只对个案生效，但作为国际法的辅助渊源，其在阐释相关武装冲突中的文化财产保护规则时，也会使国际社会对相关的条约约文以及国际习惯有更好的理解。

第二章　国际性武装冲突中文化财产的保护

自 1949 年日内瓦公约开始，国际人道法区分国际性和非国际性武装冲突规定不同的规则。在此之前，1899 年和 1907 年海牙系列公约中的规则都是根据国际性武装冲突的一类“战争”来设计的。即使在 1949 年之后，大多数国际人道法规则也主要针对国际性武装冲突，调整非国际性武装冲突的国际人道法规则或者仅仅体现在主要调整国际性武装冲突的国际文件的个别条文中，如 1949 年日内瓦四公约共同第 3 条；或者在适用于国际性武装冲突的国际文件的基础上予以简化，这可以对照 1977 年日内瓦公约两个附加议定书的条款。适用于国际性武装冲突的《日内瓦公约附加第 1 议定书》除序文之外，有 102 个条文；而适用于非国际性武装冲突的《日内瓦公约附加第 2 议定书》除序文之外，只有 28 个条文。相比之下，后者就是前者的简写版。按照这些国际文件，国际性武装冲突包括占领，调整国际性武装冲突的所有规则适用于占领状态。但因为占领状态下，有一些特殊问题需要规制，主要的国际人道法文件通常对此予以特别规定。国际人道法的这种模式也适用于武装冲突中的文化财产的保护，大部分条款在开始仅仅规制国际性武装冲突，然后才逐渐扩展到非国际性武装冲突。在国际性武装冲突之上，又规定一些专门条款针对占领状态。因此，国际性武装冲突中的文化财产的保护规则是基础，在此基础上，才能讨论非国际性武装冲突和占领状态下文化财产的保护问题。

国际性武装冲突中保护文化财产的规则可以分为两类。第一类是笼统保护民用物品的规则，这类规则适用于文化财产，因为文化财产从性质上可以归类为民用物品。第二类规则将文化财产单独出来，提供比一般民用财产更高的保护。这类规则在前述 1899 年和 1907 年海牙公约中已有规定。这两类规则在适用时有重合之处，但根据特别规则优于一般规则的法理，武装冲突中的文化财产的保护主要适用第二类规则。而且，从发展趋势来看，第二类规则越来越多。因此，在讨论武装冲突中的文化财产的保护时，几乎不再提及第一类规则了。而第二类规则的典型代表当然是《1954 年海牙公约》及其两个议定书。

第一节　《1954 年海牙公约》及其两个议定书规定的三种保护形式

《1954 年海牙公约》及其两个议定书构成保护武装冲突中的文化财产的国际法基石。其规定了武装冲突中保护文化财产的三种形式：一般保护、特别保护（special protection）以及重点保护（enhanced protection）。其中，一般保护在《1954 年海牙公约》中已有规定，在《1999 年第 2 议定书》中得以发展；重点保护则是《1999 年第 2 议定书》为了替代《1954 年海牙公约》规定的特别保护而增加的保护形式。

一、一般保护

这种保护形式首先规定在《1954 年海牙公约》中，《1999 年第 2 议定书》对其作了一定的修正。按照《1954 年海牙公约》的规定，只要是公约第 1 条所界定的文化财产都可以得到一般保护。这三类文化财产分别是：对各国人民的文化遗产具有重大意义的动产或不动产；其主要目的是为保存或展览前述动产的建筑物，以及发生武装冲突时用以掩护前述可以移动文化财产的保藏所；用以存放大量的上述动产、不动产、建筑物和保藏所的中心站。公约还强调这种保护不区分其来源或者所有权。一般保护的文化财产不需要申请登记等程序要件，缔约国对一般保护的文化财产有保障和尊重义务。

二、特别保护

特别保护是《1954年海牙公约》设立的，其目的是给少数特别重要的文化财产提供更高标准的保护。这种保护形式可以追溯至1922年《关于控制战争中无线电装置和空战的海牙规则（草案）》第26条以及前述国际博物馆事务所在两次世界大战之间促成的《保护战争中历史建筑和艺术品国际公约的草案初稿》中的相关规定。不同于一般保护，《1954年海牙公约》规定特别保护的取得应符合特定的条件和程序。

（一）取得特别保护的条件和程序

1. 条件

根据《1954年海牙公约》的规定，可以获得特别保护的文化财产包括三类：发生武装冲突时掩护可以移动文化财产的保藏所、储藏纪念物的中心站以及其他具有重大意义的不可移动文化财产。而且，这三类财产还必须符合一定的条件。首先，其必须具有重大意义。其次，这些场所必须同任何大工业中心或构成易受攻击地点有一定的距离，但这一条件在以下两种情况下可以免除：第一，保藏所如果由于构造条件不致被炸弹损坏，则不论其在何处，也可予以特别保护；第二，文化财产如果位于重要军事目标附近，但请求特别保护的缔约一方保证一旦发生武装冲突决不使用该目标，仍可予以特别保护，只是缔约国应当在平时要保证疏散同该目标的一切交通往来。最后，这些场所不能用于军事目的。公约还明确了构成用于军事目的以及不构成军事目的的情况。根据公约的规定，储藏纪念物的中心站如用于调动军事人员或物资，即使是过境性质，应视为用于军事目的。如在中心站内进行与军事行动直接有关的活动、军事人员的驻扎、战时物资的生产，也视为用于军事目的。而经特别授权的武装保管人员对文化财产担任保卫工作或者在此项文化财产附近驻扎通常负责维持公共秩序的警察部队均不得视为用于军事目的。①

① 参见《1954年海牙公约》第8条。

2. 程序

《1954 年海牙公约实施条例》规定了文化财产获得特别保护的程序。首先需要申请，申请人可以是缔约任何一方，在占领的情况下，占领国也有权提出。① 这项申请应由教科文组织总干事分送缔约各方。缔约各方可以提出异议，但是异议需在总干事发出申请书抄本之日起 4 个月内送达给总干事。而且异议的理由只有符合两个条件才有效：此项财产不是文化财产；此项财产不符合公约所规定的授予特别保护的实质要件。如果没有异议，异议被撤回或者异议没有获得确认，教科文组织就可以将该文化财产列入“受特别保护的文化财产国际登记册”，而受到特别保护。如果教科文组织总干事在收到异议书 6 个月内没有收到异议一方的撤回通知，申请登记的一方可以提起仲裁来解决这一问题，或者也可以不适用仲裁程序，而由缔约国来表决。② 此外，因为特别保护资格的取得需要较长的时间，为了处理突发事件带来的不便，《1954 年海牙公约实施条例》还规定临时保藏所也可以享有特别保护，但要符合一定的条件。③

（二）特别保护在实践中的运用

从实践来看，特别保护并没有发挥积极作用，与其最初的预期相差甚远。多年以来，获得特别保护的文化财产数量非常稀少。历史上只有 8 个储藏可移动文化财产的保藏所获得过特别保护的资格，6 个属于荷兰，1 个属于奥地利，1 个属于前联邦德国。而且，根据各自的申请，荷兰的 3 个保藏所和奥地利的 1 个保藏所从特别保护的登记册上被撤销。如今，只有 4 个保藏所登记在特别保护名册上。自 1978 年起，再也没有国家申请将保藏所设立为特别保护的文化财产。获得特别保护的纪念物中心站只有梵蒂冈城，而具有

① 参见《1954 年海牙公约实施条例》第 13 条。
② 参见《1954 年海牙公约实施条例》第 14 条。
③ 参见《1954 年海牙公约实施条例》第 11 条。

重大意义的不可移动文化财产则压根没有获得过特别保护。①

（三）对特别保护的评析

《1954年海牙公约》精心设立的特别保护制度没有发挥应有的作用，主要有两方面的原因。一方面，有些国家出于自身的实际考虑，特别是冷战时期，各国对原子弹这种巨大杀伤性武器的担忧，对建立保藏所缺乏积极性，因为这种武器可以使非常坚固的保藏所不能发挥应有的功能，也使得人口密集的国家认为没有什么保藏所能达到公约所规定的距离要求。另一方面，一些缔约国虽然建立了或者计划建立这样的保藏所，但是不愿意将这些保藏所申请特别保护。因为一旦提出申请，就必须对保藏所作出详细说明，这可能会使该国潜在的敌人、偷盗者、恐怖主义者打这些保藏所的主意。而且，这些国家还担心对保藏所作详细说明，可能在武装冲突中给冲突对方故意破坏文化财产提供方便，或者在武装冲突这种无序状态下，给不法分子掠夺文化财产提供方便。

但是，从制度层面分析，特别保护制度作用甚微与《1954年海牙公约》规定的条件过于苛刻、程序过于繁琐有关。② 如前所述，公约只规定保藏所、中心站以及其他不可移动文化财产才可以申请特别保护。这一限定说明并非公约所保护的所有文化财产都能获得特别保护，如可以移动的文化财产，依其自身是不能获得特别保护的，除非其位于保藏所或者纪念物中心站内。而博物馆、艺术馆这样文化财产集中的场所也很难被包括在这三类之中，除非博物馆或者艺术馆本身构成重要的文化财产。同时，《1954年海牙公约》要求特别保护的文化财产必须与任何大工业中心或者易受攻击的地点有一定的距离。这一条件对许多文化财产而言，很难满足。因为各国特别重要的不可移动文化财产一般是在大工业中心或者离易受攻击的地点不远。早在公约制定之初，就有代表团反对施

① 具体介绍详见教科文组织网站：http：//unesdoc. unesco. org/images/0015/001585/158587EB. pdf，accessed on Sep. 9，2008。

② Partrick J. Boylan，*Review of the Convention for the Protection of Cultural Property in the Event of Armed Conflict*，1993，UNESCO Archive.

加这一条件。而且，公约也没有对“一定距离”作出明确规定，更使得这一条件具有模糊性。公约规定的这一条件在实践中确实阻止了许多重要的不可移动文化财产获得特别保护的资格，这方面的事例很多。如意大利，曾经计划将威尼斯、佛罗伦萨的维琴察、锡耶纳等申请为特别保护的文化财产，但是这一计划遭到反对。奥地利曾经列了21个特别重要的不可移动文化财产申请特别保护，但是，也没有下文。前苏联，更是直接提出因为其特别重要的不可移动文化财产都处于大工业中心内，所以不可能申请特别保护。埃及曾经将其不可移动的文化财产申请为特别保护，但并没有获得批准，可能就是距离的原因。波兰则提到其重要的不可移动文化财产都处于易受攻击的地点旁边。瑞士更是提出因其国土的集中性，很难满足距离要求。①

申请特别保护的程序繁琐也影响其发挥作用，特别是其他国家对申请存在异议时。按照《1954年海牙公约实施条例》的规定，从总干事将申请书分送给缔约国起，缔约国可以在4个月内提出异议。如果有异议，总干事应将异议分送给缔约国。总干事或申请方可以向异议方作出说明以使其撤回异议。如果总干事收到异议之后6个月内没有收到撤回通知，申请登记的缔约方可以要求仲裁解决或者由缔约国来表决。仲裁还需要三个仲裁员组成仲裁庭。由此可以看出，《1954年海牙公约实施条例》规定的解决特别保护异议的程序过于复杂，时间也相对较长，这可能也是许多国家不愿申请特别保护的原因。

除此之外，一些政治因素也阻碍了特别保护发挥作用。以吴哥寺为例，吴哥寺作为重要的文化财产，具有重大的价值是毫无疑义的，而且也离易受攻击的地点也有一定的距离，没有被用于军事目的。应当说，吴哥寺的申请应当很快就可以通过。但是，当时的社会主义阵营却以当时的柬埔寨政府不具有合法性，提出异议。这项申请提交之后，教科文组织总干事不定期停止了（事实上永久性

---

① Roger O'Keefe, *The Protection of Cultural Property in Armed Conflict*, Cambridge University Press, 2006, p. 145.

停止了）所有的申请程序，使吴哥寺最终没有获得特别保护资格。①

三、重点保护

重点保护是《1999年第2议定书》创立的，目的是取代特别保护，为特别重要的文化财产提供更高标准的保护。

（一）创立背景

如前所述，《1954年海牙公约》中的特别保护制度在实践中没有取得良好效果，与其制定之初的设想相差甚远。对《1954年海牙公约》重新审视之时，许多学者提出应当对其进行修改。但是，根据立法技术②，《1999年第2议定书》只能补充《1954年海牙公约》，而不能对其修改。继续使用特别保护这一术语意味着对公约的修改。因此，虽然重点保护的目的是取代特别保护，但是《1999年第2议定书》并没有继续使用"特别保护"这一术语，而是增加了新的重点保护制度。同时规定，如果一项财产同时置于特别保护和重点保护之下，只执行重点保护的规定。③ 这就实际上用重点保护取代了特别保护。

（二）获得重点保护的条件和程序

1. 条件

《1999年第2议定书》规定了文化财产取得重点保护资格的实

① Partrick J. Boylan, *Review of the Convention for the Protection of Cultural Property in the Event of Armed Conflict*, 1993, UNESCO Archives. 事实上，按照《1954年海牙公约》及其实施条例，这一异议理由不成立。当时的教科文组织总干事也因此事受到批评。但是按照公约及其议定书，异议没有被撤回，要想继续申请程序，只能进入仲裁程序或者请求缔约国表决。但是，当时的申请者没有请求仲裁程序或者要求表决。

② 如前所述，《1999年第2议定书》是对《1954年海牙公约》的补充，不可以修改。继续使用"特别保护"意味着对公约的修订。因此，虽然重点保护的目的是取代特别保护，但是《1999年第2议定书》并没有提及这一点。故《1954年海牙公约》及其两个议定书规定了文化财产的三种保护：一般保护、特别保护和重点保护。

③ 参见《1999年第2议定书》第4条。

质要件。一项文化财产若要取得重点保护，必须符合三个条件：其一，该文化财产是属于对全人类具有最重大意义的文化财产；其二，该文化财产在国内被有关法律和行政措施视为具有特殊的文化与历史价值并给予最高级别保护；其三，该文化财产没有被用于军事目的或用以保护军事设施，并且控制它的缔约国已经声明确保它不会用于此类目的。① 在特殊情况下，如果该文化财产不符合第2项条件，但是申请国向武装冲突中文化财产保护委员会②提出援助申请，以求委员会帮助其起草、制定或执行第2项中所提到的国内法律或行政措施时，也可以认为符合授予重点保护的条件。③

2. 程序

重点保护资格的取得要符合一定的程序要件。这种程序要件可以分为三种。第一种针对一般情况，此时，若要获得重点保护资格，相关缔约国必须申请，武装冲突中文化财产保护委员会也可以要求缔约国申请。并且，具有必要鉴定能力的其他缔约国、国际蓝盾委员会以及其他非政府组织可向委员会推荐，此种情况下，委员会也可要求缔约国提出申请。对缔约国提出的申请，委员会应当立即通知其他缔约国，其他缔约国可在60天内向委员会提出反对意见。但是这些反对意见只能以该项文化财产不符合所规定的实质要件为根据，并且要具体和针对事实。委员会对这些反对意见进行审查，在作出决定之前应当给申请国以答辩的机会。列入目录的决定应当由出席并参加表决的五分之四多数委员会成员通过。委员会在裁决前，应当征询有关政府组织和非政府组织以及独立专家们的意见。授予或者拒绝授予重点保护资格的决定只能以所申请文化财产满足或者不满足规定的实质要件为依据。第二种针对特殊情况下的授予，即如果某项申请不符合前述实质要件的第2条，但是申请国提出了国际援助申请，委员会也可以作出授予重点保护的资格。第

① 参见《1999年第2议定书》第10条。

② 这是《1999年第2议定书》设置的机构，其具体规定见本章最后一节。

③ 参见《1999年第2议定书》第11条。

三种针对的是敌对行动开始后的重点保护资格的授予。此时，程序更简捷。而且，如果按照正常程序给予重点保护的工作未出结果之前，只要所申请的文化财产符合实质要件的第 1 条和第 3 条，委员会可以授予临时性重点保护资格。①

（三）重点保护与特别保护的关系

重点保护是对特别保护制度的继承和发展。二者的设立目的相同，都是为了更好地保护特别重要的文化财产。但是，在具体规定上，重点保护区别于特别保护。

第一，重点保护的实质要件更加合理。

如前所述，重点保护的实质要件有三个。第一个要件要求文化财产极其重要。这一要件与特别保护的要件相同，但是，去掉了特别保护中的范围限制，使任何《1954 年海牙公约》所保护的文化财产，包括不可移动、可以移动的文化财产都可以获得重点保护资格。这就克服了特别保护中可移动文化财产不能依其自身性质获得特别保护资格的缺陷。第二个要件实质上还是文化财产的重要性要求，只是从国内立法的角度来凸显。这一要件的确立有两方面的积极效果：首先，有一个较为客观的评价某项文化财产是否意义重大的标准。虽然特别保护和重点保护都强调其保护的文化财产应具有重大意义，但是，不可能有一个国际统一的评价标准。这一标准主要由各国自行确定。如果某项文化财产被国内立法或者行政措施给予最高级别保护，当然可以认为这项文化财产具有重大意义。其次，可以敦促各国完善自己的立法。因为只有国内存在相关文化财产评定制度，才可能满足这一要件。第三个要件与特别保护的要件相似，都是要求文化财产不能用于军事目的。重点保护对特别保护的最大修正是去掉了“同任何大工业中心或构成易受攻击地点有一定的距离”的要求。这些修正使重点保护的实质要件主要从该文化财产是否意义重大来限定，而不管其性质或离易受攻击地点的距离。这就扩大了可以获得重点保护资格的文化财产范围，也更符合建立重点保护制度的初衷。而随着现代科学技术的发展带来的武

① 参见《1999 年第 2 议定书》第 11 条。

器装备的精确性，“距离”要求稍嫌多余，将该条件去掉，也与科技的发展相一致。

第二，重点保护的程序更为简单。

吸取了特别保护制度的教训，重点保护的程序要件更加简单，特别是异议程序。相对于特别保护，重点保护中要求提出异议的时间更短。一方面，《1999 年第 2 议定书》规定，一旦缔约国提出重点保护的申请，委员会应立即通知所有缔约国，缔约国只能在 60 天内提出反对意见。特别保护中，这一异议提出期限可达 4 个月。而且，重点保护的异议的解决程序也较为简单。由固定的组织——委员会直接解决，而不需要组建仲裁庭或者由缔约国表决。另一方面，《1999 年第 2 议定书》特别强调，反对意见、授予或拒绝授予的决定只能以是否满足实质要件为准，而不能有其他的根据。这就合理地解决了前述以一些政治上的原因，如申请国未得到承认，或认为所申请的文化财产不属申请国所有等来反对资格的授予。就常理而言，将文化财产申请为特别保护或者重点保护，其目的是为了更好地保护文化财产，由谁申请，申请人是否文化财产的所有国并不重要。这一强调更符合设立重点保护制度的初衷。除此之外，对于获得重点保护资格的文化财产，冲突方应当履行的义务更加明确，这一点将在下面一节予以论述。

（四）重点保护制度在实践中的运用①

重点保护制度在实践中已经开始运用。武装冲突中文化财产保护委员会自 2010 年 11 月 22 日开始，已经授予了 10 个文化财产重点保护资格。其中阿塞拜疆 2 个，比利时 3 个，塞浦路斯 3 个，意大利 1 个，立陶宛 1 个。这 10 个被授予重点保护资格的文化财产也已经获得世界遗产称号。

① 详见教科文组织网站：http：//www. unesco. org/new/en/culture/themes/armed-conflict-and-heritage/protection-of-cultural-property/enhanced-protection/，accessed on May 14，2014。

第二节 冲突方的义务

国际条约主要通过规定冲突方的义务来保护武装冲突中的文化财产。从发展趋势来看，要求冲突方履行的义务呈增多态势。最初的文件仅限制攻击方攻击文化财产，而对防御方没有作更多的限制，即使防御方将文化财产用于军事目的，其结果只是导致攻击行为的合法性，防御方本身并不会受到惩罚。但随着国际规则的发展，武装冲突中保护文化财产的义务已经扩展到防御方。而且，最初的文件仅强调武装冲突发生时冲突方的义务，至于冲突发生之前以及之后很少涉及，现今的国际文件则有所扩展，既强调武装冲突发生时各方的义务，也强调冲突发生之前各方的准备义务，还强调和平时期的预防和传播义务。此外，最初的文件主要限制冲突方自己的行为，而现今的规则不仅要求冲突方自己克制，而且要求冲突方发挥更积极的作用，在第三方可能对文化财产造成损害时，要采取积极措施予以防止和制止。

一、主要义务

（一）一般规定

从国际条约和习惯国际法的规定来看，武装冲突中对文化财产的保护义务主要有以下几项。

1. 禁止对文化财产采取敌对行为

这里所称的敌对行为，主要是指对文化财产的武力攻击行为，也包括对文化财产的其他敌对行为，如在前南斯拉夫联盟武装冲突中就有用大型机械挖掘历史建筑的实例。在武装冲突中，直接对文化财产采取敌对行为的并不多见，除非出于军事目的。但是，在因民族、种族而发生的武装冲突中，为了取得心理上的优势，也会对文化财产直接攻击或采取其他敌对行为。① 而自 1899 年和 1907 年

---

① Gerhard Sladek, *The Destruction of Cultural Goods as A Primary Goal During War*, in: *Protection of Cultural Property in Armed Conflict—A Challenge in Peace Support Operation*, ed. by Edwin R. Micewski Gerhard Sladek, Austria Military Printing Press, 2002, p. 22.

海牙公约体系开始，几乎所有的国际文件都明确禁止对文化财产的敌对行为。而且，《1954 年海牙公约》还强调不管该文化财产位于自己领土之内还是它国领土之中，都不得对文化财产采取任何敌对行为。相对于草案①，公约文本强调不区分文化财产的地理位置而统一受制于这一义务，更加符合其前言所称“深信属于任何人民的文化财产如遭受到损失，也就是全人类文化遗产所遭受的损失”。

这一义务已经成为了习惯国际人道规则的一部分，但并不是绝对的。早期的文件强调一旦文化财产被用于军事目的，对文化财产的敌对行为就是合法的。《1954 年海牙公约》则进一步限制，即使文化财产被用于军事目的，对其敌对行为也并非合法，除非存在军事迫切需要。② 不仅如此，《1999 年第 2 议定书》还将军事迫切需要解释为：该文化财产所起的作用使它变为了军事目标，并且的确已没有其他办法能够像对该目标采取敌对行动那样获得相同的军事优势。③ 因此，虽然《1999 年第 2 议定书》中，该义务也并非绝对的，但是受到的限制越来越多。1977 年附加议定书的规定则更为激进，至少从其用词来看，完全禁止对文化财产的敌对行为，而没有任何条件限制。

2. 禁止可能使文化财产受到损害的使用

这一义务主要由《1954 年海牙公约》所创设。在此之前，虽然国际文件强调如果文化财产用于军事目的，就不能免予攻击。但是，并没有对各方利用文化财产的方式作出明确限制。《1954 年海牙公约》则直接规定：不得为任何目的对文化财产及其直接周围或用以保护此项文化财产的设备作任何使用，如果使用的目的可能在发生武装冲突时使此项文化财产遭受到毁灭或损失。④ 而且，《1954 年海牙公约》还强调这种禁止不仅仅及于他国领土上的文化

① 草案文本仅规定尊重另一缔约国的文化财产。
② 参见《1954 年海牙公约》第 4 条。
③ 参见《1999 年第 2 议定书》第 6 条。
④ 参见《1954 年海牙公约》第 4 条。

财产，而且及于自己领土上的文化财产。

《1954 年海牙公约》的这一规定具有极其重要的意义。因为两次世界大战中文化财产的破坏，在很多情况下，是由于各国的不当使用。《1954 年海牙公约》的措辞非常严厉，强调禁止可能在发生武装冲突时使文化财产遭受到毁灭或损失的“任何目的”的“任何使用”。这就表明被禁止的使用方式非常广泛，包括禁止将军事指挥中心设在某个历史建筑物内或旁边；禁止将文化财产纳入战线之内，如故意在文化财产旁边修筑军事防线或军事通道；禁止将军事设备放在文化财产内部或其周围地区，如将战斗机、坦克等停在某个宗教建筑物旁边等。虽然这一义务非常明确，但 1954 年之后，也有违反这一规定的事例，如 1991 年海湾战争时期，伊拉克将两架战斗机停在乌尔神庙旁边，目的是使联合军基于尊重文化财产而排除攻击这些飞机。①

如同前者，这一义务也成为国际习惯的组成部分。但是，这一义务也不是绝对的，在一定的条件下可以放弃。按照《1954 年海牙公约》的规定，这一条件是“军事迫切需要”。② 而按照《1999 年第 2 议定书》的规定，是“除非的确已没有别的办法能获得同等的军事优势”。

3. 附带损害的规制

武装冲突中文化财产的破坏在很多情况下，是因为附带损害造成的，即在攻击合法的攻击目标，如军事设施时，对文化财产造成破坏。《1954 年海牙公约》没有对附带损害作出规定，但随着 1977 年《日内瓦公约附加第 1 议定书》首次确立比例性原则，《1999 年第 2 议定书》对此也予以了明确。

比例性原则主要规定在 1977 年《日内瓦公约附加第 1 议定书》第 51（5）（b）条和第 57（2）（a）（iii）条中。前者禁止可能附带使平民生命丧失、平民受伤害、民用物体受损害或者三种情

① Kevin Chamberlain, *War and Cultural Heritage*, the Institute of Art and Law, 2004, p. 3.

② 参见《1954 年海牙公约》第 4 条。

形均有而且与预期的具体和直接军事利益相比损害过分的攻击。后者则规定：如果发现目标不是军事目标或是受特殊保护，或者发现攻击可能附带造成与预期的具体和直接军事利益相比为过分的平民生命丧失、平民受伤害、民用物体受损害或者三种情形均有，该攻击应予取消或停止。

1977 年《日内瓦公约附加第 1 议定书》虽然没有在附带损害中提及文化财产的损害，但是，毫无疑问，其包括文化财产，因为文化财产可以归为民用物体的范围。不仅如此，在制定《1999 年第 2 议定书》时，直接借鉴了前者，规定放弃发动会对受公约所保护的文化财产造成意外的严重损失，而希望得到的具体和直接的军事优势又相对较小的攻击。① 这一规定发展了 1977 年《日内瓦公约附加第 1 议定书》的规定，扩展了其适用范围。因为 1977 年《日内瓦公约附加第 1 议定书》仅适用于国际性武装冲突，而《1999 年第 2 议定书》不仅适用于国际性武装冲突，也适用于非国际性武装冲突。这一义务也已经成为国际习惯的一部分。

4. 掠夺的禁止与被掠文化财产的返还

如前所述，在很长一段时间，战争法中有“战利品占有权”。② 征服者掠夺他们所征服国家和人民的文化财产是惯常做法。即便如此，早期也有许多禁止掠夺和返还被掠文化财产的实例。如 1648 年在明斯特签订的一个条约确立了返还私人财产的基本原则。而文化财产从其性质而言，当然归结为私人财产。1666 年的奥利瓦（Oliwa）条约要求瑞典返还被掠的波兰档案和皇室图书。1659 年的法国和西班牙的 Pyrenees 条约还有条款规定返还的程序，设定掌管返还的机构等。③ 而拿破仑战争之后，1814 年和 1815 年的维也纳会议更是对返还被掠文化财产法律的发展具有重要意义。在该

① 参见《1999 年第 2 议定书》第 7 条。

② 郭玉军、陈芝兰：《被掠夺艺术品归还的法律问题研究》，载《国际法与比较法论丛》（第十辑），中国方正出版社 2004 年版，第 9 页。

③ W. W. Kowalski, *Restitution of Works of Art Pursuant to Private and Public International Law*, Recueil des Cours, 2001, Vol. 288, pp. 57-59.

会议上，战胜国对拿破仑掠夺的文化财产提出返还要求，并成功付诸实践。这一事件正式确立了返还被掠文化财产的基本原则。自此，禁止掠夺文化财产以及与此相关的返还义务成为了广为接受的国际习惯。① 1899 年和 1907 年的海牙公约体系中也有相关条款涉及这一义务。

《1954 年海牙公约》秉承了前人的规定，明确禁止掠夺行为。第 4（3）条规定：缔约方应设法禁止、防止及在必要时制止对文化财产以任何形式实施的盗窃、抢劫或侵占以及任何破坏行为，也不得征用在缔约另一方领土内可以移动的文化财产。一般认为，从字面来解释，《1954 年海牙公约》的规定在前人的基础上有了更进一步的发展。因为其使用了“防止及在必要时制止”这一表达，表明冲突方不仅自己不能掠夺文化财产，而且要采取积极的措施防止和制止别人掠夺文化财产。《1954 年海牙公约》将禁止冲突方掠夺文化财产这一消极义务扩展到要求冲突方积极防止和制止他人掠夺的积极义务。

同时，《1954 年第 1 议定书》集中规定了被掠文化财产的返还问题。《1954 年第 1 议定书》的制定与第二次世界大战中德国从占领国疯狂而有组织、有体系地转移文化财产，并将其投向市场有关。② 在《1954 年海牙公约》制定过程中，这一问题虽然被认为很重要，但有国家认为这一问题涉及私法上的所有权，因而不愿意干涉，甚至有些国家的法律禁止国家对这一领域进行干涉。为了更多的国家能加入公约，将该问题从公约中独立出来，成为单独的议定书，公约的缔约国可以决定是否加入。《1954 年第 1 议定书》的条文不太多，其实质性的权利义务主要规定在议定书的前 5 段，其不仅要求文化财产的返还，而且为了保证返还，禁止将文化财产作

① W. W. Kowalski, *Restitution of Works of Art Pursuant to Private and Public International Law*, Recueil des Cours, 2001, Vol. 288, p. 61.

② 有关“二战”之中文化财产被掠的概况，可以参见［美］L. H. 尼古拉斯：《欧洲的掠夺——西方艺术品二战蒙难记》，吴福元、罗蕾译，江苏人民出版社 2000 年版。

为战争赔偿予以保留。这一规定主要针对“二战”之中，前苏联从德国运走的文化财产。前苏联一直没有将这些文化财产返还给德国，并声称这是作为战争赔偿而属于前苏联的文化财产。不仅如此，俄罗斯于1997年制定的《被迁移的文化财产法案》规定，依照前苏联政府的命令行使其战争赔偿而进入前苏联的文化财产，是俄罗斯联邦的联邦财产。1999年，俄罗斯宪法法院判定该法合宪，因为该法涉及的是“俄罗斯对于以战争赔款的方式从前敌国输入俄罗斯的文化财产的权利”。该法院认为，前敌国以一般的返还或补偿性返还的形式赔偿其被害人这项义务是有依据的，那就是“二战”前早已确立的涉及侵略国的国际法律责任的国际法基本原则，但德国无数次反对这个决定。即便如此，俄罗斯针对的也只是《1954年第1议定书》生效前的行为。① 除此之外，《教科文组织1970年公约》和《1995年UNIDROIT公约》有专门条款涉及被掠文化财产的返还问题。

禁止掠夺文化财产以及返还被掠文化财产已经成为习惯国际人道规则，而且，这一义务是绝对的，没有军事必要的限制。

5. 针对文化财产报复行为的禁止

应当说，报复行为一直是国际人道法的一种传统执行方法。② 但是，近些年来，允许作为报复目标的人员和事物的种类越来越少。报复受到越来越严格的限制。《1954年海牙公约》和1977年《日内瓦公约附加第1议定书》第53条都明确禁止对文化财产实施报复行为。而且，这一义务是绝对的，任何情况下都不能放弃。虽然近些年来，武装冲突中针对文化财产的报复行为并不多见，但这一规定仍然具有积极意义。③

6. 采取攻击行为时必须对文化财产采取预防措施

① ［比］让-马里·亨克茨等著：《习惯国际人道法规则》，法律出版社2007年版，第129页。

② ［比］让-马里·亨克茨等著：《习惯国际人道法规则》，法律出版社2007年版，第484页。

③ ［比］让-马里·亨克茨等著：《习惯国际人道法规则》，法律出版社2007年版，第484页。

国际法不仅禁止对文化财产的攻击行为，而且还规定冲突方在采取某项攻击行动时，必须采取预防措施以免文化财产受到损害，这种预防包括攻击时的预防和攻击后果的预防。

早在1907年海牙公约中就暗含着武装攻击中的预防措施。如1907年《海牙第9公约》第2（3）条规定：如因军事理由需要立即针对位于不设防的城镇或者港口内的海军或军事目标采取行动，且不容敌军缓息，海军指挥官"应采取一切必要措施，以尽可能减少对该城市的损害"。1977年《日内瓦公约附加第1议定书》则明确提出攻击时和攻击后果的预防性措施，第四章专门规定了这一问题。按照第四章的规定，预防措施包括两种：攻击时的预防措施和攻击后果的预防措施。因《1954年海牙公约》制定较早，并没有强调攻击时对文化财产的预防措施，而《1999年第2议定书》则有专门规定。《1999年第2议定书》既强调攻击时的预防措施，也强调攻击后果的预防措施。其基本规定与1977年《日内瓦公约附加第1议定书》如出一辙，是后者的内容在文化财产保护领域的具体化。具体而言，《1999年第2议定书》规定攻击时应采取的预防措施有四项。第一项是采取一切可行措施，确认被攻击目标不是公约所保护的文化财产。第二项规定在选择攻击手段和方法时，采取各种可能的措施，以尽量避免和减少对受公约保护的文化财产造成意外损失。第三项是议定书中最突出的条款之一，规定采取行动的缔约方应当放弃发动会对受公约所保护的文化财产造成意外的严重损失，而希望得到的具体和直接的军事优势又相对较小的攻击。这一条是1977年《日内瓦公约附加第1议定书》中比例性原则的具体化，也属于前述附带损害的规制范围。第四项规定冲突方在下列情况下应当取消或中止攻击：目标是受公约所保护的文化财产；可以预见，攻击会对受公约保护的文化财产造成意外的严重损失，而希望得到的具体和直接的军事优势又相对较小。①《1999年第2议定书》规定的这四项措施相互关联，层层紧扣，以尽量避免攻击行为导致文化财产受损。不仅如此，《1999年第2议定书》

① 参见《1999年第2议定书》第7条。

也规定了攻击后果的两个预防措施：冲突各方应尽一切可能把可移动的文化财产从军事目标附近移走，或对它们提供有效的就地保护以及避免将军事目标设在文化财产附近。①

《1999 年第 2 议定书》的这些规定是国际人道法中预防性措施在文化财产中的具体化，也属于习惯人道规则的组成部分。

（二）特别保护中的特别规定

不仅如此，《1954 年海牙公约》还强化了冲突方对获得特别保护资格文化财产的保护义务。这主要体现为公约对豁免的规定。公约规定，一旦某项财产获得特别保护资格，缔约各方不得针对此项财产作任何敌对行为，也不得将此项财产或其周围用于军事目的。② 但是，这种豁免权可以在两种条件下撤回：第一是缔约对方违反了自己应尽的义务，且这种违反事实还在继续之中；第二是在无可避免的军事需要特别情况下，且此项需要继续存在。③ 受特别保护的文化财产使用"无可避免的军事需要特别情况"，这一措辞表明相对于一般保护，其要求缔约方的保护义务更高一些，因为一般保护的措辞是"军事迫切需要"。同时，公约还规定是否存在这种"无可避免的军事需要特别情况"要由相当于一师或更大单位的指挥官决定。而一般保护的文化财产则没有这一限定。而且，公约还规定如果情况许可，应于一个合理时间以前将撤回豁免的决定通知对方，而一般保护中也无此种限制。

虽然《1954 年海牙公约》的用语，更为强化冲突方对获得特别保护资格的文化财产的保护义务。但是，特别保护的豁免规定，部分表述存在不太合理之处。如前所述，对于获得特别保护资格的文化财产，缔约一方如违反自己应尽的义务时，对方可以免除对有关财产保证给予豁免的义务，只要上述违反义务的事实尚在继续中。按此推断，就会导致如下后果：一旦防御方将受特别保护的文化财产用于军事目的，攻击方就可以免除自己的义务，可以攻击该

① 参见《1999 年第 2 议定书》第 8 条。

② 参见《1954 年海牙公约》第 9 条。

③ 参见《1954 年海牙公约》第 11 条。

文化财产，而不管是否存在军事必要。而对于受到一般保护的文化财产，要求任何攻击行为只能在“军事迫切需要”下才能进行。两相比较，受特别保护的文化财产可能得到的保护力度更小。受特别保护的文化财产更容易受到合法的攻击。这显然与创设这一制度的初衷不符。①

（三）重点保护中的特别规定

《1999年第2议定书》也强化了冲突方对获得重点保护资格文化财产的保护义务。依据《1999年第2议定书》的规定，一旦某项文化财产被授予重点保护资格，参与冲突方不得将其作为进攻目标，也不得将其或者其周围设施用以支持军事行动。②

重点保护资格的丧失只能基于两种可能：其一是该重点保护资格被中止或者取消；其二是有关文化财产的使用方式已经使其成为军事目标。但在第二种情况下，该项文化财产也不能成为攻击目标，除非满足以下三个条件：进攻是唯一可以结束这种使用方式的方法；同时，在进攻方法与方式上已经采取了一切可行的预防措施；并且，进攻命令由军事行动最高指挥当局发布，而且已经通过有效手段向对方发出警告，并应给予对方合理的时间设法改变有关情况。③ 不过，第三个条件可以因为情况紧急，而且冲突方处于即时合法防卫状态而不必满足。

《1999年第2议定书》进一步强调，即使获得重点保护资格的文化财产成为军事目标，也必须满足一定的条件才能对其直接进攻。这就避免了《1954年海牙公约》中的模糊性规定可能造成的，受特别保护的文化财产比一般保护的文化财产更易受到合法攻击的尴尬。而且，这些条件更加严格。在级别上，获得重点保护资格的

① 当然有一种观点认为特别保护资格丧失之后，还是受到一般保护，从这一角度来理解，受特别保护的文化财产被用于军事目的，仅仅丧失了特别保护资格，但不能推论对其攻击的合法性。在此情况下，对其攻击还是必须符合一般保护中的“军事迫切需要”条件。但是，《1954年海牙公约》的措辞并没有表明这一点。

② 参见《1999年第2议定书》第12条。

③ 参见《1999年第2议定书》第13条。

文化财产，其攻击命令只能由冲突方军事行动最高指挥当局发布，而获得特别保护资格的文化财产，只要求师级以上的军官发布即可；攻击获得重点保护资格的文化财产之前，攻击方应通过有效手段向对方发出警告并且给予对方合理的时间设法改变这一情况，而在特别保护下，只规定如果情况许可，才通知对方；此外，重点保护去掉了“无可避免的军事需要”这一模糊用语，规定更加明确，更有利于保护文化财产。

二、和平时期的保护义务

国际文件规定的冲突方对文化财产的保护义务，主要体现在武装冲突之时，但正如1936年国际博物馆事务所的《保护战争中历史建筑和艺术品国际公约的草案初稿》以及《1954年海牙公约》在序言中所称“……认为上述保护不能成为有效，除非在平时同时采取国内措施和国际措施事先加以组织”，国际文件也规定了和平时期冲突各方对文化财产应尽的义务。

（一）准备义务

为了在武装冲突发生时更好地保护文化财产，国际文件要求各缔约国在平时采取措施，做好准备，以免在武装冲突发生时出现可以预见的损害后果。但《1954年海牙公约》仅仅简单规定，各缔约国“承允采用他们所认为适当的措施……”① 对于何种措施为适当，由各国自行规定。

这种简单规定未给各国带来指导作用。因此，综合各缔约国的经验，《1999年第2议定书》对此进行了补充，具体列举了和平时期可以采取的保护措施，包括：编制目录，制定预防建筑物火灾或倒塌的应急措施，做好可以移动文化财产的移出或有效保护的准备工作，确定负责文化财产保护的主管机构等。②

（二）尊重文化财产意识的培养和传播义务

毫无疑问，更好地保护武装冲突中的文化财产有赖于培养尊重

① 参见《1954年海牙公约》第3条。
② 参见《1999年第2议定书》第5条。

文化财产的精神。这种培养可以在不同层面进行。首先有必要在军队内部进行培养，如《1954 年海牙公约》就要求缔约方在平时将尊重文化财产的各项规定列入军事条例或教程，在武装部队内部设计或成立专门的服务人员，目的就是为了更好地尊重文化财产。① 其次，从更大范围而言，有必要在全民中培养尊重文化财产的精神，因此，《1954 年海牙公约》及《1999 年第 2 议定书》都要求各国通过适宜的方法，进行宣传教育。

三、适当标记义务

（一）具体规定

为了更好地将文化财产与其他建筑物、物品予以区分，以免武装冲突中的文化财产遭受攻击。早在 1899 年《海牙第 2 公约》所附规章第 27 条中就规定了标记义务。但第 27 条的规定仅涉及被围困者，而且没有明确标记的方式。1907 年《海牙第 9 公约》第 5 条则明确了标记的方式，规定这种标记可以是大的长方形，对角区分为两个不同颜色的三角形，上半部分为黑色，下半部分为白色。两次世界大战之间的 1922 年《关于控制战争中无线电装置和空战的海牙规则（草案）》第 25 条以及 1936 年国际博物馆事务所的《保护战争中历史建筑和艺术品国际公约的草案初稿》第 7 条也规定了标记义务。1935 年《罗里奇公约》第 3 条也规定建筑物可以采用白底、红圆圈、圆圈中为三合红球形的旗来标明。《1954 年海牙公约》将这一传统保留下来，用一章来规定武装冲突中文化财产的标记问题。公约首先规定了标记的形状："应如盾状，下端尖，十字交叉，蓝白相间（盾为蓝色四方形，其中一角成为盾的尖端，四方形之上为一个蓝色三角形，两旁为白色三角形各一，通常称之为蓝盾）。"其次规定了标记的两种使用方式：第一是明显的标记重复 3 次，这是用来识别受特别保护的不能移动的文化财产、进行运输的文化财产以及临时设置的保藏所；第二是明显的标记单独使用，用以识别不受特别保护

① 参见《1954 年海牙公约》第 7 条。

的文化财产、负管制职责的人员、从事保护文化财产的人员以及公约实施条例所述的身份证明。同时规定明显的标记不得置于任何不能移动的文化财产上，除非经缔约一方主管当局正式填写日期并签名的授权。

《1954 年海牙公约》对文化财产标记的使用区分了一般保护和特别保护的文化财产。依据公约的规定，受一般保护的文化财产可以按照公约规定备置一个明显的标记，以便于识别。这一措辞，表明是否在一般保护的文化财产上设置标记，并非强制性的，而由缔约国自由裁量。但是，对于获得特别保护资格的文化财产，则要求强制性的设置标记。而且，公约还强调在武装冲突中，除公约规定的情形外，禁止在其他情况下使用明显标记，也禁止为其他目的使用与蓝盾标记近似的符号。

（二）实践运用

从实践来看，公约规定的适当标记义务较少受到重视。公约缔约国提交的报告中很少关注这一问题。① 2003 年，在教科文组织总干事要求下，也只有 13 个缔约国提交了关于“明显标记”的执行报告。② 造成这一后果的原因是多方面的，其中之一可能是担心设置明显标记会在武装冲突中为攻击者提供“打击名单”，从而给文化财产带来潜在的危险。③ 在前南斯拉夫联盟武装冲突中，就出现了这样的事例。南斯拉夫人民军在克罗地亚有目的地攻击了设置

---

① Jiri Toman, *The Protection of Cultural Property in the Event of Armed Conflict*, *Commentary on the Convention for the Protection of Cultural Property in the Event of Armed Conflict and its Protocol*, Signed on 14 May 1954 in The Hague, and on Other Instruments of International Law Concerning such Protection, Dartmouth Publishing Company, 1996, p. 187.

② Jan Hladik, *Marking of Cultural Property with the Distinctive Emblem of the* 1954 *Hague Convention for the Protection of Cultural Property in the Event of Armed Conflict*, IRRC June 2004, Vol. 86, No. 854, pp. 383-384.

③ Jan Hladik, *Marking of Cultural Property with the Distinctive Emblem of the* 1954 *Hague Convention for the Protection of Cultural Property in the Event of Armed Conflict*, IRRC June 2004, Vol. 86, No. 854, pp. 383-384.

了识别标志的文化财产。但是，设置标记在认定犯罪意图时有重要作用，在前南盟国际刑事法庭审判中，就曾以建筑物上有可视的标记来论证攻击者在攻击时是故意的。①

综上所述，国际法的发展趋势是要求武装冲突方履行更多的义务，以保护武装冲突中的文化财产。实践也表明人们在武装冲突中越来越尊重文化财产。但是，武装冲突中破坏和掠夺文化财产的行为还是时常发生。而且，一些重要的保护文化财产的义务并非绝对的，还受制于“军事必要”。

第三节　军事必要②与文化财产的保护

如前所述，国际法虽然明确冲突方不能对文化财产采取攻击等敌对行为，不能采取可能导致文化财产受损的使用方式，但是这两种义务不是绝对的，而是受制于军事必要，各国际文件的措辞体现了这一点。1899 年《海牙第 2 公约》所附规章第 27 条虽然规定在包围和轰炸中，避免用于宗教、艺术、科学或者慈善目的建筑物、医院和伤病员聚集的场所受到损害，但是避免之前加上了“尽可能”的字眼。1907 年《海牙第 9 公约》第 5 条也加上了“尽可能”三个字。《1954 年海牙公约》则强调这两种义务在军事迫切需要时可以放弃。的确，在武装冲突中，其目标当然是赢得武装冲突的胜利，要保障军事利益。而国际人道法的出现就是尽量减轻武装冲突带来的损害。这二者必须达到某种平衡，而“军事必要”作为平衡二者的理论受到广泛讨论。

一、军事必要理论的发展

虽然军事必要被描述成“战争法的基本原则，事实上，是如

① 如杜布罗夫尼克老城案件。

② 英文是 military necessity，笔者将其翻译为“军事必要”，相关条约的中文版翻译为“军事需要”。本书在互换的意义上使用这两个名词。

此的基本以至于没有它就没有战争法”①。许多国家的军事守则以及国际条约中也经常使用这一术语。但是，迄今为止，国际上并没有确切的军事必要的定义。历史上，一些文件对这一术语进行了阐释。其中，1863 年的《利伯法典》经常被学者所提及。

（一）《利伯法典》中的规定

《利伯法典》有三个条文对军事必要进行了规定，其中第 14 条对其作了界定，第 15、16 条则作了进一步的阐释。第 14 条规定：“现代文明国家所理解的军事必要包含着那些确保战争结束必不可少的必要措施，而且根据现代战争法律和习惯，这些措施是合法的。”《利伯法典》对军事必要的界定为战争中采取的措施规定了两个限制条件：首先，所采取的措施必须是结束战争必不可少的；其次，这些措施必须符合现代战争法律和习惯。不仅如此，第 15 条还进一步列举了武装冲突中可以采取的措施。第 15 条规定：“军事必要允许对武装敌人生命或者四肢的伤害以及其他人的伤害，只要这种伤害是战争的武装对抗中不可避免的附带伤害。军事必要允许擒获敌人或者对敌对政府而言重要的人或者特别危险的人。军事必要允许对敌人的财产、道路、交通或者通信渠道的破坏以及支持敌人生存的所有东西的破坏。允许对支持敌人的生存和安全必要的国土的占据……”第 16 条则从反面角度提出军事必要所禁止的行为：“军事必要不允许残忍，即为了伤害或者报复的目的而进行伤害。军事必要不允许使人残废或者受伤，不允许折磨人而得到情报。在任何情况下，不允许使用毒气，也不允许肆无忌惮地毁坏一个地区。允许诈术，不允许背信弃义。总而言之，军事必要不包含任何给回归和平带来不必要困难的敌对行为。”②

《利伯法典》对军事必要的规定，阐明了之前比较模糊的军事

---

① See Craig J. S. Forres, *The Doctrine of Military Necessity and the Protection of Cultural Property during Armed Conflict*, 37 Cal. W. Int'l L. J. 177, 2007, p. 183.

② See Craig J. S. Forres, *The Doctrine of Military Necessity and the Protection of Cultural Property during Armed Conflict*, 37 Cal. W. Int'l L. J. 177, 2007, p. 185.

必要概念，确定军事必要是限制战场暴力，并使之成为基本的法律概念以及对军事指挥员的要求。从这个意义而言，《利伯法典》对现代战争法最大的贡献是：在没有任何其他规则时，它将军事必要确定为限制暴力的普遍法律原则。这对随后的一些国际文件具有重要影响。① 如1868年的《圣彼得堡宣言》明确规定："各国在战争中应尽力实现的唯一合法目标是削弱敌人的军事力量。为了这一目标，应满足于使最大限度数量的敌人失去战斗力；由于小口径爆炸性子弹这些爆炸性武器的使用加剧失去战斗力人的痛苦或使其死亡不可避免，将会超越这一目标，因此这类武器的使用违反了人类的法律。"

很明显，《利伯法典》中的军事必要存在两个方面的功能：一方面表现在积极方面，即允许因军事必要对敌人采取一些敌对措施；另一方面表现在消极方面，限制采取过分的措施使其超出军事必要。从该规则的制定背景来看，这一界定具有积极意义。因为在此之前的战争法律，对冲突方的行为很少进行限制。而军事必要的提出，使得冲突方不能采取毫无顾忌的措施，而是要顾及武装冲突中的人道原则。但是，该规则的两个功能，特别是第一个功能也带来了消极后果，即军事必要经常成为冲突方逃避应尽人道义务的借口。这种将军事必要视为采取某种军事措施的合法借口在以后的德国得到了进一步的强化。

（二）军事必要的滥用

其实早在美国南北战争时期，军事必要就有滥用的实例。如北方军队摧毁南方的棉田等。而这一概念，后来在欧洲被广泛采纳，包括1870年的普鲁士。但在这个强调军国主义的国家，却发扬了军事必要的第一个功能。特别是到了1902年，军事必要在德国已

---

① Prof. Gary Solis, *Military Necessity*, *Kriegsraison and the "War on Terror"*, available at http://www.google.cn/search? hl = zh-CN&newwindow = 1&q = Military + Necessity% 2C + Kriegsraison + and + the +% E2% 80% 9CWar + on + Terror% E2% 80% 9D&btnG = Google +% E6% 90% 9C% E7% B4% A2&meta = &aq = f&oq = , accessed on Oct. 11, 2008.

经发展成为一个超越战争法律和习惯的理论——Kriegsraison①。该理论从1871年起直至第二次世界大战中，在德国学说界占统治地位，主要为德国理论者所认可，并被少数德国政治家和军队指挥者所遵从。Kriegsraison强调：军事必要超越战争法律和习惯，在特别危险的情况下，可以放弃人道法律规则。"为避免战败，逃脱特别的危险，或者为了实现战争的目的时，军事必要允许指战员忽视战争法律。"② 这一理论授予交战方和战斗员为了赢得武装冲突而做任何事情的权利。这一理论已经完全扭曲了《利伯法典》中所规定的军事必要的限制功能，是对军事必要的滥用。

时至今日，那种认为军事必要可以超出任何武装冲突法律和习惯的理论已经被废弃，因为这种理论不仅有损于整个武装冲突法，也与《海牙规章》第22条所规定的"交战方没有权利采取无限制的方式伤害敌人"不相容。"二战"后对战争罪的审判和法学理论也确认了这一点。因此，现代广为承认的是在国际条约和国际习惯中，军事必要不是超越国际人道法的借口，国际人道法中不存在普遍的军事必要例外，仅在某个国际法条文有明确规定时，军事必要才能被援引。

二、《1954年海牙公约》中军事必要的规定及存在的问题

如前所述，早期的国际法规则，如1899年和1907年海牙公约及其规章，虽然规定要采取措施避免文化财产受到损害，但是经常用"尽可能"三字来限定。这就表明保护文化财产的义务不是绝对的。在制定《1954年海牙公约》时，是秉承前面的规则还是放弃军事必要，引起了激烈争论。

---

① 请教了学习德国法律的学者，Kriegsraison大致可以翻译为"战争存在"。

② Prof. Gary Solis, *Military Necessity*, *Kriegsraison and the "War on Terror"*, available at http://www.google.cn/search? hl = zh-CN&newwindow = 1&q = Military + Necessity% 2C + Kriegsraison + and + the +% E2% 80% 9CWar + on + Terror% E2% 80% 9D&btnG = Google+% E6% 90% 9C% E7% B4% A2&meta = &aq = f&oq = , accessed on Oct. 11, 2008.

（一）《1954年海牙公约》中军事必要的争论及具体规定

1. 争论

教科文组织提出的公约草案文本中，不仅包含了军事必要，而且将军事必要规定为尊重文化财产义务的一般例外。“每一缔约国有义务尊重另一缔约国的文化财产，除非在军事迫切需要时才能放弃。”① 对这一条的评论明确表达了其希望在军事必要和文化财产保护之间达到平衡。为此，还引用了1943年12月24日艾森豪威尔发表的名言：“军事必要是毋庸置疑的。这是一个已经被接受的原则。”而且，公约草案仅仅规定了军事必要的例外。② 在其制定之初，还有一种观点认为可以加入另一种例外，即如果冲突一方违背了自己应尽的义务，且该项违反继续存在，那么，相对方就可以免除尊重文化财产的义务。③ 但是这一规定最终没有被纳入公约中。

1954年海牙外交大会伊始，美国国防部的Perham上校就提出了有关军事必要的三种不同理论：“第1种，也是最极端的一种，根据这一种观点，所有的法律规则都可以因军事必要而被违反；第2种，也即中间观点认为在法律层面下，军事必要在每种情况下都是非常重要的，但是，在道德层面，有些法律不能因其被违背；第3种，也即最保守的一种，军事必要仅仅在法律规则明确规定的特别情况下，才能被引用，永远不能认为法律规则中

① See Jiri Toman, *The Protection of Cultural Property in the Event of Armed Conflict*, *Commentary on the Convention for the Protection of Cultural Property in the Event of Armed Conflict and its Protocol*, Signed on 14 May 1954 in The Hague, and on Other Instruments of International Law Concerning such Protection, Dartmouth Publishing Company, 1996, p. 77.

② See Jiri Toman, *The Protection of Cultural Property in the Event of Armed Conflict*, *Commentary on the Convention for the Protection of Cultural Property in the Event of Armed Conflict and its Protocol*, Signed on 14 May 1954 in The Hague, and on Other Instruments of International Law Concerning such Protection, Dartmouth Publishing Company, 1996, p. 75.

③ CBC/DR/125, Records, pp. 374-376.

暗含着军事必要。”与此相应，在外交大会上，是否应当加入“军事必要”限制对文化财产的保护，有“理想主义”和“现实主义”之争。①

“理想主义”主张绝对保护文化财产，军事必要不能作为放弃保护的合法理由，或者至少减弱军事必要的效果。其理由是《1954年海牙公约》仅仅保护“具有重大意义”的文化财产，保护的范围本身就很窄，如果还允许以军事必要免除保护的义务，就对文化财产的保护极其不利。这一主张以前苏联和希腊为代表。希腊代表担心大会过于关注军事必要，认为“如果法律使陆上、海上和空中使用武力为合法，这不是一个召集起来保护文化财产的会议的目的，这次会议的任务应当是保护”。而“现实主义”主张保护文化财产的义务在军事必要时可以放弃，以便所制定的规则在实践中可行，也能争取更多的国家加入公约。这一主张以比利时、荷兰和以色列为代表。荷兰更是提出加入军事必要可能会拯救数以千计的士兵的性命。

而从国际人道法的历史，包括保护文化财产规则的历史来看，人道法是军事必要和人道原则之间平衡的结果。国际人道法的发展趋势是军事行动更人道，但是，也不是将军事行动限制到某种不可实现的程度。如果超越了这一限制，对整个国际人道法是有害的。因为这将可能导致在武装冲突中，冲突方对整个国际人道规则的违反，而不管这一规则在实践中是可行还是不可行的。

因此，融合两种不同的观点。最终法国代表的观点受到了广泛赞同，其认为：“应当仅仅保护高价值的文化财产，应当竭尽全力保护文化财产的安全。但是，在某些特殊情况下——极其有限的情

---

① See Jiri Toman, *The Protection of Cultural Property in the Event of Armed Conflict*, *Commentary on the Convention for the Protection of Cultural Property in the Event of Armed Conflict and its Protocol*, Signed on 14 May 1954 in The Hague, and on Other Instruments of International Law Concerning such Protection, Dartmouth Publishing Company, 1996, p. 75.

况下，应当有牺牲文化财产的可能性。”① 再者，美国、英国强烈主张加入军事必要。美国还提出，对主管当局所指派代表团认为在军事上不可避免的事项，将关闭谈判的大门。在这种背景下，为了扩大公约的适用，使更多的国家、特别是军事强国美国和英国加入公约②，最后在公约中采纳了军事必要的规定。但是，对其限制在有限的条文中。

2. 具体规定

具体而言，《1954 年海牙公约》在制定之初，虽然在三个地方讨论了军事必要：前言部分、一般保护的放弃和特别保护的撤回。且在前言部分，有两种不同的意见：一种意见认为应当在前言部分对军事必要进行原则性的规定；另一种意见认为将军事必要作为原则性的规定，将使得任何保护文化财产的措施都可能在军事必要背景下不被遵守。但在《1954 年海牙公约》的正式文本中，并没有将军事必要设为原则性规定，仅将军事必要规定在具体条文中。这主要体现在一般保护中的第 4 条和特别保护中的第 11 条。如前所述，第 4 条第 1 款首先规定缔约各方不得为任何目的对文化财产及其直接周围或用以保护此项财产的设备作任何使用，如果使用的目的可能在发生武装冲突时使此项文化财产遭受到毁灭或损失，并不得采取针对此项文化财产的任何敌对行为。但第 2 款加上了限制：“本条第 1 款所述义务只有在军事迫切需要的情况下可以放弃。”特别保护下，公约也是首先规定从该文化财产载入国际登记册时起，不得针对其作任何敌对行为，不得将此项财产或其周围用于任何军事目的。但是，第 11 条强调“在无可避免的军事需要特别情

---

① See Jiri Toman, *The Protection of Cultural Property in the Event of Armed Conflict*, *Commentary on the Convention for the Protection of Cultural Property in the Event of Armed Conflict and its Protocol*, Signed on 14 May 1954 in The Hague, and on Other Instruments of International Law Concerning such Protection, Dartmouth Publishing Company, 1996, p. 76.

② 具有讽刺意味的是，美国和英国只是在公约上签字，后来并没有加入公约。美国直到 2009 年 3 月 13 日才交存批准书；英国也只是在近些年才有加入的意愿。

况下，并且只有在此项需要尚继续存在时”，可以撤回豁免。

（二）存在的问题

公约的遣词用语表明，文化财产保护义务的免除，条件是很苛刻的。一般保护强调“军事迫切需要”，而特别保护强调“无可避免的军事需要特别情况”。但是，《1954 年海牙公约》没有对军事必要的定义进行明确，也没有说明什么是“军事迫切需要”或者“无可避免的军事需要特别情况”，都使得此规定有可能成为军事指挥者自由裁量的范围，而军事指挥者在武装冲突中，容易将军事利益凌驾于文化财产的保护之上。更有甚者，公约没有规定一般保护下由谁来决定存在“军事迫切需要”，特别保护中决定权起点过低，只要求师级以上的指挥官决定，都不利于文化财产的保护。

三、《1999 年第 2 议定书》对军事必要的明确

军事必要被《1954 年海牙公约》确定之后，争论并没有停止。在对《1954 年海牙公约》重新审视之时，1993 年 Boylan 报告中就指出，军事必要理念的存在是武装冲突中文化财产受损的原因之一；如果对《1954 年海牙公约》进行修改，应当废除军事必要的规定。① 其他一些学者也普遍认为《1954 年海牙公约》没有明确界定“军事必要”的概念，应当对其进行修正。而国际人道法的发展也提供了一条新思路。1954 年之后，国际人道法的重要发展是 1977 年两个附加议定书的制定。《日内瓦公约附加第 1 议定书》明确提出应当区分军事目标和民用目标，且仅可针对军事目标进行攻击。不仅如此，还对军事目标进行了定义：就物体而言，军事目标是指由于其性质、位置、目的或使用（nature, location, purpose, or use）对军事行动有实际贡献，而且在当时情况下其全部或部分毁坏、缴获或失去效用能提供明确的军事利益的物体。相对比较模糊的“军事迫切需要”和“无可避免的军事需要特别情况”的界定，军事目标的概念更加明晰。在这种背景下，《1999 年

① Patrick J. Boylan, *Review of the Convention for the Protection of Cultural Property in the Event of Armed Conflict*, 1993, A. 2 UNESCO Archive.

第2议定书》对《1954年海牙公约》中军事必要的规定作了更详明的阐释。

（一）对《1954年海牙公约》第4条“军事迫切需要”的修改

1. 争论

《1999年第2议定书》主要参考了奥地利和红十字国际委员会的建议。奥地利建议主要针对公约第4条中的“迫切”。其建议文本为“公约第4条第2段中的‘军事迫切需要’只能在没有其他可替代的方法完成这一使命并且只在援引的理由充分时才能被援引”。而红十字国际委员会的建议主要针对“军事需要”，其建议文本为“构成文化财产的物品从其成为军事目标时才失去一般保护，例如，当对其的使用对军事行动有明确的贡献，其全部或者部分损毁、擒获或者失去作用在当时能提供确定的军事优势”。之后工作组讨论了奥地利和红十字国际委员会的建议。①

有一种批评意见针对红十字国际委员会的建议，其主要观点认为红十字国际委员会强调对文化财产的“使用”才能使文化财产成为军事目标。而1977年《日内瓦公约附加第1议定书》则明确物品的性质、位置、目的或使用对军事行动具有有效的贡献都可以构成军事目标。还有一种意见也认为《日内瓦公约附加第1议定书》已经对军事目标进行了明确，故任何与此不符的定义都不应当被采纳。

2. 具体规定

最终，《1999年第2议定书》的制定者们决定在第1条对军事目标进行界定，这一界定完全与《日内瓦公约附加第1议定书》的规定吻合。同时，在相关条款中具体明确“军事迫切需要”。因此，《1999年第2议定书》的正式文本在第1条照搬了《日内瓦公

① Jean-Marie Henckaerts, *New Rules for the Protection of Cultural Property in Armed Conflict: the Significance of the Second Protocol to the* 1954 *Hague Convention for the Protection of Cultural Property in the Event of Armed Conflict*, in: Protection of Cultural Property in the Event of Armed Conflict, ed. by Maria Teresa Dutli, ICRC, Geneva, 2002, p. 36.

约附加第 1 议定书》中的军事目标定义。第 6 条规定文化财产应当受到尊重，不能以《1954 年海牙公约》中“军事迫切需要”为由对某一文化财产采取敌对行动，除非该项文化财产所起的功能（function）已经使其变成了军事目标，而且的确已没有其他办法能够像对该目标采取敌对行动那样获得相同的军事优势。同时，《1999 年第 2 议定书》也禁止以“军事迫切需要”为由，将文化财产用于会使其遭损毁或破坏的目的，除非的确已经没有别的办法能获得同等的军事优势。①

因此，《1954 年海牙公约》中模糊的“军事迫切需要”在《1999 年第 2 议定书》中分成了两种情况，前者规定何种情况下，可以对文化财产采取敌对行动；后者则阐明何种情况下文化财产可以用于军事目的。对文化财产采取敌对行动必须符合两个条件：其一，该项文化财产所起的功能（by its function）已经使其变成了军事目标。这一用语表明，第 6 条中文化财产成为军事目标只能因为其“功能”，而按照《日内瓦公约附加第 1 议定书》的规定，某物体成为军事目标可能因为其“性质、位置、目的或使用”。在 1999 年外交大会上，对文化财产何时成为军事目标，有两种不同的观点。一种观点认为，文化财产只能因为使用（by its use）才能成为军事目标，而性质、位置、目的都不能使某项文化财产成为军事目标。但另一种观点认为应当完全采纳《日内瓦公约附加第 1 议定书》所确立的军事目标概念，而不加以限制。毫无疑问，前者对文化财产的保护更高一些。这两种不同观点的提出是因为前者更为关注《日内瓦公约附加第 1 议定书》第 53 条和《日内瓦公约附加第 2 议定书》第 16 条对文化财产的专门保护条款，这两个条款中都没有包含军事必要的例外。而后者则更为关注《日内瓦公约附加第 1 议定书》第 52 条，将文化财产作为一般的民用财产进行保护。因为此文件中军事目标的界定针对的是一般民用财产。最终，两种不同观点达成妥协，在《1999 年第 2 议定书》的正式文本中

① 有学者评论说，这在事实上可以使文化财产得到绝对保护，因为总会有可以替代的方法。

用了“功能”二字。这种处理非常具有策略性，事实上是故意允许各国有一定的自由裁量权。无论哪种主张，都可以在对“功能”二字的阐释中满足自己的观点。

《1999 年第 2 议定书》还强调，是否存在“军事迫切需要”只能由相当于或者高于营级的军官才可以作出，只有在情况不允许作出其他选择时，营级以下的军官才可决定。而对文化财产的攻击行为，只要条件允许，应当及时向对方发出有效的警告。这些限制条件相对于《1954 年海牙公约》也是一种发展。

（二）重点保护中对《1954 海牙公约》第 11 条“无可避免的军事需要特别情况”的修改

如前所述，《1999 年第 2 议定书》增加了“重点保护”制度，而没有使用“特别保护”的字眼，原因在于立法技术。但是，从立法者的意愿和制度设计来看，“重点保护”是为了取代“特别保护”。因此，可以将《1999 年第 2 议定书》中的重点保护制度的相关规定看成是对特别保护中的“无可避免的军事需要特别情况”的修订。

《1999 年第 2 议定书》第 131（b）条首先提出重点保护中，只有文化财产的使用方式（by its use）已经使其成为军事目标时才能丧失保护。也即《1999 年第 2 议定书》强调重点保护的文化财产，只能因为对其使用而成为军事目标，摒弃了文化财产因性质、位置、目的因素而成为军事目标的可能性。这种表述区别于一般保护，如上所述，一般保护用的是“功能”二字。在 1999 年外交大会上，有代表提出重点保护中也用“功能”替代“使用”，以便与一般保护相一致，但这一提议遭到了大多数代表的反对，认为“不同的用语区分了每一章所保护的程度不同”①。如前所述，第 13 条第 2 项则进一步规定即使受重点保护的文化财产已经因其使用方式而成为了军事目标，对其攻击也应该受到三个条件的限制。重点保护的文化财产不能因对方违反自己的义务就成为合法的攻击

① Roger O'Keefe, *The Protection of Cultural Property in Armed Conflict*, Cambridge University Press, 2006, p. 255.

目标。

综上所述，为了军事利益和人道利益之间的平衡，武装冲突中文化财产的保护受制于军事必要。这种规定是必要的，对文化财产的保护也是有益的。但是，如果军事必要规定太过笼统，文化财产就可能在武装冲突中受到肆无忌惮的损害。因此，国际文件的发展事实上是一个对军事必要越来越明确的过程，军事必要所受到的限制也越来越多。《1999 年第 2 议定书》对《1954 年海牙公约》相关规定的修改就体现了这一点。军事目标术语的引用，军事必要决定权级别的提升，以及程序上要求“有效警告”（一般保护）或者攻击之前“有效警告”加上“给予对方合理的时间改变文化财产的使用方式”（重点保护）都有效地限制了对军事必要的滥用。

第四节　执行措施

在国际法中规定各方保护武装冲突中文化财产的义务仅仅是第一步，要想使这些义务变成现实，还必须保证这些义务得到执行。而从实践来看，实施是国际人道法现今所面临的主要挑战之一。虽然将国家的法律义务转化为行动是国际法所有领域共同存在的难题，但在人道法领域尤为突出：一方面是人道法高度发达的规则，其中很多已经获得普遍接受；另一方面则是在世界各地的冲突中对这些规则的一再违反，二者形成鲜明对比。① 武装冲突中保护文化财产的规则也不例外。为此，国际法规定了各种执行措施。

一、一般规定

作为国际人道法的一部分，一般国际人道法的执行措施当然也适用于武装冲突中的文化财产。这些措施包括发挥红十字国际委员

① Paul Berman, *The ICRC's Advisory Service on International Humanitarian Law: the Challenge of National Implementation*, International Review of the Red Cross, No. 312, 1996, p. 338.

会的作用和国际真相调查委员会的调查等。除此之外，针对保护文化财产这一特殊情况，《1954 年海牙公约》还规定了特殊的执行措施。

二、《1954 年海牙公约》规定的执行措施及其存在的问题

《1954 年海牙公约》为了确保所规定的各缔约国的义务能够实现，规定了多种执行措施。

（一）以保护国为主的三方执行机构

这是《1954 年海牙公约》及其《实施条例》规定的执行机构。一方面，《1954 年海牙公约》的起草者们确信，在很大程度上，两次世界大战中文化财产的破坏和掠夺是由于缺乏国际规则的执行机构。因此，教科文组织和专家委员会在公约的拟定过程中十分强调公约的执行。但是，他们也意识到专门建立一个特定的国际机构作为公约的执行机构是很复杂的，而且也不符合经济原则。另一方面，教科文组织也不愿意成为公约的执行机构，理由是一旦它成为执行机构，非教科文组织成员国可能会不愿意参加公约，从而导致公约适用范围的缩小。结果，在 1954 年政府间外交大会上，公约规定了一个以传统保护国为中心，并加以革新的三方执行机构，同时规定教科文组织有辅助性的义务。

1. 具体规定

所谓三方执行机构，是由冲突双方的文化财产代表、代表冲突各方的实施保护国家任命的代表以及文化财产专员组成。冲突方的文化财产代表在缔约方卷入国际性武装冲突时，就应立即任命。① 实施保护国家代表的主要职责是注意有无违反公约的事实，在获得驻在国同意的情况下调查违反的事实在什么环境中发生，并就地提出制止此项事实的主张。在必要时，还将此项违反事实通知文化财产专员。② 文化财产专员由驻在国及代表敌对各方的实施保护国共

① 参见《关于发生武装冲突时保护文化财产公约的实施条例》第 2 条。

② 参见《关于发生武装冲突时保护文化财产公约的实施条例》第 5 条。

同协议从国际人名录①中选出。如果在3个月内不能达成协议，二者应请求国际法院院长任命专员。文化财产专员的职责很多，包括会同其驻在国一方代表和有关的代表们处理向他提出的与适用公约有关的一切事项；对实施条例所规定的事项有决定权和任命权；在其驻在国一方同意的情况下，命令进行调查，或自行调查；向冲突的各方或其实施保护国提出他所认为有利于公约实施的任何主张；制作关于公约实施的必要报告，并分送有关各方及其实施保护国，并应以抄本送给教科文组织总干事；在没有实施保护国的情况下，由专员行使公约实施保护国的职务。②

2. 存在的问题

虽然公约建立的以保护国为主的三方执行机构在当时很有革新意识，但是，在实践中并没有发挥多大的作用。事实上，公约规定的这种执行机构没有在任何一个武装冲突中完整地适用过。③ 这种结局其实暗含在公约本身的缺陷规定中。首先，公约虽然规定保护国在执行中负有重要职责，但是，公约以及国际习惯法并没有强制性地要求武装冲突方任命保护国。既然冲突方没有这一义务，公约建立的以保护国为主的机制根源就不牢固，也导致公约规定的和解程序很难具体运用。其次，文化财产专员虽然职责很多，非常重要。但是，《关于发生武装冲突时保护文化财产公约的实施条例》规定任命文化财产专员要求有驻在国及代表敌对各方的实施保护国共同协议，但这种协议很难达成。

而且，这种机构是在发生武装冲突时才临时设置的，一旦某个武装冲突结束，该机构即不存在。这种机构的非常设性也使得其效用有限。

---

① 根据《1954年海牙公约实施条例》第1条的规定，国际人名录是由教科文组织总干事编制的一部国际名册，包括缔约各方推荐有资格执行文化财产专员职务的一切人士。

② 参见《关于发生武装冲突时保护文化财产公约的实施条例》第6条。

③ Partrick J. Boylan, *Review of the Convention for the Protection of Cultural Property in the Event of Armed Conflict*, 1993, UNESCO Archives.

（二）教科文组织的作用

1. 一般规定

《联合国教育、科学及文化组织法》序言宣称："本组织法之各签约国秉人皆享有充分与平等受教育机会之信念，秉不受限制地寻求客观真理以及自由交流思想与知识之信念。本组织之宗旨在于通过教育、科学及文化来促进各国间之合作，对和平与安全作出贡献，以增进对正义、法治及《联合国宪章》所确认之世界人民不分种族、性别、语言或宗教均享人权与基本自由之普遍尊重。"因此，作为联合国主管教育、科学、文化的组织，教科文组织无疑应当发挥积极作用来保护武装冲突中的文化财产。《1954 年海牙公约》及其两个议定书是在教科文组织的主导下缔结的。不仅如此，《1954 年海牙公约》及其两个议定书还对教科文组织总干事和秘书处在保护武装冲突中的文化财产的作用进行了特殊规定。

《1954 年海牙公约》及其两个议定书中，有许多条款涉及教科文组织的作用。如由教科文组织进行文化财产特别保护资格的登记和注销；要求缔约各方应至少每四年提交执行公约及其议定书的报告；给予缔约各方技术上的协助和提供建议以及其他一些程序上的作用。

2. 存在的问题

教科文组织是一个常设性的机构，多年以来，教科文组织发挥了积极作用来保护武装冲突中的文化财产。特别是在有些情况下，如中东和前南斯拉夫武装冲突中，不可能任命文化财产专员时，教科文组织总干事派遣其私人代表进行保护文化财产的工作而被证明卓有成效，因为这种方式具有灵活而且迅速的特点。但是，按照公约的规定，教科文组织只是作为协助机构而存在。教科文组织本身必须在教育、科学、文化的各个方面发挥作用，这也导致它不可能成为武装冲突中文化财产保护这一特定问题的主要执行机构。

（三）报告制度

为了更好地执行公约的相关规定，《1954 年海牙公约》要求缔约国提交执行报告。这种报告应当至少四年一次提交给教科文组织总干事，报告中应当提供各缔约国认为合适的为履行公约及其实施条例的任务而采取的或者准备采取的任何措施。

应当说，这种报告制度是一种非常有意义的执行措施。因为通过缔约国提交和交换报告，可以相互之间学习彼此的经验。但是，在实践中，报告制度并没有发挥很好的功能，大致只有20%的国家准备了这类报告。

三、《1999年第2议定书》对执行措施的强化

因《1954年海牙公约》规定的最主要的执行机制“以保护国为主的三方执行机制”在实践中不太可行。在对公约重新审视之时，大家一致认为公约执行机制不力是其最大败笔之一。因此，《1999年第2议定书》对《1954年海牙公约》规定的执行措施予以了发展。其中，最突出的表现是建立了专门的机构——武装冲突中文化财产保护委员会。

（一）建立武装冲突中文化财产保护委员会

虽然对《1954年海牙公约》的执行机制不满意，而且制定者普遍认为需要一个既具有灵活性又简单的执行机构。但在《1999年第2议定书》制定之初，对于到底采用何种形式，争论颇多。有的认为应加强教科文组织秘书处的作用；有的认为应更多地利用缔约国会议；更多地则倾向于建立一个有针对性的机构，这一机构可以采取政府间委员会的形式或者更为简单的形式。综合这些意见，《1999年第2议定书》最后决定建立一个武装冲突中文化财产保护委员会。从性质上看，这个委员会是政府间的；但需要教科文组织秘书处提供协助、为其拟定文件和会议议程及实施其决定；同时强调这个委员会的专业性，委员会成员国应挑选在文化遗产、防务问题和国际法方面具有专长的人士作为代表。

《1999年第2议定书》规定了委员会的职能，包括制定指导原则以便议定书的执行；决定对有关文化财产给予、中止或停止重点保护，建立、更新和传播《受重点保护的文化财产目录》；跟踪和监督议定书的执行情况，推进应受重点保护的文化财产的确认工作；审议各缔约国提交的报告并提出看法，收集所需要的情况，并就议定书的执行情况向缔约国大会提出自己的报告；受理并审议提交的各种国际援助申请；决定如何使用“基金”；行使缔约国大会赋予的其他各项职能。

到目前为止，委员会已经召开了8次会议，最近的一次会议是在2013年12月份召开的。① 委员会还积极制定旨在推广执行议定书的指导原则。

（二）设立武装冲突中文化财产保护基金

为了提供财政更好地实施议定书规定的保护措施，仿照世界遗产基金，《1999年第2议定书》建立了武装冲突中的文化财产保护基金。建立基金的目的是提供财政和其他帮助给和平时期开展的预防及其他有关工作以及需采取的紧急、临时或其他旨在武装冲突时期保护文化财产或敌对行动结束之后对其进行修复的措施。基金的来源包括各缔约国的自愿捐助以及来自其他国家、教科文组织或其他联合国机构、公共或私人机构或个人的捐助、捐赠或遗赠，以及所产生的利息，募捐或其他活动所得和其他各种资金来源。不同于世界遗产基金，武装冲突中的文化财产保护基金没有强制要求各国捐助。

（三）缔约国大会的强化

《1954年海牙公约》已经规定了缔约国大会在保护文化财产方面的作用，但在程序上只有教科文组织总干事经执行局核准才能召集召开，或者在至少五分之一缔约国提出要求时才召开，也即缔约国大会没有常会。从实践来看，《1954年海牙公约》生效之后，缔约国大会召开的次数很少。为了使缔约国能够更密切地参与武装冲突情况下对文化财产的保护，《1999年第2议定书》强化了缔约国大会，规定缔约国大会与教科文组织大会同时召开。而教科文组织大会每两年召开常会，这就使缔约国大会也成为常会形式。另外，为了与《1954年海牙公约》相协调，《1999年第2议定书》规定如果教科文组织总干事召集《1954年海牙公约》缔约国大会，

① 详见教科文组织网站：http：//www. unesco. org/new/en/culture/themes/armed-conflict-and-heritage/the-committee/8th-meeting-of-the-committee/#c275168accessed on May 27，2013。

《1999 第 2 议定书》缔约国大会也与之协调举行。《1999 年第 2 议定书》也对缔约国大会的职能作了规定，包括选举武装冲突中文化财产保护委员会的成员；批准委员会制定指导原则以便议定书的执行；向委员会提出“基金”的使用方针，并对之进行监督；审议委员会提交的报告；审议与《1999 年第 2 议定书》的执行相关的各种问题，并提出建议。

综上所述，国际社会为了使武装冲突中文化财产的保护义务能够得到执行，不遗余力地设置了许多执行措施。但是，《1954 年海牙公约》中规定的以保护国为主的三方执行机制在实践中被证明不能发挥积极作用。教科文组织虽然可以发挥积极作用，但其职能太多，不能专门保护武装冲突中的文化财产。而武装冲突中文化财产保护委员会作为一个常设性的、专门性的机构，其建立可能有助于更好地保护文化财产，但其建立的时间还不长，虽然目前仍在积极工作，但能否发挥作用还有待于时间的检验。

综上所述，国际性武装冲突中文化财产的保护是论述非国际性以及占领状态下文化财产保护的基础。在国际性武装冲突中，文化财产首先得益于民用财产的性质得以保护。不仅如此，《1954 年海牙公约》及其两个议定书将文化财产从一般民用财产中抽离，提供专门规则予以保护，并且提供了三种保护形式：一般保护针对的是公约所列的所有财产；特别保护和重点保护的目的相同，都是为特别重要的文化财产提供更高标准的保护，只是后者在前者的基础上有所发展。国际性武装冲突的冲突方对文化财产有尊重和保护义务，这些义务涉及的范围非常广泛，包括禁止攻击文化财产，禁止对文化财产的非法使用，禁止掠夺文化财产，被掠文化财产应予以返还，禁止攻击合法目标时对文化财产过分的损害，以及禁止对文化财产进行报复性行为。除此之外，冲突方在和平时期也要进行准备工作以免武装冲突发生时使文化财产受到损害，以及对文化财产进行适当标记，以便与合法的攻击目标相区分。虽然国际文件规定冲突方必须履行众多义务保护武装冲突中的文化财产，但是，这种保护经常受制于军事必要。几乎所有的国际文件都承认军事必要是冲突方违反义务的合法理由。国际文件为了使冲突方的各项义务能够履行，还规定了各种执行措施。

因此，虽然现行的保护国际性武装冲突中的文化财产的各项规则还存在着这样那样的缺陷。但是，其趋势是国际社会越来越重视国际性武装冲突中文化财产的保护。从保护形式来看，重点保护比特别保护更加合理。从所规定的冲突方的义务来看，要求冲突方履行的义务越来越多。从仅限制攻击方发展到防御方；从仅强调武装冲突发生时冲突方的义务，扩展到既强调武装冲突发生时各方的义务，也强调冲突发生之前各方的准备义务，还强调和平时期的预防和传播义务；从主要限制冲突方自己的行为，发展到要求冲突方发挥更积极的作用，在第三方可能对文化财产造成损害时，要求其采取积极措施。虽然文化财产的保护还受制于军事必要，但是国际法对军事必要的规定越来越明确，越来越具体，援引军事必要来证明破坏文化财产的正当性越来越不被允许。而为了所规定的义务得以履行，国际法也强化了执行措施，特别是《1999 年第 2 议定书》建立了武装冲突中文化财产保护委员会，设立了文化财产保护基金，强化了缔约国大会的作用。

第三章　非国际性武装冲突中文化财产的保护

国际社会将非国际性武装冲突纳入国际条约的规制始于第二次世界大战后，也即开端于1949年日内瓦公约。在此之前，仅有内战纳入了习惯国际法的调整范围。按照习惯国际法，如果内战中的反叛者被承认为交战方，则可能受到习惯国际规则的规制，但这种承认属于内战中的政府方和其他国家自由裁量的范围。如果政府方承认反叛者的交战方地位，调整战争的相关国际规则将被适用。如果第三国承认反叛者的交战方地位，则战争中关于中立的法律就将被适用。一般而言，这种承认需符合三个条件：反叛者占领一定范围领土；在该领土上建立政府行使主权国家固有的权利；由有组织的集团按照军事原则进行军事行动并且符合战争法律和习惯。因此，"二战"之前对非国际性武装冲突的国际规制不仅无成文条款，而且习惯规则针对的仅是程度达到内战的非国际性武装冲突。① 1949年日内瓦公约之后，规制非国际性武装冲突的成文规则不断增加，如《日内瓦公约附加第1议定书》、1998年《国际刑事法院罗马规约》的部分条款。时至今日，虽然理论上大多数学者认为国际人道法区分国际性和非国际性武装冲突适用不同的规则是"武断的"、"令人不满意的"、"很难证明是正当的"。而且，

① Dietrich Schindler, *The Different Types of Armed Conflicts According to the Geneva Conventions and Protocols*, *Recueil des Cours*, 1979, Vol. 163, Issue II, pp. 145-146.

会“在现今发生的许多战争中阻挠战争法所规定的人道目的的实现”①。但国际人道法的这种二分法仍然存在，武装冲突中文化财产的保护规则也不例外。而近些年的实践表明，国际社会发生的武装冲突主要是非国际性的。② 这种形势的发展促使国际社会重新审视适用于非国际性武装冲突的国际人道法规则，包括文化财产保护的规则。因此，以国际性武装冲突中的文化财产保护为基础，这一章专门讨论非国际性武装冲突中的保护文化财产的特殊问题。

第一节　非国际性武装冲突中文化财产保护规则的发展

如前所述，很长时间以来，除了内战在一定条件下受到一些习惯国际规则的规制，国际社会并没有成文规则调整非国际性武装冲突。其主要原因在于自 1648 年威斯特伐利亚和会以来广泛承认的主权概念。按照逻辑推理，既然存在主权，一国之内的事件当然由各国自己管理。国际规则对非国际性武装冲突的规制，是干涉内政的行为。在此基础上，1899 年和 1907 年海牙公约和规章不适用于非国际性武装冲突，首个专门保护文化财产的《罗里奇公约》也未提及这一问题。但是，非国际性武装冲突同样会带来人道灾难，同样会造成文化财产受损和被掠的后果。因此，经过红十字国际委员会的极力主张，在 1949 年日内瓦公约中，首次出现了调整非国际性武装冲突的成文规则。

---

① James G. Stewart, *Towards A Single Definition of Armed Conflict in International Humanitarian Law: A Critique of Internationalized Armed Conflict*, IRRC, June 2003, Vol. 85, No. 850, p. 313.

② ICRC, *International Humanitarian Law and the Challenges of Contemporary Armed Conflicts*, 30th International Conference of the Red Cross and Red Crescent Geneva, October 2007, p. 20. 另据 Uppsala 大学战争与冲突研究中心所做的研究显示：1989—1998 年，在十年间全球 108 次的武装冲突中，大多数是国内武装冲突。

一、1949年日内瓦公约共同第3条：调整非国际性武装冲突的小公约

共同第3条是国际社会首次对非国际性武装冲突进行规制的成文尝试。1949年日内瓦的四个公约，共同在第3条规定了如下条款：在一缔约国之领土内发生非国际性武装冲突之场合，冲突之各方最低限度应遵守下列规定：（一）不实际参加战事之人员，包括放下武器之武装部队人员及因病、伤、拘留或其他原因而失去战斗力之人员在内，在一切情况下应予以人道待遇，不得基于种族、肤色、宗教或信仰、性别、出身或财力或其他类似标准而有所歧视。因此，对于上述人员，不论何时何地，不得有下列行为：（甲）对生命与人身施以暴力，特别如各种谋杀、残伤肢体、虐待及酷刑；（乙）作为人质；（丙）损害个人尊严，特别如侮辱与降低身份的待遇；（丁）未经具有文明人类所认为必需之司法保障的正规组织之法庭之宣判而遽行判罪及执行死刑。（二）伤者、病者应予收集与照顾。同时规定，公正的人道主义团体，如红十字国际委员会，得向冲突之各方提供服务。而且，冲突各方应进而努力，以特别协定之方式，使本公约之其他规定得全部或部分发生效力。同时强调，上述规定之适用不影响冲突各方之法律地位。

从历史的眼光来看，共同第3条有三个创新。首先，它首次将国际法律规则适用于一个国家内部的关系。在此之前，一般认为这一问题是主权范围内的事项，仅仅由各国自己的法律规制。其次，不仅将这些规则适用于政府方武装力量，而且适用于非政府武装集团，只要后者卷入了非国际性武装冲突。最后，明确了红十字国际委员会在非国际性武装冲突中的作用。

根据其措辞，就武装冲突中文化财产的保护而言，共同第3条并没有多少规则可以援引，因为共同第3条主要针对非国际性武装冲突各方对人的最低限度的保护，并未涉及财产，当然也没有专门条款针对文化财产的保护。但是，共同第3条仍具有非常重要的意义。它首次在国际条约中规制了非国际性武装冲突中各方应当遵守的最低人道要求，为后来相关规则的出台奠定了基础。正因为如

此，共同第 3 条也被称为“小公约”（mini-convention）。

二、《1954 年海牙公约》：首次规定非国际性武装冲突中文化财产的保护

作为第一部专门保护武装冲突中的文化财产的公约，《1954 年海牙公约》的主要条款针对的是国际性武装冲突。但是，也模仿了 1949 年日内瓦公约共同第 3 条，对非国际性武装冲突中各方应当遵守的对文化财产的最低限度的保护作了规定。这主要体现在公约第 19 条，其规定：如果在缔约各方之一的领土内发生非国际性武装冲突，冲突各方必须适用本公约中关于尊重文化财产的各规定，作为最低限度。冲突各方应通过缔结特别协议，设法实施本公约其他规定的全部或一部。联合国教育、科学及文化组织可以向冲突各方提供服务。同时规定，上述各规定的适用不影响冲突各方的法律地位。从第 19 条的措辞不难看出其对共同第 3 条的模仿，只是将可以提供服务的机构改为联合国教科文组织。

（一）制定背景

《1954 年海牙公约》第 19 条主要模仿共同第 3 条，同时吸收了 1936 年《保护战争中历史建筑和艺术品国际公约的草案初稿》精神。如前所述，该文件是《1954 年海牙公约》的重要基础。这一草案文本也试图对非国际性武装冲突中的历史和艺术珍宝进行保护，第 10 条规定一国之内发生武装冲突或者骚乱之时，缔约国有互相协助、接收和保藏艺术品等义务。国际博物馆事务所草案的精神被教科文组织吸纳，其提交的《1954 年海牙公约》的草案文本中包含了现行第 19 条的规定。但是，虽然有 1949 年日内瓦公约共同第 3 条的先例，在 1954 年海牙外交大会上，讨论是否将文化财产的保护延伸至非国际性武装冲突时，还是发生了较为激烈的争论。其中，英国认为第 19 条在实践中不可行，建议删除第 19 条，或者减损第 19 条的效力，用“尽量”二字取代“必须”，而且去掉教科文组织在其中的作用。但是前苏联代表认为，第 19 条的规定非常明确。第 1 段指明尊重和保护文化财产的必要性，第 4 段表明其适用不影响冲突各方的法律地位。

而且第19条以共同第3条为蓝本，只不过后者保护伤病者，前者针对文化财产而已。而共同第3条是经过仔细讨论才载于日内瓦公约之中的。所以，第19条的规定很恰当。最终，《1954年海牙公约》正式文本将武装冲突中保护文化财产的部分规则延伸至非国际性武装冲突。

（二）评析

如同1949年日内瓦公约共同第3条，《1954年海牙公约》第19条没有对非国际性武装冲突进行界定。但是，从制定背景来看，其对非国际性武装冲突的理解和1949年日内瓦公约共同第3条是一致的，应当从较宽的角度来解释，而非1977年《日内瓦公约附加第2议定书》中的较窄理解。

《1954年海牙公约》第19条包括4段，其中第1段是最基本的规定。这一段要求冲突各方应当遵守的最低义务是“尊重文化财产”。从文本措辞来看，“尊重文化财产”是《1954年海牙公约》第4条所规定的义务，即除非出于军事迫切需要，不得为任何目的对财产及其直接周围或用以保护此项财产的设备作任何使用，如果使用的目的可能在发生武装冲突时使此项财产遭受毁灭或损失；除非出于军事迫切需要，不得作出针对此项财产的任何敌对行为；设法禁止、防止以及在必要时制止对文化财产以任何形式实施的盗窃、抢劫或侵占以及任何破坏行为；不得征用在缔约另一方领土内可以移动的文化财产；不得对文化财产实施报复行为；不得因另一方没有适用保障措施而规避自己的义务。毋庸置疑，第4条是《1954年海牙公约》中最实质性的条款。按照这一措辞，《1954年海牙公约》事实上将最为重要的义务施加给了非国际性武装冲突方。此外，还有一种观点更为激进，认为第1款包括的范围要比文本中“尊重文化财产”宽泛一些，应当还延伸至制裁部分。

第2段事实上完全采纳了共同第3条，规定冲突各方应当缔结特别协议，从而尽量实施公约中规定的所有保护文化财产的条款。这一段表明公约制定者强烈希望在非国际性武装冲突中也能很好地保护文化财产。第3段规定了联合国教科文组织在非国际性武装冲突中的作用，要求其向冲突各方提供服务。第4段也是完全采纳了共同第3条，澄清公约对非国际性武装冲突的规定不影响冲突各方的法律地位。这一段是想打消冲突方，特别是政府方的疑虑，表明公约的规定只是想更好地保护文化财产，而不涉及对非政府冲突方的承认。

《1954年海牙公约》第19条的规定，首次用国际条约的形式保护非国际性武装冲突中的文化财产，更是将公约中最重要的义务施加给了非国际性武装冲突各方，具有重大意义。但是，相对于国际性武装冲突的条款，其对非国际性武装冲突的规定还比较含糊。随着国际形势的发展和非国际性武装冲突的增加，这一条越来越不能适应实际需要。

三、《日内瓦公约附加第2议定书》第16条：补充共同第3条之不足

为了适应国际形势的发展，经过了越南战争等旷日持久的战争之后，国际社会在1977年订立了两个1949年日内瓦公约的议定书。其中，第2议定书只适用于非国际性武装冲突，这一议定书是最早专门规定非国际性武装冲突中人道规则的国际公约。其补充了1949年日内瓦公约共同第3条的规定，增加了专门条款保护非国际性武装冲突中的文化财产，第16条规定：在不妨碍《1954年海牙公约》规定的条件下，对构成各国人民文化或精神遗产的历史纪念物、艺术品或礼拜场所从事任何敌对行为，以及利用这些物体以支持军事努力，都是禁止的。

《日内瓦公约附加第2议定书》第16条作为日内瓦公约体系中保护非国际性武装冲突中文化财产的重要条款，与《1954年海牙公约》相比，有一些自己的特点：

第一，二者所保护的文化财产的范围有区别。第16条没有使用"文化财产"一词，只是强调保护"构成各国人民文化或精神遗产的历史纪念物、艺术品或礼拜场所"。《1954年海牙公约》则使用了"文化财产"这一术语，且将其界定为"对各国人民的文化遗产具有重大意义的动产或不动产；其主要目的是为保存或展览

前述动产的建筑物，以及发生武装冲突时用以掩护前述可以移动文化财产的保藏所；用以存放大量的上述动产、不动产、建筑物和保藏所的中心站”。对二者保护范围宽窄问题，按照1977年外交大会的声明，第16条所指的范围应当是“仅仅包括数量有限的非常重要的文化财产，其范围窄于《1954年海牙公约》对文化财产的界定”①。

第二，第16条没有规定军事必要下对文化财产保护义务的放弃。红十字国际委员会的评论认为这说明第16条对文化财产的保护是绝对的，比《1954年海牙公约》的规定更为严格，因为《1954年海牙公约》允许保护文化财产的义务出于军事必要可以放弃。对此也有不同的意见，在1977年通过附加议定书的外交大会上，有些国家就指出，尽管没有对这种放弃保护作出规定，但如果这种非常重要的文化财产被非法用于军事目的，还是可能成为攻击目标。② 前南国际刑事法庭所审理的Strugar案件中，审判庭也支持这一观点。③

第三，第16条规定较为简单，只是禁止对文化财产从事任何敌对行为，以及利用这些物体以支持军事努力，而对于文化财产的掠夺问题和针对文化财产的报复问题，都没有涉及。不仅比《1954年海牙公约》的规定要少，也没有包括《日内瓦公约附加第1议定书》第53条中所规定的“禁止使这类物体成为报复的

① ［比］让-马里·亨克茨等著：《习惯国际人道法规则》，法律出版社2007年版，第123页。

② ［比］让-马里·亨克茨等著：《习惯国际人道法规则》，法律出版社2007年版，第123页。

③ Prosecutor v. Pavle Strugar，Case No. IT-01-42-T，para. 309. 审判庭的主要观点：两个附加议定书禁止将文化财产用以支持军事努力，但是没有明确条款规定文化财产如此使用的后果。也即没有明确如此使用时是否使对文化财产的敌对行动成为合法。此外，两个附加议定书禁止对文化财产采取敌对行动，但没有提及军事必要。然而，两个附加议定书的相关条款明确表示“不妨碍”《1954年海牙公约》的规定。这说明在这方面，附加议定书不影响《1954年海牙公约》中强制性军事必要下对文化财产保护义务的放弃。

对象”。

第四，如前所述，《日内瓦公约附加第2议定书》对非国际性武装冲突的界定较为严格。第16条的适用条件也严于《1954年海牙公约》第19条。

第五，必须指出，虽然《日内瓦公约附加第2议定书》规定了非国际性武装冲突各方保护文化财产的义务，但是，没有规定违反这些义务的惩罚措施。这一规定不同于《日内瓦公约附加第1议定书》，因为《日内瓦公约附加第1议定书》将国际性武装冲突中针对文化财产的行为规定为“重大违反”，要求以战争罪承担个人刑事责任。

四、《1999年第2议定书》：将所有条款延伸至非国际性武装冲突

（一）《1999年第2议定书》的制定背景

1. 非国际性武装冲突的发展及其对文化财产的威胁和破坏

自“二战”之后，国际形势的发展呈现出两种重要的趋势。一方面，国际组织持续增加，其职权不断扩大，已经形成一个以联合国为中心的国际组织网。因为这些组织的出现，主权国家不得不放弃一部分权力，而将这部分权力授予给国际组织。另一方面，地区之间联系更加深化，超越国界的少数民族和种族集团之间的联系在加强。这就会带来一种新的诉求，即少数民族或种族集团希望建立新的国家。① 这些因素导致非国际性武装冲突大大增加。

据统计，最近50多年来的武装冲突，主要是非国际性武装冲突。其冲突的原因通常是少数民族想获得更多的自治权或独立；而占人口较多的民族或者某个主权国家阻止少数民族这样做，从而保

① Karl Habsburg-lothringen, *The Destruction of Cultural Goods as a Primary Goal During War*, in: *Protection of Cultural Property in the Event of Armed Conflict—A Challenge in Peace Support Operations*, ed. by Edwin R. Micewski Gerhard Sladek, Austria Military Printing Press, 2002, p. 22.

护自己或者扩大自己的主权和领土。① 因此，在这类冲突中，其目标通常包括摧毁对方或者“同种文化传统”的文化遗产。除此之外，这种损毁因为地理上的便利性和对文化遗址等文化财产的熟悉性而非常容易。② 这一典型例证是前南斯拉夫境内的武装冲突③，在这里，攻击文化财产不再仅仅因其是军事目标，而是为了毁损敌人的文化象征或文化痕迹，打击敌人的身份认同等。非国际性武装冲突的发展及其对文化财产的破坏使国际社会认识到进一步保护非国际性武装冲突中文化财产的重要性。

2. 国际调整非国际性武装冲突规则的持续出现

这主要是指前述 1977 年《日内瓦公约附加第 2 议定书》的出台及其被广泛接受，以及前南国际刑事法庭和卢旺达刑事法庭的相关规定和实践。国际法的发展为新的调整非国际性武装冲突中文化财产规则的出现奠定了基础。

（二）《1999 年第 2 议定书》对非国际性武装冲突中的文化财产的规制

为了适应国际形势的新发展，特别是非国际性武装冲突的发展对文化财产的破坏，《1999 年第 2 议定书》的制定者们寻求强化非国际性武装冲突中的文化财产的保护。因此，相对于《1954 年海牙公约》，《1999 年第 2 议定书》扩大了适用范围，将其所有条款适用于非国际性武装冲突。在体例安排上，《1999 年第 2 议定书》在第 5 章第 22 条中阐明了非国际性武装冲突中的文化财产的保护问题，包括 7 款。第 1 款和第 2 款阐明其适用的非国际性武装冲突的范围，即适用于非国际性、发生在某一缔约国领土上的武装冲

① Karl Habsburg-lothringen, *The Destruction of Cultural Goods as a Primary Goal During War*, in: *Protection of Cultural Property in the Event of Armed Conflict—A Challenge in Peace Support Operations*, ed. by Edwin R. Micewski Gerhard Sladek, Austria Military Printing Press, 2002, p. 22.

② UNESCO, *Protection of Cultural Property*, available at http://www.unesco.org/culture/chlp, accessed on Feb. 1, 2008.

③ 对前南斯拉夫境内的武装冲突性质存在争论。一般认为是国际性武装冲突。但是，最初的武装冲突确实是非国际性的。

突，不适用于内部局势紧张和动乱，诸如骚乱、孤立零星的暴力行为或类似现象，这一界定与1998年《国际刑事法院罗马规约》第8（2）（d）条的措辞完全一致，而第8（2）（d）条则针对“严重违反1949年日内瓦四公约共同第3条”的行为。因此，从措辞可以看出，《1999年第2议定书》对非国际性武装冲突的范围持较宽的理解，与《日内瓦公约附加第2议定书》有区别。第3款规定不得援引《1999年第2议定书》的任何条款损害一国主权或妨碍其政府利用合法手段行使维护、恢复国家公共秩序或捍卫国家统一及领土完整的义务。第4款也强调如一缔约国领土上发生了违背《1999年第2议定书》第15条的不具有国际性质的武装冲突，《1999年第2议定书》的任何条款均无损于该缔约国的法律优先权。第5款规定当一缔约国领土上发生武装冲突时，不得以《1999年第2议定书》的任何条款为借口，直接或间接干预该冲突或该国内外事务。第6款与《1954年海牙公约》第19条的规定相同，提出当《1999年第2议定书》适用于非国际性武装冲突时，并不影响冲突各方的法律地位。第7款还是强调了教科文组织的作用，规定教科文组织可以向冲突各方提供服务。

简而言之，《1999年第2议定书》平等地适用于国际性和非国际性武装冲突。但在《1999年第2议定书》的制定过程中，存在争论。一方面，大家意识到近些年来，大量的文化财产在非国际性武装冲突中遭到了毁损；另一方面，一些国家反对侵入由各国自己管辖的事项，担心规制非国际性武装冲突的条款会被用于干涉内政的借口。① 而且，在1997年巴黎举行的专家会议上，一些代表试图结束讨论该问题，确信该问题已经被《日内瓦公约附加第2议定书》充分规制。但是，在1999年最终的外交大会上，虽然存在争论，还是达成了第22条，将《1999年第2议定书》的所有条款适用于非国际性武装冲突。

① Roger O'Keefe, *The Protection of Cultural Property in Armed Conflict*, Cambridge University Press, 2006, p. 246.

（三）评析

《1999年第2议定书》包括的7款内容可以分为三个方面。第1、2款主要明确其适用范围，规定其适用于非国际性武装冲突。《1999年第2议定书》也没有界定非国际性武装冲突，但其措辞也没有如《日内瓦公约附加第2议定书》中的限定条款，又是对《1954年海牙公约》的补充，再联系非国际性武装冲突概念的发展趋势，《1999年第2议定书》中的非国际性武装冲突概念应当从较宽的意义来理解。第3、4、5、6款主要是为了打消一些国家的疑虑，表明虽然《1999年第2议定书》适用于非国际性武装冲突，但是不会损害缔约国的主权、法律优先权，也不会以此来干涉各国内政。其中第4款强调法律优先权是基于有些国家，特别是印度和中国的担心才设立的。最后1款明确了教科文组织的作用。

《1999年第2议定书》扩大了适用范围，将其所有的规定适用于非国际性武装冲突，相对于《1954年海牙公约》是一个巨大的进步。从实质来看，这一延伸主要体现在“刑事责任”部分，也即在非国际性武装冲突中针对文化财产的违反《1999年第2议定书》规定的行为，可以构成犯罪并受到惩罚。这弥补了《1954年海牙公约》之不足，相对于1977年《日内瓦公约附加第2议定书》也有所发展。但是，《1999年第2议定书》在2004年才生效，其缔约国还不太多①，其作用的发挥还有待于时间的检验。

综上所述，保护非国际性武装冲突中的文化财产的国际规则从无到有，呈逐步发展的趋势。《1999年第2议定书》更是将所有条款延伸至非国际性武装冲突。但是，条约只对缔约国有效，相较于1949年日内瓦公约及其两个附加议定书以及《1954年海牙公约》，《1999年第2议定书》的缔约国还不太多。因此，相对而言，保护非国际性武装冲突中的文化财产的国际规则，其适用范围还不太广泛。但是，习惯国际法在此发挥了积极的补充作用，填补了一些空

① 迄今为止，缔约国共有65个。See http：//www.unesco.org/eri/la/convention.asp？KO = 15207&language = E&order = alpha，accessed on Oct. 30，2013.

白。《1954 年海牙公约》的实质条款已经被认为构成习惯国际法的一部分，既适用于国际性也适用于非国际性武装冲突。因此，非国际性武装冲突中文化财产的保护义务也主要包括：攻击文化财产的禁止；将文化财产用于军事目的的禁止；掠夺的禁止；针对文化财产报复行为的禁止等。

第二节　保护非国际性武装冲突中的文化财产存在的问题

虽然到目前为止，调整非国际性武装冲突的规则越来越多。《1999 年第 2 议定书》也将其全部保护规则适用于非国际性武装冲突。但是，非国际性武装冲突的特殊性，使得对文化财产的保护还是存在一些特殊的难题。

一、国际规则的不充分

国际人道法对“国际性武装冲突”和“非国际性武装冲突”的二分法以及调整非国际性武装冲突国际规则的不充分，是保护非国际性武装冲突中的文化财产所面临的难题之一。

如前所述，一方面，早期的国际条约，如 1899 年和 1907 年海牙公约体系、1935 年《罗里奇公约》，虽然包含相关保护武装冲突中的文化财产的规则，但是其适用范围并未包括非国际性武装冲突。1949 年日内瓦四公约虽然有共同第 3 条规定非国际性武装冲突中应当遵循的最低准则，但是并没有提及文化财产的保护。《1954 年海牙公约》首次将武装冲突中的文化财产的保护规则延伸至非国际性武装冲突，但是条文较为含糊，且仅要求冲突各方适用尊重文化财产的义务。其规定用语非常笼统，缺乏可操作性。1977 年《日内瓦公约附加第 2 议定书》弥补了 1949 年日内瓦公约共同第 3 条之不足，就非国际性武装冲突中的文化财产规定了第 16 条，但第 16 条中规定的冲突方的义务比较简单。《1999 年第 2 议定书》首次将所有保护武装冲突中的文化财产的规则适用于非国际性武装冲突，但是，该议定书于 2004 年才生效，而且相对而言，缔约国还不太多，缺乏广泛的适用性。此外，《1999年第2议定书》的许多规定针对的是国际性武装冲突中的文化财产的保护，虽然其适用延伸至非国际性武装冲突，但还存在着规则的可适用性问题。因此，相对于国际性武装冲突，保护非国际性武装冲突中的文化财产的规则太少。国际规则的缺乏是保护非国际性武装冲突中的文化财产所面临的重要问题。

另一方面，虽然习惯国际法可以弥补条约规定的不足，《1999年第2议定书》将所有规则扩展到非国际性武装冲突，但是，《1999年第2议定书》的内容很难说已经成为了习惯国际法。而且，如何将原本适用于国际性武装冲突中的文化财产保护的规则延伸至非国际性武装冲突存在一些难题。一般而言，这种延伸不可能全部移植或以机械性移植的方式进行，也即仅是这些规则的基本精神，而非具体的规则已经变为可以适用于非国际性武装冲突。这也说明一个问题，到底哪些保护武装冲突中的文化财产的规则可以适用于非国际性武装冲突，并不太确定。① 这种模糊性也导致在具体案件中，援引习惯国际规则存在困难。

二、非国际性武装冲突概念以及判断标准的不确定性

如前所述，一方面，虽然非国际性武装冲突是国际人道法中非常重要的概念。但是，1949年日内瓦公约共同第3条和《日内瓦公约附加第2议定书》并没有对其进行明确界定，1998年《国际刑事法院罗马规约》则提到了两种形式的非国际性武装冲突，前南斯拉夫和卢旺达刑事法庭相关案例虽然对其予以了进一步阐述，但是，某种冲突是否构成非国际性武装冲突，从而适用保护文化财产的国际规则，还是属于个案分析的问题。

另一方面，1949年日内瓦公约共同第3条和《日内瓦公约附加第2议定书》都没有明确由谁或者通过何种程序来决定某一国

① See James G. Stewart, *Towards A Single Definition of Armed Conflict in International Humanitarian Law: A Critique of Internationalized Armed Conflict*, IRRC, June 2003, Vol. 85, No. 850, p. 323.

之内发生的冲突是否构成非国际性武装冲突，从而应当适用相关的国际规则。这就可能导致对于同一冲突现象，不同国家有不同解释，而解释的不同会影响到非国际性武装冲突中的文化财产保护规则的适用。红十字国际委员会在对《日内瓦公约附加第 2 议定书》的评论中提到，规定某种程序来确定某国发生的冲突构成非国际性武装冲突是很难的，这种想法本身也不太现实。而到底由谁来确定某国发生的冲突构成非国际性武装冲突也争论颇大，在 1977 年关于重申和发展适用于武装冲突的国际人道法外交会议上，就曾为此陷入了僵局。拉美国家代表团提出应由冲突国来行使决定权，即冲突国应有权决定所发生的情事是否属于应受到国际规制的非国际性武装冲突。但是，这一建议会带来一些风险，如有些冲突国可能为了防止国际规则的适用，干脆决不承认国内发生的程度非常激烈的冲突构成非国际性武装冲突。因此，这一建议最后没有被采纳。① 非国际性武装冲突的判别也陷入了僵局。

按照现行的对非国际性武装冲突的一般理解，构成非国际性武装冲突时，武装对抗必须达到某种最低限度的紧张，冲突所涉当事方必须表现出最低限度的组织性。但从实践来看，世界范围内出现的发生在某一国领域内的冲突，其形式多样，冲突当事方也区别较大。如何判断某一国内冲突达到武装冲突的程度，很难有通用的标准。② 例如在很多情形下，不清楚一个借助于武力的集团是否可以被认为是共同第 3 条所称的“冲突当事方”。除了所涉及的紧张程度外，非政府集团的性质也必须得到考虑。当集团的内部结构松散，或者指挥是秘密的，就会导致这样的疑问：此类集团是否有充分的组织性从而成为冲突当事方。这必须一一进行判断。只有暴力程度和所涉当事方满足非国际性武装冲突的条件，相关的国际规则

① 徐衍光：《论国际人道主义法在非国际性武装冲突中的适用》，外交学院 2001 年硕士论文，第 19 页。

② ICRC, *Increasing Respect for International Humanitarian Law in Non-Interntional Armed Conflicts*, available at http://www.icrc.org/web/eng/siteeng0.nsf/html/p0923, accessed on Apr. 1, 2008.

才能被适用。

因此，相对于国际性武装冲突这一较易判断的事实①，非国际性武装冲突概念的模糊性、判别难题以及实践中一国领域内所发生冲突的复杂性都导致非国际性武装冲突中的文化财产保护规则在适用上的特殊困难。②

三、与国际法基本原则的冲突与协调

保护武装冲突中的文化财产的国际规则属于国际人道法的范畴，而国际人道法又是国际法的一个分支。③ 从逻辑上分析，国际法的基本原则也适用于武装冲突中的文化财产的保护。按照1945年《联合国宪章》的规定，特别是联合国大会在1970年全体一致通过的《关于各国依联合国宪章建立友好关系及合作之国际法原则之宣言》（以下简称《国际法原则宣言》）的规定，主权平等以及不干涉内政是国际法的基本原则。而非国际性武装冲突中的文化财产的国际规制经常被认为与这些基本原则相违背。

（一）与主权平等原则的冲突

国家主权是国家最重要的属性，是指国家有独立自主地处理其对内对外事务的权力。国家主权具有两方面的特征：一是对内的最高权，即国家对其领土内的一切人和物以及领土外的本国人享有属地优越权和属人优越权。二是对外的独立权，即国家在国际关系上是自主的和平等的。④ 主权平等是国际法的一项基本原则。按照1970年《国际法原则宣言》的规定，主权平等包括：各国法律地位平等；各国享有充分主权的固有权利；各国有义务尊重其他国家的人格；国家的领土完整以及政治独立不得侵犯；各国有权自由选

① See Olivier Durr, *Humanitarian Law of Armed Conflict: Problems of Applicability*, Journal of Peace Research, Vol. 24, No. 3, 1987, p. 266.

② See Olivier Durr, *Humanitarian Law of Armed Conflict: Problems of Applicability*, Journal of Peace Research, Vol. 24, No. 3, 1987, p. 270.

③ 也有观点认为国际人道法等同于国际法。

④ 梁西著：《国际法》（第三版），武汉大学出版社2012年版，第56页。

择并发展其政治、社会、经济以及文化制度；各国均有责任充分并秉着诚意履行其国际义务，并与其他国家和平共处。从历史上看，国际主权概念的形成经历了一个较长的过程，并且理论上对其有不同的观点，随着“二战”、特别是冷战之后国际形势的新发展，对主权概念也有新的观点。但一般认为，国家主权原则是现代国际法公认的基本原则，这一点并未改变。

将非国际性武装冲突中的文化财产的保护纳入国际法的规制，经常被一些国家认为可能触犯国家主权。其主要理由认为非国际性武装冲突发生在一国领域之内，理应属于一国内部事务，是一国主权范围内的事项。对其进行国际规制，与国家主权相悖。

（二）与不干涉内政原则的冲突

内政是从主权中引申出来的一个国际法概念。一个国家根据其主权，享有独立自主地处理其对内对外事务的权力，不受他国的干涉。这样，一国主权范围之内不受他国干涉的内部事务就是内政。不干涉内政原则是从国家主权原则中引申出来的一项国际法基本原则。该原则是指国家在相互交往中不得以任何理由或方式，直接或间接地干涉在本质上属于任何国家国内管辖的事务，同时也指国际组织不得干涉成员国国内管辖的事项。①

自从近代国际法形成以来，各种国际文件均将不干涉内政列为国家间关系的准则。1945 年《联合国宪章》、联合国大会 1965 年通过的《关于各国内政不容干涉及其独立与主权之保护宣言》、1981 年《不容干涉和干预别国内政宣言》以及我国对外关系中经常提及的和平共处五项原则都明确了这一原则。

同样，将非国际性武装冲突中的文化财产的保护纳入国际规制也经常被认为可能造成对一国内政的干涉。

（三）国际文件的协调

正因为存在对上述侵犯主权、干涉内政的担心，国际调整非国际性武装冲突的规则相对较少。如前所述，《1954 年海牙公约》只

① 梁西著：《国际法》（第三版），武汉大学出版社 2012 年版，第 59 页。

将部分保护文化财产的规则适用于非国际性武装冲突。《1999 年第 2 议定书》虽然将所有规则延伸至非国际性武装冲突，但是强调这种延伸不得援引为损害一国主权或妨碍其政府利用合法手段行使维护、恢复国家公共秩序或捍卫国家统一及领土完整的责任；针对武装冲突中文化财产的违法行为，各国享有法律优先权。同时，《1999 年第 2 议定书》还直接规定：不得以这种延伸为借口，直接或间接干预该冲突或该国内外事务，且这种延伸不得视为对冲突各方具有某种法律地位的承认。这些规定事实上也是为了打消各国对侵犯主权、干涉内政的担忧。

国际文件的这些规定起着协调作用。随着国际形势的发展，虽然国家主权平等、不干涉内政仍然应当被强调，仍然是国际法的基本原则，但也必须承认，随着各种国际组织的扩展、国际人权法的发展，主权受到越来越多的限制，国家虽然有权决定其内外部事项，但这种权力不是绝对的。所以，一方面我们应当强调在非国际性武装冲突中要保护好文化财产，不得以其为攻击目标，不得对其掠夺。但同时也应当强调不得以此干涉一国的主权和内政。

四、执行措施存在的问题

（一）保护国制度的不可适用以及教科文组织的尴尬地位

1. 保护国制度的不可适用

如前所述，《1954 年海牙公约》创建了以保护国为主的三方执行机构，而《1999 年第 2 议定书》保留了保护国的作用，明确其各项规定在负责维护冲突各方利益的保护国的协助下执行。因此，《1954 年海牙公约》及其《1999 年第 2 议定书》都强调保护国制度在保护武装冲突中的文化财产中的作用。

保护国制度主要以 1949 年日内瓦公约以及 1977 年《日内瓦公约附加第 1 议定书》为基础。1949 年日内瓦第 1、2、3 公约第 8 条，第 4 公约第 9 条均提到了保护国制度。在 1977 年《日内瓦公约附加第 1 议定书》第 2、5 条中，这一制度得到了更详细的阐述。按照这些规定，所谓保护国是指经冲突一方提名和敌方接受并同意行使各日内瓦公约及其附加议定书所赋予保护国的职务的中立国家或其他非冲突一方的国家，其主要职责是维护冲突各方的利益。1977 年《日内瓦公约附加第 1 议定书》第 5 条还明确了保护国的指派程序等问题。但是，从实践来看，即使在国际性武装冲突中，保护国制度发挥的作用并不突出。这首先是因为保护国的指派需要冲突双方同意，因此，其成功实施有赖于冲突各方的善意和自愿。如果冲突各方缺乏这种意愿，很难有保护国的存在。其次，保护国制度对各国主权的限制也是其难以有效实施的重要原因。而且，这一制度原本设计用于典型的、持续数月或者数年的国际性武装冲突，但是现代的武装冲突通常并不是这种形式。

具体到非国际性武装冲突，保护国制度就更难发挥积极作用了，1977 年《日内瓦公约附加第 1 议定书》也没有规定这种制度。如前所述，非国际性武装冲突发生在一国领域之内。对非国际性武装冲突中的政府方而言，其肯定不同意指定保护国来维护冲突双方的利益。因为这种指定可能被认为是对对方法律地位的承认，侵犯了自己的权力。而且实践中发生的非国际性武装冲突形式多样，非常复杂，许多并不典型，也使得这项制度在非国际性武装冲突中不能发挥积极作用。

因此，虽然《1954 年海牙公约》及其《1999 年第 2 议定书》都明确了保护国在文化财产保护方面的作用，但制定这一制度的主要根据是国际性武装冲突。而即使适用于国际性武装冲突时，这一制度也是捉襟见肘，更不用说适用于情况更为复杂，更牵动到各国敏感神经的非国际性武装冲突了。

2. 教科文组织的尴尬地位

《1954 年海牙公约》及其《1999 年第 2 议定书》都规定教科文组织应发挥积极作用保护武装冲突中的文化财产，同时明确教科文组织可以向非国际性武装冲突各方提供服务。实践证明，教科文组织对非国际性武装冲突中的文化财产的保护具有积极意义，特别是以总干事特使的形式。但是，相对于另一个在国际人道法方面发挥积极作用的组织——红十字国际委员会，教科文组织处于比较尴尬的地位。因为红十字国际委员会虽然与所有政府间组织一样，被认为具有“国际法律人格”的地位。它享有与联合国及其机构以及其他政府间组织同等的工作便利（特权和豁免）。但是，它并不是政府间组织，而是一个根据《瑞士民法典》设立的民间组织，其创立本身并不是由政府授权的。它为冲突中的受难者提供保护和援助的职能和活动是国际社会中的各国所赋予的，并以国际法，特别是世界上获得最广泛批准的条约之一——日内瓦公约为基础。因此，红十字国际委员会的非官方性使它在向非国际性武装冲突方提供服务时较少受到抵制。但是教科文组织与其不同，它是联合国的一个专门机构，是一个政府间组织，在行使保护文化财产的职能时，经常受到一些阻力。典型例证是教科文组织发现北塞浦路斯多年以来在文化财产的保护工作上，无法在这一地区发挥积极作用。因为自该地区宣告独立以来，至今为止，只有土耳其承认其独立地位。其统治者多年以来要求对其某种程度的承认，才接受官方组织的视察或协助。而联合国不愿意答应其要求，故而教科文组织的官方身份使其无法发挥作用。①

（二）特别协议在实际中的不可执行

正如1949年日内瓦公约共同第3条和《1954年海牙公约》提出在非国际性武装冲突中保护文化财产时，冲突各方应当缔结特别协议，更好地实施保护文化财产的公约条款。在实践中，一些国际组织也积极鼓励冲突各方签订特别协议，以便更好地实施国际人道法，包括保护文化财产的规定。这是因为，在法律规则没有明确规定的领域，特别协议可以促使双方就这一部分予以明确。即使在国际法律有规定的领域，如《1999年第2议定书》虽然规定所有的条款适用于非国际性武装冲突，特别协议也可以使各方对自己应当履行的义务有一个更明确的认识，何况，签订特别协议的过程也是一个更好地了解所应遵守的国际规则的过程。特别协议虽然有许多的优势，但是，在非国际性武装冲突中，这种形式的协议经常并不容易达成。

① 对于该问题有两种观点：一种认为可以组建类似红十字国际委员会的组织以提供协助；另一种观点认为一国文化财产的破坏使整个人类遭受损失，故教科文组织按其组织法是可以提供协助的。

（三）制裁：如何跨越国内这一部分

《1999年第2议定书》虽然规定非国际性武装冲突中破坏文化财产应当负有刑事责任。但是，这种刑事责任如何跨越国内，值得思考。虽然1998年《国际刑事法院罗马规约》已经生效，国际实践也表明非国际性武装冲突中针对文化财产的行为可能构成战争罪行受到惩罚。但是，《国际刑事法院罗马规约》是一个条约，不能约束非缔约国。因此，如果某国没有加入该规约，对武装冲突中破坏文化财产行为的制裁就很难跨越国内部分。

五、实践中缺乏实施相关国际法的意愿和能力

这可以从两个角度分析。一方面，从非国际性武装冲突中的政府方分析，通常而言，政府不愿意承认其领土之内发生的某种特定的态势属于国际法所确定的非国际性武装冲突，而更愿意称之为紧张局势、内部骚乱等不属于国际法调整的态势。特别是政府面对着意在脱离本国的武装冲突时更是如此，如20世纪70年代发生在尼日利亚的非国际性武装冲突。在前南斯拉夫武装冲突中，也有类似情况。① 另一方面，非政府冲突方有时也不愿意实施相关的国际法，其主要理由是，这些保护非国际性武装冲突中的文化财产的条约是由政府方签订的，遵守这些条约不是自己的义务，特别是当这一政府还是它所反对的政府时更是如此。事实上，这一问题在制定1949年日内瓦公约共同第3条时，也有学者提出。但是，即使从理论上分析，要求非政府武装力量遵守条约义务也有合法根据。因为一旦某个国家成为公约的成员国，意味着该国的所有人受到公约的约束。此外，非国际性武装冲突中非政府方可能缺乏实施相关国际规则的能力也是实践中经常存在的问题。虽然一些国家在一些军事手册中会有保护文化财产的规定，对军队也会进行保护文化财产的宣传和教育，但这针对的主要是正规部队。而非国际性武装冲突一方中的非政府方的军队并

① Patrick J. Boylan, *Review of the Convention for the Protection of Cultural Property in the Event of Armed Conflict*, 1993, A.2 UNESCO Archive.

不是一国的正规部队，甚少或者根本没有进行这种宣传和教育，这就导致这些人对保护文化财产法律的漠视，以致对文化财产的保护不足。①

总之，国际人道法根据武装冲突在性质上是国际的还是国内的适用不同的规则遭到众多的批判。国际社会也试图打破这种区分，如早在 1948 年，红十字国际委员会在斯德哥尔摩大会上就提出了一个报告，建议日内瓦公约将国际人道法全部适用于“所有的武装冲突，无论是否国际性的，特别是国内战争、殖民地冲突、宗教战争，这些可能发生在一个或者多个缔约国境内的冲突”②。1971 年，它向政府间专家会议提交草案，提供了更为深远的主张，建议如果有外国军队参与，国际人道法适用于国内战争。1972 年，更是提出了更为细致的建议。后来，在 1978 年专家会议上，挪威代表建议取消对武装冲突的两种分类，以便支持对所有的武装冲突适用单一的法律，但也未获得成功。多少有些令人惊奇的是，要求统一的国际人道法的呼声自此以后消失了，即使“对国际和国内武装冲突的二分法的不满”继续存在。③

现今的国际人道法，包括武装冲突中的文化财产保护规则还是区分国际性和非国际性武装冲突规定不同的适用规则。可以这样说，只要有主权国家的存在，这一区分必将长期保留。在处理非国际性武装冲突中的文化财产的保护时，一方面必须明确不得以此为借口干涉一国的内政，侵犯一国的主权；另一方面有必要将非国际性武装冲突中的文化财产纳入国际规则予以保护，因为正如同

---

① ICRC, *International Humanitarian Law and the Challenges of Contemporary Armed Conflicts*, 30th International Conference of the Red Cross and Red Crescent Geneva, October 2007, p. 30.

② See Lindsay Moir, *The Historical Development of the Application of Humanitarian Law in Non-International Armed Conflicts to* 1949, The International and Comparative Law Quarterly, Vol. 47, No. 2 (Apr., 1998), p. 355.

③ James G. Stewart, *Towards A Single Definition of Armed Conflict in International Humanitarian Law: A Critique of Internationalized Armed Conflict*, IRRC, June 2003, Vol. 85, No. 850, p. 313.

《1954 年海牙公约》序言所称的：“深信属于任何人民的文化财产如遭受到损失，也就是全人类文化遗产所遭受的损失，因为每国人民对世界文化作出了自己的贡献。”

第四章　被占领土文化财产的保护

自古以来，对被占领土文化财产的破坏和掠夺与武装冲突如影随行，甚至有时发动武装冲突的目的就是掠夺文化财产。这种破坏和掠夺经常由占领者直接主导，这方面的例子不胜枚举，如拿破仑战争时期对欧洲各国文化财产的掠夺，“一战”时期德国对比利时鲁汶大学和兰斯大教堂的破坏①，“二战”时期纳粹集团对欧洲各国、日本对亚洲各国文化财产的破坏和掠夺以及20世纪90年代伊拉克占领科威特期间掠夺科威特的文化财产。另一种对被占领土文化财产的破坏和掠夺与此不同，不由占领者主导，而是因为在占领状态下，被占领土秩序的混乱导致其他人（包括一般平民）对文化财产的破坏与掠夺，这方面的典型例子是2003年美英入侵伊拉克期间，伊拉克国家博物馆被抢事件。

根据1949年日内瓦四公约共同第2条以及1977年《日内瓦公约附加第1议定书》的规定，占领状态属于国际性武装冲突的一种。因此，国际性武装冲突中保护文化财产的各种规定同样适用于被占领土的文化财产。《1954年海牙公约》也借鉴了共同第2条的规定，第18（2）条规定：“公约亦适用于对缔约一方领土的一部或全部占领，即使对于上述占领不发生武装抵抗。”但因为占领状态比较特殊，是由冲突走向和平的一种中间状态②，又有一些国际

---

① James A. R. Nafziger, *Art Loss in Iraq*, Iraq Double Issue, Vol. 6, Nos. 1&2.

② Danio Campanelli, *The Law of Military Occupation Put to the Test of Human Rights Law*, International Review of the Red Cross, No. 871, 2008, p. 659.

法律和国际习惯专门针对被占领土的文化财产。

第一节 占领的界定

虽然《1954 年海牙公约》及其两个议定书都明确其适用于占领状态，并为被占领土文化财产的保护规定了特别规则。但是，这些文件并没有明确什么是占领。因此，对占领的界定依赖于其他的国际规则。

对占领的界定，一般会追溯至 1907 年海牙第四公约所附规章（以下简称《海牙规章》）第 42 条①，该条将占领界定为：领土如实际上被置于敌军当局的权力之下，即被视为被占领的领土。占领只适用于该当局建立并行使其权力的区域。这一规定说明是否处于占领状态是一个事实问题②，不需要任何人包括占领者作出已经占领的声明，但该条也提出构成占领必须满足“占领者事实上行使控制权”这一要求。该界定在后来的实践中得到进一步发展。第二次世界大战结束之后，美国军事法庭在纽伦堡 Hostages 案件③中阐明“占领者事实上行使控制权”，这一要求不能被解读得过于严格，当占领军“能够在他们想要的任何时间对该国的任何领土进行控制”就足够了。④ 在该法庭审理的针对希腊和南斯拉夫的案件中，这些领土上有一些游击队行为，以及游击队能够在不同的

① See Yoram Dinstein, *The International Law of Belligerent Occupation*, Cambridge University Press, 2009, pp. 4-10.

② See Marten Zwanenburg, *Existentialism in Iraq: Security Council Resolution* 1483 *and the Law of Occupation*, IRRC, December 2004, Vol. 86, No. 856, p. 748.

③ 或者称之为 United States of America vs. Wilhelm List, et al，这是“二战”后在德国的美国军事政府建立的军事法庭审理的案件，主要以战争罪行审判德国对希腊、南斯拉夫、阿尔巴尼亚的屠杀和掠夺财产、轰炸的行为。

④ United States Military Tribunal, Nuremberg, VIII Law Reports of Trials of War Criminals 55 (1949).

时间控制该国的部分领土被认为对“占领”状态的存在没有影响。①

1949年日内瓦公约共同第2条对“占领”规定为：公约适用于部分或者全部占领，即使这种占领没有遇到军事抵抗。根据红十字国际委员会对日内瓦第四公约的评论，1949年日内瓦公约规定的“占领”的外延宽于《海牙规章》第42条，就平民的保护而言，日内瓦第四公约的适用不依赖于《海牙规章》第42条所称的占领状态的存在。② 这一观点也被前南斯拉夫国际刑事法庭所采纳。在检察官诉 Naletilic 和 Martinovic 案件中，法庭认为“占领”有两重定义：《海牙规章》第42条的含义以及日内瓦公约共同第2条的含义。根据前者，占领的规则适用于占领方已经实际控制被占领土，而是否构成实际控制属于个案分析的问题。而根据后者，一旦平民落入占领方的手中，相关规制占领的法律就应当被适用，而不管占领方是否实际控制被占领土。③

因此，法庭认为《海牙规章》和日内瓦公约共同第2条对占领的界定不同。前者要求对领土的“实际控制”，针对财产破坏等事项；后者不要求“实际控制”，只要求平民落入“敌手”，针对的是平民。④ 因而，对是否存在“占领状态”有两种不同的解释：一种是广义上的，针对的是人；另一种则是狭义上的，针对的是物。就文化财产的保护而言，本书认为应当从狭义的角度来理解，即一旦占领者实际控制领土，就应当履行国际法所规定的作为占领

① See Gerard Von Glahn, *The Occupation of Enemy Territory: A Commentary on the Law and Practice of Belligerent Occupation*, University of Minnesota Press, Minneapolis, 1957, p. 28.

② See Marten Zwanenburg, *Existentialism in Iraq: Security Council Resolution* 1483 *and the Law of Occupation*, IRRC, December 2004, Vol. 86, No. 856, p. 749.

③ Prosecutor v. Mladen Naletilic and Vinko Martinovic, Case No. IT-98-34-T, Tr. Ch. 1, 31 March 2003, para. 218-223.

④ Prosecutor v. Mladen Naletilic and Vinko Martinovic, Case No. IT-98-34-T, Tr. Ch. 1, 31 March 2003, para. 218-223.

者应尽的保护文化财产的义务。

第二节　被占领土文化财产保护规则的发展

如前所述，人类社会的早期，武装冲突伴随着掠夺。而且掠夺经常是武装冲突的唯一目的，武装冲突与掠夺的关系如此紧密以至于产生了一句名言："历史经常被战利品写就，而非书籍，国家的起源依然可以追溯至战时掠夺的遗迹。"① 虽然很久以前，掠夺就引起了反对，而且最早的反对可以追溯至圣经和其他古代学者的表述。② 但是，人类社会的早期，这种掠夺是完全合法的，所有哲学家以及学者们的反对从来没有变成现实。根据罗马法，从战争宣告之时起，敌人的财产就变为无主财产。一旦敌人的财产被征服者拥有，征服者就成为了财产的新主人。这些规则在中世纪并没有实质的改变，最多被认为应当在所谓正义战争框架下进行。从那时起，无限制的掠夺权被授予给"有正当战争理由"的冲突方。随着时代的发展，正义和非正义战争的区分渐渐让位于对掠夺自身的区分。掠夺本身分为合法和非法的，其区分的基础主要是掠夺财产的种类以及所掠夺财产的所有者不同。这一时期，一般认为对教堂的掠夺是非法的。

在文艺复兴时期，人们开始正视艺术品的自身价值。不仅从宗教角度，而且从艺术品自身价值反对掠夺艺术品等具有文化价值的物品。根据这一理念，Jakub Przyluski 首次提出，不仅宗教性质的物品，而且重要的文学和艺术品应当排除在战利品之外。③ 同时，国际法之父格老秀斯也提出，那些性质上对发动或

---

① D. Rigby, *Cultural Reparations and A New Western Tradition*, the American Scholar, 1944, Vol. 13, 1944, p. 274.

② W. W. Kowalski, *Restitution of Works of Art Pursuant to Private and Public International Law*, Recueil des Cours, 2001, Vol. 288, pp. 54-55.

③ Wojciech Kowalski, *Introduction to the International Law on the Restitution of Works of Art Looted During Armed Conflicts (Part I)*, available at http://spoils.libfl.ru/spoils/eng/spoil2_3.html#1, accessed on Oct. 6, 2008.

进行战争无效果的物品，应被排除在战争之外才合理。但这些反对主要是道德层面的，而非法律意义上的。但从此以后，国际返还被掠文化财产的实例不断增加，虽然这些实例主要发生在欧洲。典型例证是1812年美英战争期间，英国海军俘获了一艘船，上面装了一些属于费城美术馆的艺术品。随后，根据英国法律，当事人在加拿大提起诉讼。该案件的判决认为，船上具有艺术价值的物品应当返还给原主，因为艺术是人类的共同遗产，在战争中应当免予掠夺。①

一、1814—1815年维也纳会议与被占领土文化财产掠夺的禁止与返还

维也纳会议是从1814年9月18日到1815年6月9日在奥地利维也纳召开的一次欧洲列强的外交会议，其主要目的在于重划拿破仑战败后的欧洲政治地图，即恢复拿破仑战争时期被推翻的各国旧王朝以及欧洲封建秩序，防止法国东山再起。战胜国重新分割欧洲的领土和领地。在这次会议上，战胜国对拿破仑在被占领土上掠夺的文化财产提出返还要求，并成功付诸实践。这些返还通常伴随着各国支持全面返还的外交或者政治声明。英国更是强调了返还的必要性："一个又一个的国家已经被前法国革命政府有组织地掠夺，与正义和现代习惯战争法相违背。"② 因此，虽然1814年和1815年的巴黎和平条约以及1815年维也纳最后条款中，没有正式规定艺术品的返还义务。③ 但是，拿破仑从欧洲各国被掠文化财产的返还实践，以及各国在该事件上作出的认同声明表明禁止掠夺被占领土文化财产和返还文化财产成为广为接

---

① Kevin Chamberlain, *War and Cultural Property*, the Institute of Art and Law, 2004, p. 8.

② W. W. Kowalski, *Restitution of Works of Art Pursuant to Private and Public International Law*, Recueil des Cours, 2001, Vol. 288, p. 60.

③ K. Siehr, *International Art Trade and the Law*, Recueil des Cours, 1993, Vol. 243, p. 115.

受的国际习惯。①

随后，这种国际习惯在一个个成文规则中得以体现。《利伯法典》中就特别规定了被占区文化财产的问题："如果这些艺术品、图书馆、收藏品、文件属于敌对国家或者政府，可以免受损害。征服政府或者国家的统治者必须命令为了上述国家的利益查封或者转移。最终的权利归属应通过后来的和平条约解决。如果被美国军队所获得，绝不能被卖掉或者成为礼物，也不能被私人所占有、或者任意损坏和破坏。"1874 年《布鲁塞尔宣言》以及 1880 年的《牛津守则》中有同样表述，这些也被 1899 年和 1907 年两次海牙和平会议的文件所吸收，特别体现于 1899 年和 1907 年陆战法律和习惯规约所附规章第 56 条。②

不仅如此，《海牙规章》第 43 条对占领者的义务作了一般规定："合法政府的权力实际上既已落入占领者手中，占领者应尽力采取一切措施，尽可能恢复和确保公共秩序和安全。并除非万不得已，应尊重当地有效的法律。"这一条要求占领者采取积极措施维护被占领土的安全和秩序，就文化财产而言，就暗含着占领者应当采取积极措施保护被占领土的文化财产，这对占领者提出了更高要求。

二、《1954 年海牙公约》和《1954 年第 1 议定书》对被占领土文化财产的特别规定

"二战"之后，1949 年日内瓦公约对占领状态下，占领者的

① K. Siehr, *International Art Trade and the Law*, Recueil des Cours, 1993, Vol. 243, p. 61. See also O'Connell, Mary Ellen, *Occupation Failures and the Legality of Armed Conflict: The Case of Iraqi Cultural Property*, Art, Antiquity and Law, Vol. 9, December 2004, p. 8, available at SSRN: http://ssrn.com/abstract=583122, accessed on Jan. 12, 2009.

② 第 56 条规定："市政当局的财产，包括宗教、慈善、教育、艺术和科学机构的财产，即使是国家所有，也应作为私有财产对待。对这些机构、历史性建筑物、艺术和科学作品的任何没收、毁灭和故意的损害均应予以禁止并受法律追究。"

权利义务作了明确规制。其中第四公约第53条规定："占领国对个别或集体属于私人，或国家，或其他公共机关，或社会或合作组织所有之动产或不动产之任何破坏均被禁止，但为军事行动所绝对必要者则为例外。"这一条并未特别提及文化财产，但从文化财产属于一般财产的视角，这一条同样适用于前者。在此基础上，《1954年海牙公约》明确了对被占领土文化财产的保护。

（一）《1954年海牙公约》对被占领土文化财产的特别规定

如同1949年日内瓦公约共同第2条，《1954年海牙公约》第18（2）条规定其适用于"对缔约一方领土的全部或部分占领，即使此项占领未遇武装抵抗"。因此，《1954年海牙公约》中的各项规定同样适用于占领状态。不仅如此，第5条对"占领"状态下文化财产的保护还作了专门规定。这一条分为3段，第1段规定："缔约任何一方占领缔约另一方领土的全部或一部时，应尽可能支持被占领国国家主管当局保障并保全其文化财产。"第2段规定："如有必要采取措施以便保全在被占领领土内由于军事行动遭受损失的文化财产而该国主管当局不能采取此项措施时，占领国应尽量同上述当局紧密合作，采取为保全所最需要的措施。"第3段规定："被抵抗运动成员所认为合法政府的缔约任何一方政府应在尽可能范围内促使此项成员注意遵守本公约关于尊重文化财产各项规定的义务。"第1段内容表明占领状态下，文化财产的主要保护职责由被占国家主管当局履行。同时考虑到被占状态的特殊性，占领方应对主管当局的行为提供支持。这一规定可能是借鉴"二战"后德国的美占区的经验。①美占区军政府规章第18条"纪念物、艺术品和档案"中要求美占区的军政府在德国主管当局的要求下，提供"保护文化财产的适当的协助"。第2段则要求占领方提供主动的措施，如果被占领土主管当局不能采取必要措施保全由于军事行动遭受损失的文化财产。第3段则是在公约制定的后期才加入的。这一规定要求被占领土的合法政府尽量促使抵抗运

① Roger O'Keefe, *the Protection of Cultural Property in Armed Conflict*, Cambridge University Press, 2006, p. 135.

动成员尊重文化财产。这条的出台可能是基于这样一个事实，即“二战”中，抵抗运动组织与占领者之间的战斗导致了许多文化财产的破坏。

（二）《1954 年第 1 议定书》的对被占领土文化财产的规定

《1954 年海牙公约》第 5 条的规定主要涉及占领状态下文化财产的保障和保全，而对于占领状态下文化财产的掠夺与返还，则没有涉及。没有将如此重要的问题囊括其中，主要是一些国家认为文化财产的返还可能影响私人所有权，而干涉私人所有权可能与本国宪法相违背。在此背景下，《1954 年第 1 议定书》作为一个单独的文件，专门针对这一问题而制定。如前所述，《1954 年海牙公约》的成员可以选择是否成为《1954 年第 1 议定书》的成员。

《1954 年第 1 议定书》主要规定被占领土文化财产出口的禁止以及返还问题，实质内容有 5 段。第 1 段规定缔约方应防止在武装冲突期间文化财产从缔约该方所占领土内输出。这里所称的缔约方应当是武装冲突中的占领方。占领方的这一义务应当从两个方面来理解：其一，占领方的这一义务不仅及于自己，还及于其他人，也即不仅要防止自己输出文化财产，还要防止其他人输出；其二，这种防止是绝对的，而不管是否违背了当地的法律。第 2 段要求缔约各方承允对于直接或间接从任何被占领土输入其自己领土内的文化财产，予以接管。接管应于财产输入时自动实行，或者在未自动实行的情况下，根据上述被占领土主管当局的请求而实行。这一段要求缔约国对从被占领土输入其境内的文化财产进行保管，与上一段不同，保管义务人不仅包括占领国，也包括其他缔约国。第 3 段要求缔约各方承允在敌对行为终止时，将在其领土内的文化财产返还给以前被占领土的主管当局，但以此项财产的输出是违反《1954 年第 1 议定书》所规定的原则者为限。此项财产无论如何不得作为战事赔偿而予以保留。第 3 段规定非法输出文化财产的返还义务，且强调文化财产不得作为战事赔偿而予以保留。后一规定与前苏联在“二战”后期从德国转移文化财产，并以战事赔偿的理由不予归还有关。① 第 4 段规定有义务防止文化财产从其占领领土输出的缔约各方对于应予返还的文化财产，应向此项财产的善意持有人给付赔偿金。这一规定涉及返还非法转移被占领土文化财产时，对善意第三人的补偿问题。这一问题非常复杂，特别是当文化财产经几次转手时更是如此。在此情况下，是否将文化财产返还给原所有人，以及如何保护善意第三人等问题引发了广泛争论，各国对此规定不一。② 第 4 段表明非法转移的文化财产应当返还，善意第三人应当得到补偿，这一补偿义务由“有义务防止文化财产从其占领领土输出的缔约方”履行，也就是由占领方履行。第 5 段规定来自缔约一方领土并由该方为保护文化财产使免受武装冲突危害而交存于缔约另一方领土内的文化财产，应于敌对行为终止时由后者返还给此项财产来源地的主管当局。这一规定与“二战”前夕，波兰将文化财产转移至加拿大以及以后的返还事件相关。

综上所述，《1954 年第 1 议定书》对被占领土文化财产的出口和返还作了明确规定。不仅规定了占领方的义务，占领方应防止文化财产从其所占领土输出；而且规定了所有缔约国的义务，所有缔约国包括占领方应当接管从被占领土输出的文化财产，并在敌对行为终止时，将文化财产返还给被占领土；还禁止各国将文化财产作为战事赔偿予以保留；最后还规定了善意持有人的赔偿问题。但其规定较为笼统，并未明确返还、接管、补偿的程序事项，在实践中并未发挥积极作用，从目前来看，该议定书的成员国少于《1954 年海牙公约》的。

三、《教科文组织 1970 年公约》以及《1995 年 UNIDROIT 公约》的规定

这两个公约是有关防止和禁止非法出口、非法转让文化财产的

① See Victoria A. Birov, *Prize or Plunder? The Pillage of Works of Art and the International Law of War*, 30 N. Y. U. J. INT'L L. &Pol. 201, 1997—1998.

② 参见高升：《文化财产返还国际争议的解决》，武汉大学 2006 年博士论文，第 27 ~ 31 页。

重要公约，对被占领土文化财产非法出口的禁止与返还具有重要意义。

按照《教科文组织1970年公约》第11条的规定，一个国家直接或间接地由于被他国占领而被迫出口文化财产或转让其所有权应被视为非法。公约并没有对“被迫”二字作出解释。有学者认为“被迫”是指违背原主人的真实意思而转让。① 而针对德国在“二战”之中的掠夺行为，同盟国的解释是因武力或者欺诈而获得就可以称之为被迫。② 这就意味着占领国利用其权力而强制出口财产或者强制原主人转让财产就可以受到第11条的规制。因此，从被占领土被迫出口的文化财产也属于该公约的调整范围。《教科文组织1970年公约》除前言外，共有26条。公约首先将文化财产界定为：每个国家，根据宗教的或世俗的理由，明确指定为具有重要考古、史前史、历史、文学、艺术或科学价值的财产并属于公约所规定的类别者。③ 公约的实质内容包括两种条款：一种是有关缔约国必须采取的措施；另一种是有关国际合作的条款。④ 公约第5条规定缔约国有建立文化财产国家机构的义务。这一机构的建立是为了履行相关职责，包括制定保护文化财产特别是防止重要文化财产非法进出口和非法转让的法律和规章草案，制定并不断更新一份其出口将造成文化遗产严重枯竭的清单等。第6条所规定的义务更为具体，要求缔约国发放允许文化财产出口的证件，并禁止出口无此种证件的文化财产。除此之外，缔约国还有义务防止本国领土内博物馆等类似机构获取非法出口文化财产，禁止进口非法出口文化财产并将该文化财产予以返还。公约也提及善意第三人的补偿问题，

---

① See O'Keefe, *Commentary on the UNESCO 1970 Convention*, Institute of Art and Law (2nd), 2007, pp. 80-81.

② See Wojciech A. Kowalski, *Art Treasures & War*, Institute of Art and Law, 1998, pp. 45-47.

③ 参见《教科文组织1970年公约》第1条。

④ 参见高升：《文化财产返还国际争议的解决》，武汉大学2006年博士论文，第67页。

并就考古或人种学材料作出了特殊规定。① 公约第 13 条要求缔约国采取措施禁止和防止文化财产非法转让行为。

《教科文组织 1970 年公约》为预防和遏制文化财产的非法进出口以及非法转让提供了有力的国际法依据。但该公约规定较为笼统，而且第 7 条明确文化财产的收回和归还必须通过外交部门进行。这就使得个人提出的返还请求不能得到公约的救济。② 在这种背景下，《1995 年 UNIDROIT 公约》出台了。

《1995 年 UNIDROIT 公约》是教科文组织请求国际统一私法协会制定的针对《教科文组织 1970 年公约》的补充性公约，其全称为《关于被盗或者非法出口文物的公约》。该公约发展和补充了《教科文组织 1970 年公约》的一些规定，内容相对较少，只有四章 10 条。第一章包括两条，明确其适用于返还被盗文物和非法出口文物的国际性请求，并且对文物作了界定。这一界定类似于《教科文组织 1970 年公约》的界定，但有一定的区别，后者要求受保护物品必须由缔约国明确指定，而前者只要求符合公约附件的规定。第二章和第三章分别规定被盗文物和非法出口文物的返还。最后一章规定一般事项。

相对而言，《1995 年 UNIDROIT 公约》用语较为明确，确立了文化财产返还方面非常重要的一些制度，如善意取得人的补偿、时效、法律适用等。特别是其允许私人诉讼③，并且将非法发掘或者合法发掘但非法持有的文物视为被盗窃物，补充了《教科文组织 1970 年公约》的部分不足。

到目前为止，《教科文组织 1970 年公约》的参加国较多，有

---

① 参见《教科文组织 1970 年公约》第 7 条和第 9 条。

② Scc Adrian Parkhouse, *The Illict Trade in Cultural Objects: Recent Development in the United Kingdom*, in: *Art and Cultural Heritage*, ed. by BarbaraT. Hoffman, Cambridge University Press, 2006, pp. 179-180; See also Joshua M. Zelig, *Recovering Iraq's Cultural Property: What can Be Done to Prevent Illicit Trafficking*, Brook. J. INT'L L., Vol. 31: 1, 2005, pp. 305-306.

③ Joshua M. Zelig, *Recovering Iraq's Cultural Property: What can Be Done to Prevent Illicit Trafficking*, Brook. J. INT'L L., Vol. 31: 1, 2005, p. 305.

120多个。① 而《1995年UNIDROIT公约》的参加国很少，只有35个。②

四、《1999年第2议定书》对《1954年海牙公约》的补充与发展

与《1954年海牙公约》一致，《1999年第2议定书》的各项规定也适用于占领状态。同时，鉴于《1954年海牙公约》没有规定被占领土文化财产的非法出口和转让，而《1954年第1议定书》的参加国不够多，适用不够广泛。而且自《1954年海牙公约》和《1954年第1议定书》制定以来，发生了许多掠夺被占领土文化财产以及对其非法交易行为。如越南占领柬埔寨时期，对吴哥的掠夺；20世纪90年代伊拉克对科威特文化财产的掠夺；土耳其占领的北塞浦路斯文化财产的非法贸易。这些实例表明现今被占领土文化财产的破坏主要表现为对其掠夺以及非法交易行为。

自20世纪60年代开始，以色列对被占领土文化财产的考古引起了广泛的声讨，而《1954年海牙公约》和《1954年第1议定书》没有针对此种行为进行规制。因此，《1999年第2议定书》补充和发展了《1954年海牙公约》对占领的特别规定。

（一）主要内容

如同《1954年海牙公约》，《1999年第2议定书》在规定文化财产的一般保护时，第9条特别提及“保护被占领土上的文化财产”，规定部分或全部占领了另一缔约国领土的任何缔约国应在该被占领土上禁止和阻止以下行为：一切文化财产的非法出口、移动或转让；任何考古挖掘，除非它对文化财产的保护、登记或保存是绝对必要的；目的在于隐匿或毁坏文化财产所具有的文化、历史或

---

① 截至2014年3月22日，详见网站http：//portal.unesco.org/la/convention.asp？KO = 13039&language = E&order = alpha，accessed on Mar.22，2014。

② 截至2014年3月22日，详见网站http：//www.unidroit.org/english/conventions/1995culturalproperty/main.htm，accessed on Mar.22，2014。

科学见证作用的改造或改变文化财产用途的行为。同时强调，对被占领土上的文化财产进行考古挖掘、改造或改变其用途，只要条件允许，都必须与该被占领土的国家当局进行密切的合作。不仅如此，《1999 年第 2 议定书》第 1 条还专门解释“非法”的含义：在违背被占领土国内立法或国际法适用法规的情况下，以强迫手段或其他手段从事的非法行为。具体而言，这些国际法适用法规应当包括前面所述的适用于占领状态下对民用财产保护的一般规定和对文化财产保护的特殊规定。

（二）主要发展及其原因

从这些规定可以看出，《1999 年第 2 议定书》对《1954 年海牙公约》的发展主要体现为强化了占领国的义务：要求占领国禁止和阻止位于被占领土的文化财产的非法出口、移动或转让；要求占领国禁止和阻止任何考古挖掘以及目的在于隐匿或毁坏文化财产所具有的文化、历史或科学见证作用的改造或改变文化财产用途的行为。前一义务主要是重述《1954 年第 1 议定书》以及《教科文组织 1970 年公约》的相关内容，且强调非法性是根据被占领土国内立法或所适用的国际法规来判断；后两种义务主要针对考古以及对文化财产用途的改造和变造行为，这一规定与以色列对被占领土文化财产的行为有关。

早在 1954 年海牙外交大会上，希腊代表就提出应当规制被占领土文化财产的考古行为，还提交了一个条款：“除非被占领土有权机构的同意和参与，禁止占领国对该地区未知文化财产的考古挖掘和其他行为。”但这一提议以微弱多数被驳回。① 其原因可能在于希腊的提议太晚了。为此，教科文组织在 1956 年第 9 次大会上，提出了《关于国际考古发掘原则的建议书》，其第 32

① Jiri Toman, *The Protection of Cultural Property in the Event of Armed Conflict*, *Commentary on the Convention for the Protection of Cultural Property in the Event of Armed Conflict and its Protocol*, Signed on 14 May 1954 in The Hague, and on Other Instruments of International Law Concerning such Protection, Dartmouth Publishing Company, 1996, p. 87.

条规定：在武装冲突情况下，占领另一国领土的任何成员国不应在被占领土上进行考古发掘。遇有偶然发现，特别是军事工程中的偶然发现，占领国应采取一切可能措施保护这些发现物。这些发现物应于敌对行动结束时，连同与此有关的一切文献一并移交给此前所占领土的主管当局。此后，人们希望以此为契机，根据1956年建议书对《1954年海牙公约》的相关规定进行修改，使上述第32条具有法律约束力。但是这一想法并没有成为现实，因此，对被占领土文化财产的考古挖掘行为缺乏有效法律进行规制。这一问题随着以色列在被占领土的考古挖掘行为而更引人关注。自1967年以色列占领西岸地区，特别是耶路撒冷老城以来，对该地区进行了考古挖掘行为，并对一些文化财产改变了其用途。以色列的这些行为引起了国际社会的广泛关注。1967年之后，教科文组织还就此召开了几次会议。① 最终，《1999年第2议定书》专门规定占领者有义务禁止和防止在被占领土上考古以及对文化财产用途的改造和变造行为。与1954年海牙外交大会上希腊的提议以及1956年建议书相比，《1999年第2议定书》的规定更进一步，不仅禁止占领者自己的考古挖掘和改变文化财产用途的行为，而且当这些行为的实施者是第三者时，占领者也有阻止义务。

综上所述，被占领土文化财产的保护主要涉及两个问题：文化财产破坏的禁止以及文化财产掠夺的禁止与被掠文化财产的返还。对于前一问题，《1954年海牙公约》以及《1999年第2议定书》都有涉及。对于后一问题，则主要由《1954年第1议定书》、《教科文组织1970年公约》以及《1995年UNIDROIT公约》来规制。从这些规定来看，国际规则中最大的改变针对的应当是占领者。人类社会早期，占领者依据战争法律中的“战利品占有权”，合法地掠夺他们所占领土的文化财产。这一做法在文艺复兴时期开始遭到唾弃。而拿破仑战争之后，在1814年和

① See Roger O'Keefe, *The Protection of Cultural Property in Armed Conflict*, Cambridge University Press, 2006, p. 261.

1815年维也纳会议上，战胜国要求战败国法国返还拿破仑战争期间从被占领土掠夺的文化财产，并成功付诸实践，就使得要求返还武装冲突中被掠夺文化财产成为一项国际习惯。1899年和1907年两次海牙和平会议则以国际条约的形式禁止占领者对被占领土文化财产的掠夺。《1954年海牙公约》更是在其基础上有了新发展，不仅禁止占领者掠夺被占领土文化财产，而且规定占领者要履行积极保护被占领土文化财产的义务。《1999年第2议定书》更是对占领者的义务予以了强化。《教科文组织1970年公约》及《1995年UNIDROIT公约》则为被掠文化财产的返还提供了一定的国际法律依据。

第三节　2003年伊拉克国家博物馆被抢事件评析

2003年美英军队入侵伊拉克，引起了国际社会的广泛关注。许多讨论针对其入侵的合法性。而这一事件中文化财产的灾难也检验了相关文化财产国际保护规则的适用。因此，这一节将在前面所述国际规则的基础上，对此事件进行评析。

一、事件回放：多灾多难的伊拉克文化财产

2003年4月中旬，也即美英联军（当然也包括部分波兰和澳大利亚的军队，但因这场战争以美英为主导，所以后面的讨论也以美英为主）进入伊拉克国境后不久①，国际社会各大媒体爆出了头版头条新闻：位于巴格达的伊拉克国家博物馆被掠夺。这一消息震惊了全世界，所有人都认为这是文化财产的一场灾难，因为伊拉克是世界文明的摇篮，而伊拉克国家博物馆更是储藏了价值难以估量的文化财产。

伊拉克国家博物馆坐落在巴格达，被联合国教科文组织列为世界十一大博物馆之一，被认为可与开罗古埃及博物馆、巴黎卢浮宫和纽约大都会艺术博物馆相媲美。博物馆收藏了1950年以

① 2003年3月20日，联军开始从科威特进入伊拉克。

来幼发拉底河与底格里斯河（简称“两河流域”）流域出土的大量文物，包括远古时期曾在两河流域生息过的各民族、各个时代，诸如苏美尔、阿卡德、巴比伦、亚述等直到近代阿拉伯各个时期的珍贵文物。如从尼姆鲁德发现的亚述时代的妇女雕像精美绝伦，有“尼姆鲁德的蒙娜丽莎”之称。博物馆内的图书馆有近6000 种手稿和约 7 万册各种文字的书籍，是研究两河流域文明不可缺少的文化宝藏。众所周知，两河流域是人类古代文明的摇篮之一。据报道，人类早在 10 万年前就开始在这一地区活动。但有关两河流域文明的历史，至今仍有许多未解之谜。譬如，用楔形文字记载的人类最早的文学作品、诗歌和其他历史文献，就完全依赖于收藏在博物馆里的古碑文才能解读。然而，伊拉克国家博物馆命运坎坷。1990 年海湾危机期间，伊政府为保护馆内文物，曾转移了一些最精美的珍宝、雕像、陶器等宝贵工艺品，并将博物馆一直关闭至 1998 年。自此之后，由于联合国对伊拉克长期制裁，伊拉克经济长期处于停滞状态，致使博物馆不仅疏于管理，而且一些不法分子为牟取暴利，偷盗和走私活动嚣张，致使博物馆文物遭到严重破坏，大量珍贵文物流失国外。据报道，该博物馆及其他伊拉克考古场所曾丧失 2264 件文物和考古发现品，以及 2 万份珍贵手稿，其中包括公元前 2000 年亚述时代的雪花石雕塑像。①

据最初的报道，在 2003 年的这一事件中，伊拉克国家博物馆内超过 17 万件文化财产被掠夺。② 但是，Bogdanos 的调查表明这一数字显然被夸大，认为仅有超过 13000 件文化财产被掠。而且截

① 伊拉克国家博物馆的相关资料参见新华网：http：//news. xinhuanet. com/world/2003-04/ 16/content _ 835830. htm，accessed on Jan 10，2009。

② See Matthew D. Thurlow, *Protecting Cultural Property in Iraq: How American Military Policy Comports with International Law*, Yale Human Rights and Development L. J., Vol. 8, 2005, p. 153.

至2003年9月，3000多件已经返还。① 而这一掠夺行为主要发生在2003年4月8日到4月12日。4月8日，当时的安全保卫人员离开博物馆，一些人，主要是巴格达的平民开始洗劫博物馆，掠走各种各样的其认为可以换钱的物品。接着，更多的平民加入了这一队伍。而到了4月12日，一些博物馆安保人员又设法回到了这里。到4月16日，美国在强大的国际舆论之下，调去了一个坦克排镇守博物馆，阻止了进一步的劫掠行为。②

伊拉克国家博物馆被掠事件激起了国际社会的强烈愤慨，美国政府和军方饱受指责。许多国家的政府、学者谴责美国没有保护好人类的文化瑰宝，强调这一事件原本可以避免。因为各种情况表明，这场掠夺事前是有预期的。在美国发动这场战争之前，基于第一次海湾战争中对文化财产的掠夺行为，许多文化专家，包括美国总统文化财产顾问委员会成员都发出了警告。③ 而且，在掠夺发生之前刊发的美国军队的新闻也表明，美国军队完全知晓伊拉克国家博物馆将是主要的掠夺目标。④

---

① Matthew Bogdanos, *Iraq Museum Investigation*: 22 *April*-8, available at http://www.defenselink.mil/news/Sep 2003/d20030922fr.pdf. accessed on Mar. 3, 2008. 这份调查报告是美国派出的代表团作出的，报告中包含文化财产被掠的调查结论，指出当时美国采取了四项措施：第一，调查被掠夺的文化财产；第二，发布照片和相关的记录；第三，敦促返还的“零问题”政策；第四，扣押和没收。经过调查，代表团发现有超过13000件文物被掠夺，返还了3000多件，还有10000多件没有被返还。调查中发现有一般的掠夺者，还有专业的盗贼。调查中还发现有伊拉克军队的制服和一些武器。

② See Janet Rausa Fuller, *Theft of Iraq's Art Treasures Continuing*, CHI. SUN-TIMES, Sep. 30, 2003, at 22; See also Adam Goodheart, *Missing*: *A Vase*, *A Book*, *A Bird and* 10000 *Years of History*, N. Y. TIMES, Apr. 20, 2003, at 4-10.

③ See Cathering Phuong, *The Protection of Iraq Cultural Property*, ICLQ, Vol. 53, October 2004, p. 985; See also John Noble Wilford, *War in Iraq Would Halt All Digs in Region*, N. Y. Times, Feb. 25, 2003, at E1.

④ See Cathering Phuong, *The Protection of Iraq Cultural Property*, ICLQ, Vol. 53, October 2004, p. 986.

二、美国的反应

美国社会对这一事件的反应如同国外，非常激烈。时事评论员、考古学家明确表达了对博物馆文化财产受损和被掠的愤慨，以及对美国政府、军方的谴责。但同时，美国政府、军方也提出一些理由为自己辩护。理由之一是美国当时正忙于巴格达的战争，而战争应当优先于对博物馆的保护。这一观点被当时的国防部长拉姆斯费尔德以及军方所极力鼓吹。而在伊拉克的美国指战员也指出当时他们无暇保护博物馆，因为他们必须和萨达姆的部队进行战斗。理由之二是美国军方事前没有被警告需要对伊拉克丰富的文化财产进行保护。① 例如，在2003年4月15日的新闻发布会上，拉姆斯费尔德就否认事前得到任何警告。理由之三是伊拉克国家博物馆在当时被用于军事目的。萨达姆的特别卫队以该博物馆为掩护，对美军进行攻击。② 对这些理由，国际社会以及美国国内进行了反驳。因为就当时的情况而言，美国军方声称自己没有足够的时间和兵力保护博物馆，但同时，伊拉克石油大楼受到了保护，这表明美国军方并非没有时间和兵力，而是对博物馆的文化财产缺乏足够的重视。而军方所声称的未受到事先警告，则是被大量事实证明完全没有根据。

在国际社会以及美国国内强烈的舆论压力之下，美国也迅速行动起来。当时的美国国务卿鲍威尔对博物馆事件发表了如下声明：美国人民重视可以证明一万年前文明发展的伊拉克考古和文化遗产。近些天以来巴格达和摩苏尔的国家博物馆以及其他文化机构和考古遗址被掠夺。这一掠夺导致在理解历史、理解伊拉克人民的成

---

① Wayne Sandiholz, *Prohibiting Plunder: How Norms Change*, Oxford University Press, 2007, p. 248.

② 根据Bogdanos的报告，博物馆内有萨达姆总统卫队的制服和一些武器。但也有观点认为这不是卫队的制服，而是博物馆安保人员的服装。See Donny George Youkhanna and Mcguire Gibson, *Preparations at the Iraq Museum in the Lead-up to War*, in: *Antiquities under Siege—Cultural Heritage Protection after the Iraq War*, ed. by Lawrence Rothfield, Altamira Press, 2008, p. 30.

就以及我们人类的历史中具有不可复原的损失。根据伊拉克的法律和国际法，从博物馆和其他场所拿走的物品和文件属于伊拉克。因此，在伊拉克或者其他国家发现的这些物品属于被盗物品。任何人故意拥有和交易这些物品属于犯罪……①美国国防部也迅速组织了调查。被掠事件后不久，由 Bogdanos 为首的 13 人调查团到达巴格达，从 2003 年 4 月 22 日起，开始调查这一事件。调查团的主要目的是确认哪些物品被掠夺，以及如何采取有效的措施使这些文物返还。2003 年 9 月，Bogdanos 提交了最终的调查报告。最终报告显示，伊拉克国家博物馆里超过 13000 件文化财产被掠。后来由于采取了"零问题"政策②，以及国际社会的努力，至 2003 年 9 月有 3000 多件文化财产被追回。

至今为止，国际社会还在为追回伊拉克国家博物馆以及其他地方博物馆中被掠的文化财产而努力。对美国发动这场战争的合法性也有诸多质疑。而美国未能阻止伊拉克国家博物馆的掠夺，是否违反了国际人道法，也引起广泛的讨论。

三、伊拉克国家博物馆被掠：美国是否违反国际人道法

首先应当明确，并没有证据证明美国和英国参与了这场对伊拉克国家博物馆的掠夺行为，人们谴责美国也不是因其有掠夺行为，而是认为其在对伊拉克的攻击和占领中，没有防止和阻止这场掠夺行为。因此，经常讨论的第一个问题是，美国是否占领者。

（一）美国在伊拉克的地位分析：是否成为占领者

这应当从两个时段来分析：伊拉克国家博物馆被抢事件发生之时，以及伊拉克主要战争结束之后。对于后者，一般并无异议。依据当时的美国国防部长拉姆斯费尔德在 2003 年 4 月 25 日提出的观点："在战争宣布结束之后，美国才成为占领国。"而布什总统在 2003 年 5 月 1 日宣布主要战争结束，因此，2003 年 5 月 1 日之后，

---

① John Noble Wilfors, *Curators Appeal for a Ban on Purchase of Iraq Artifacts*, N. Y. Times, May 7, 2003, at B5.

② 即只要你返还，不追究你的任何责任。

美国当然成为了占领国，应当履行国际法所规定的占领国应尽的义务。而对于前者，则存在争议。

如前所述，对占领的界定，有广义和狭义两种不同的观点。1907 年海牙第四公约所附规章第 42 条代表狭义上的占领观点，要求占领者实际控制被占领土才存在占领状态。1949 年日内瓦公约中的占领是广义上的占领，不要求占领者实际控制被占领土。从检察官诉 Naletilic 和 Martinovic 案件可以看出，对文化财产的保护应当适用狭义的占领概念，也即占领者实际控制被占领土，才履行其作为占领者应尽的义务。那么，伊拉克国家博物馆被掠夺时，美国是否已经成为了占领者呢？这需要分析美英入侵伊拉克的进程。

2003 年 3 月 20 日，当时的美国总统布什向世界宣布美国将要进行“一场广泛而协调”的针对伊拉克的战争，从而推翻萨达姆。在 2003 年 4 月 9 日，美国入侵伊拉克首都巴格达，巴格达迅速落入美国控制之中，但主要战斗还在继续。对于此时美国的地位，有两种不同的观点。一种观点认为其坦克在 2003 年 4 月 9 日毫无阻力地推进巴格达时，美国已经取代伊拉克政权并实际上控制了巴格达，因此，美国此时应当作为占领者履行自己的义务，包括保护文化财产的义务。① 另一种观点认为，此时美国刚刚进入伊拉克，主要战斗还未结束，不可能在此时成为占领者，也不可能作为占领者履行国际法规定的义务。

笔者认为，美英在伊拉克主要战争结束之后，当然成为了占领国。但在巴格达国家博物馆被掠之时，也即 2003 年 4 月 8 日至 4 月 12 日期间，就将美国视为占领者可能比较牵强。尽管如此，美英此时并不能逃避国际法所规定的作为国际性武装冲突方应尽的保护文化财产的义务。

（二）相关国际条约和习惯对美国的适用

传统上，国际法禁止攻击者自己掠夺被占领土的文化财产，这一义务是消极的。伊拉克国家博物馆文化财产被掠并非美军所为，

① Fadlah Adams, *The Protection of Cultural Heritage: Have We Failed in Iraq?*, University of Western Cape, Nov. 2006, p. 37.

所以美国并没有违反国际法上的这种消极义务。美国受到指责也主要是因为国际社会认为其没有防止和阻止这场掠夺。那么，国际上是否有国际条约和习惯施加给冲突方积极保护被占领土文化财产的义务呢？分析这一问题，必须回顾那些保护文化财产的国际法律，以及这些法律是否适用于美国。

1. 1907 年《海牙规章》对美国的适用

附属于 1907 年海牙第四公约的《海牙规章》第 27 条和第 43 条对占领者的义务作了规定。第 27 条主要要求在包围和轰炸中，应避免损害文化和历史纪念物。第 43 条则规定，当合法政府的权力实际上已落入占领者手中时，占领者应尽力采取一切措施，尽可能恢复和确保公共秩序和安全，并除非万不得已，应尊重当地有效的法律。

美国是该公约的成员国。因此，第 27 条和第 43 条的义务适用于美国。但很明显，第 27 条规定的这种义务不能适用于伊拉克国家博物馆被掠事件。第 43 条要求占领者尽可能恢复和确保公共秩序和安全则直接与这一事件有关。因为保护文化财产不被劫掠是确保公共秩序和安全的具体内容。但是在伊拉克国家博物馆被掠之时，很难认定美国已经成为了占领国。因此，第 43 条可以适用于美国成为占领者之后对伊拉克文化财产保护的义务，但是很难适用于伊拉克国家博物馆被掠事件。同时第 43 条的义务并非绝对性的，因为用了“尽可能”三个字。而且，第 43 条没有直接针对文化财产，因此，仅以第 43 条追究这一事件中美国的责任较为牵强，还必须寻找更多的国际法依据。

2. 《1954 年海牙公约》对美国的适用

如前所述，《1954 年海牙公约》是专门保护武装冲突中的文化财产的国际公约，其第 4 条规定了缔约国的实质义务。在这一事件中，第 4 条第（3）项经常被援引。第 3 项的具体规定是：缔约各方承允并设法禁止、防止及在必要时制止对文化财产以任何形式实施的盗窃、抢劫或侵占以及任何破坏行为。他们不得征用在缔约另一方领土内可以移动的文化财产。对第 3 项用语中的“任何”两字，有两种不同的理解：第一种认为“任何”并没有给成员国施加禁止、防止或制止平民行为的义务。另一种则认为“任何”两字表明要求成员国对所有的盗窃、抢劫、侵占或破坏行为进行禁止、防止和制止，而不管这一行为是谁所为。① 如果仅从字面来理解，第2种观点更可取。而且，从1954年海牙外交大会对公约的讨论来看，并没有任何迹象表明公约的制定者有意将第4条第（3）项的规定仅仅限制于对冲突方自己的适用。因此，可以看出，第4条第（3）项的规定显示公约的制定者要求对文化财产的绝对保护，要求冲突各方既要禁止自己的掠夺行为，也要防止和阻止其他人，包括平民的掠夺行为。

由此可见，《1954年海牙公约》有专门条款规制类似于伊拉克国家博物馆被掠行为。但是，《1954年海牙公约》的第4条第（3）项是否适用于美国是有争议的。美国当时并不是《1954年海牙公约》的成员国。虽然在《1954年海牙公约》制定之初，美国和英国积极参与，表达了自己的意见。如《1954年海牙公约》第4条中的“军事必要”就是在其积极要求之下，国际社会妥协的结果。但在冷战时期，美国担心加入《1954年海牙公约》会限制其与前苏联可能发生的战争中使用核武器。② 所以虽然在该公约上签字，但美国一直不是公约的成员国。冷战结束之后，在克林顿政府时期，曾提请参议院批准该公约，但是这最终并未成为现实。直至2009年，美国才向教科文组织交存批准书，成为《1954年海牙公约》的成员国。③ 英国也直到近些年才有加入的积极意愿。因此，根据条约只对缔约国生效原理，第4条第（3）项并不能约束美国和英国。

同时，我们必须查看第4条第（3）项是否成为了国际习惯法，如果答案是肯定的，那么美国和英国也应当遵守。对此，学者

① Wayne Sandiholz, *Prohibiting Plunder: How Norms Change*, Oxford University Press, 2007, p. 253.

② Roger M. Mastalir, *A Proposal for Protecting the "Cultural" and "Property" Aspects of Cultural Property under International Law*, 16 FORDHAM INT'L L. J. 1033, 1048 (1993).

③ 2009年3月13日向教科文组织交存批准书。

们之间存在争论。一些学者认为，虽然美国军方也遵循《1954 年海牙公约》的相关规定，但是"很难确切地认定美国接受《1954 年海牙公约》作为国际习惯法"。① 还有一些则认为《1954 年海牙公约》的一般条款（第 1 章第 1 ~ 7 条）已经成为国际习惯法。因此，从这一角度，美国和英国应当遵守第 4 条第（3）项。②

如果回顾历史和美国在各种场合发表的言论，可以得出结论：《1954 年海牙公约》的相关内容，特别是其中最重要的第 4 条毫无疑问已经成为了国际习惯法。在《1954 年海牙公约》制定之初，美国是积极参与的。冷战结束之后，美国也为加入《1954 年海牙公约》作出积极努力。在美国军方的手册上，也经常可以看到类似《1954 年海牙公约》第 4 条的内容。③ 所以，应当说，美国受制于《1954 年海牙公约》。

（三）结论

虽然美国和英国不是《1954 年海牙公约》的成员国，也很难说在巴格达国家博物馆被掠夺之时，二者取得了占领者地位。《1954 年海牙公约》第 4 条作为国际习惯法，表明美国和英国应当受制于该条的约束。第 4 条不仅禁止冲突方在冲突中掠夺文化财产，而且要求冲突方采取积极措施防止和制止掠夺行为。从美英联

---

① JE Kastenberg, *The Legal Regime for Protecting Cultural Property during Armed Conflict*, 42 Air Force Law Review, Vol. 277, 1997, p. 297; See also Cathering Phuong, *The Protection of Iraq Cultural Property*, ICLQ, Vol. 53, October 2004, p. 986.

② Mary Ellen O'Connell, *Occupation Failures and the Legality of Armed Conflict: The Case of Iraqi Cultural Property*, Art, Antiquity and Law, Vol. 9, December 2004, p. 13, available at SSRN: http://ssrn.com/abstract =583122, accessed on Jan. 12, 2009; See also Patrick J. Boylan, *Review of the Convention for the Protection of Cultural Property in the Event of Armed Conflict*, 1993, A. 2 UNESCO Archive.

③ See Matthew D. Thurlow, *Protecting Cultural Property in Iraq: How American Military Policy Comports with International Law*, Yale Human Rights and Development L. J., Vol. 8, 2005, pp. 167-168; See also James A. R. Nafziger, *Art Loss in Iraq*, Iraq Double Issue, Vol. 6, Nos. 1&2.

军对这场战争的准备以及战争的进程来看，后者未得到很好的履行。

美国对侵入伊拉克的战争准备较为仓促。从一开始，乐观主义者们认为，一旦以美国为首的联军踏上伊拉克的国土，伊拉克的人民会列队欢迎，伊拉克会迅速成为一个民主国家。① 因此，美国并未准备充足的兵力投入这场战争。这就导致美英联军占领伊拉克时，兵力捉襟见肘。有军队守卫伊拉克石油大楼等建筑，但是诸如伊拉克国家博物馆、伊拉克国家图书馆等蕴藏丰富文化财产的建筑并无充分兵力守卫。而且，对这一事件的调查表明，在伊拉克国家博物馆被掠之时，附近就有一些美国士兵。当时住在附近的博物馆工作人员还请求美军的帮助，但这一请求被拒绝。② 这一事实表明，当时的美军可以采取积极措施制止这场掠夺，但是美军未采取。因此，美国仓促开战，未积极防止这场掠夺。在掠夺发生之时，也未积极采取措施阻止这场掠夺，导致伊拉克国家博物馆被掠的惨剧，违反了国际法。

四、伊拉克文化财产的返还：漫漫长路

伊拉克国家博物馆被掠之后，最重要的事项可能是如何使这些文化财产返回，以及如何制止这些文化财产的非法贸易行为。事实上，1990 年第一次海湾战争之前，伊拉克文化财产的保护是相当成功的。早在 1920 年伊拉克就颁布了《文物法》。但是，自第一次海湾战争之后，国际社会长时间的经济制裁致使伊拉克陷入贫困，一些人开始将目光转向文化财产的非法贸易。同时，经济贫困

① Mary Ellen O'Connell, *Occupation Failures and the Legality of Armed Conflict: The Case of Iraqi Cultural Property*, Art, Antiquity and Law, Vol. 9, December 2004, p. 21, available at SSRN: http://ssrn.com/abstract=583122, accessed on Jan. 12, 2009.

② Donny George Youkhanna and Mcguire Gibson, *Preparations at the Iraq Museum in the Lead-up to War*, in: *Antiquities under Siege—Cultural Heritage Protection after the Iraq War*, ed. by Lawrence Rothfield, Altamira Press, 2008, p. 31.

也使伊拉克文化财产的保护措施有所疏漏。因此，自海湾战争之后，伊拉克文化财产的非法贸易日益猖獗。如何使这些文化财产返还给伊拉克一直是一个令人关注的问题。

（一）国际有关文化财产返还公约的适用

虽然伊拉克国家博物馆被掠事件不再引起媒体的兴趣，国际社会致力于伊拉克文化财产归还的努力却一直在进行。与此有关的文化财产返还的国际规则主要规定于前述《教科文组织 1970 年公约》和《1995 年 UNIDROIT 公约》中。

1.《教科文组织 1970 年公约》的适用及其存在的问题

如前所述，对伊拉克文化财产的关注在 2003 年达到顶点。但是，伊拉克文化财产的流失却是自第一次海湾战争时期就开始了。在 1991 年海湾战争之后，一个重要的伊拉克文化财产的国际市场开始发展起来。许多重要的伊拉克文化财产被走私到文化财产的市场国，特别是英国。可以预想，伊拉克国家博物馆被掠的文化财产最终可能还是在这些文化财产市场国出现。

在文化财产的返还上，国际争论较多，特别是在文化财产市场国和文化财产来源国之间。文化财产市场国通常是指那些文化财产资源不太丰富，而贸易非常活跃的国家。这些国家对文化财产的贸易管制比较松，典型国家如美国、英国、瑞士等。而文化财产来源国通常是指那些文化财产非常丰富，其文化财产经常被非法出口的国家，如埃及、印度、中国等。这两种类型的国家对文化财产返还的观点不一。因此，在这一问题上，几乎没有习惯国际规则，只能依靠条约的调整。《教科文组织 1970 年公约》就是最为重要的公约之一。

从《教科文组织 1970 年公约》的前言可以看出，其理念是保护来源国的文化财产，声称“考虑到文化财产实为构成文明和民族文化的一大基本要素，只有尽可能充分掌握有关其起源、历史和传统背景的知识，才能理解其真正价值”，以及“本公约缔约国承认文化财产非法进出口和所有权非法转让是造成这类财产的原主国文化遗产枯竭的主要原因之一，并承认国际合作是保护各国文化财产免遭由此产生的各种危险的最有效方法之一；为此目的，缔约国承担利用现有手段，特别是通过消除其根源、制止现有做法和帮助给予必要的补偿来反对这种做法”。这从原则上强调了返还非法出口文化财产的重要性。不仅如此，为了实现公约目的，《教科文组织1970年公约》还规定了缔约国的相关义务以及要求国际合作。

伊拉克、美国和英国都是《教科文组织1970年公约》的成员国，该公约应当适用于伊拉克文化财产的返还。但是，该公约在具体适用时，存在一些问题。首先，因为伊拉克国家博物馆被掠文化财产的清单并不太详细，部分文化财产没有列入清单之中，还有一些清单被毁。而依据《教科文组织1970年公约》第7条第2项的规定，虽然在公约对缔约国生效后，禁止进口从另一缔约国博物馆或宗教的或世俗的公共纪念馆或类似机构中窃取的文化财产。但这一禁止要求该项财产已经用文件的形式列入该机构的财产清单之中。伊拉克国家博物馆的清单不明以及清单被毁导致适用公约的困难。其次，公约本身存在一些问题，其语言的弹性和相关规定并不详细，而且只能通过外交部门收回文化财产等都导致不能很好地适用于伊拉克被掠文化财产的返还。

2.《1995年UNIDROIT公约》的适用及其存在的问题

《1995年UNIDROIT公约》发展和补充了《教科文组织1970年公约》的一些规定。其允许私人诉讼，规定了善意第三人的补偿、涉外法律适用等一些私法上的问题。但是，该公约对伊拉克文化财产的返还可能作用更加有限，因为该公约参加的国家较少，而伊拉克、美国和英国都不是其成员国。

综上所述，虽然有《教科文组织1970年公约》和《1995年UNIDROIT公约》的规定，但是具体到伊拉克文化财产的返还，并不能发挥太大作用。其原因既是这两个公约自身的问题，也因为许多国家并不是这两个公约的成员国。正因为如此，在教科文组织的推动之下，联合国安理会决定采纳特别的措施保护伊拉克的文化财产。

（二）联合国安理会1483号决议及其实施

1483号决议是联合国安理会就伊拉克战后问题作出的重要决议，其取消了联合国对伊拉克长达13年的制裁。而且，在其前言部分，强调需要尊重伊拉克考古、历史、文化和宗教遗产，并且持续保护考古、历史、文化、宗教性质的博物馆、图书馆和纪念物。其决议的第 7 段明确提出：决定所有成员国采取适当措施推动，自 1990 年 8 月 661 号决议采纳以来，非法从伊拉克国家博物馆、国家图书馆和其他伊拉克地方机构转移的伊拉克文化财产和其他具有考古、历史、文化、珍贵科学性和宗教性的物品安全返还给伊拉克机构。该决议还禁止对这些物品以及有合理怀疑其是非法转移物品的交易，并号召教科文组织、国际刑警组织和其他合适的国际机构，协助执行这部分内容。

联合国安理会的决议是根据《联合国宪章》第七章所采纳的，对所有成员具有约束力。因此，这一决议的出台及其对伊拉克文化财产返还的具体规定克服了《教科文组织 1970 年公约》和《1995 年 UNIDROIT 公约》的缺陷。国际社会也对这一决议作出了积极反应。

1. 英国的实施

联合国 1483 号决议在英国得到了积极实施。英国因为缺乏文化财产的进口限制已经成为重要的非法出口和被盗文化财产的贸易地，因此其对 1483 号决议的实施对伊拉克文化财产的返还具有重要意义。为了实施这一决议，英国通过了 2003 年伊拉克命令（the Iraq Order）。其中，第 8 条专门针对非法出口的伊拉克文化财产，共有 5 款。第 1 款禁止进口或出口非法的伊拉克文化财产。第 2 款和第 3 款针对非法转移伊拉克文化财产，规定了两种犯罪行为：第一种规定任何人持有或者管理非法移出的伊拉克文化财产必须将其转交给警官，否则将是犯罪行为；第二种明确任何人对非法转移伊拉克文化财产进行交易是犯罪行为。两种犯罪行为有同样的例外条款，即能够证明其不知情并且也没有理由认定该物品是非法转移的伊拉克文化财产，就不构成犯罪。第 4 款界定了非法转移伊拉克文化财产是在 1990 年 8 月 6 日以后，从伊拉克非法转移的伊拉克文化财产或者其他考古学、历史、文化、稀少的具有科学或者宗教重要性的物品。该非法是根据英国或者其他国家和区域的法律来确认并非实质性的。第 5 款和第 6 款解释了第 3 款中的部分用语。①

英国通过的伊拉克命令的第 8 条不仅创设了针对伊拉克文化财产的犯罪行为，而且其第 4 款中强调不管该转移行为是依据英国法律还是其他国家或区域的法律构成非法无实质影响。这解决了适用《教科文组织 1970 年公约》第 3 条的一些难题，因为第 3 条仅仅阐明违反公约所列的规定而造成的文化财产之进出口或所有权转让均属非法，但是没有明确到底是适用何地的法律。理论上有所谓适用来源国和所在国法律之争。并且，该命令的第 20 条规定了上述两种犯罪的刑罚：最高刑期可以达到 7 年，还可以罚款或者二者同时实施。

2. 美国的实施

应当说，美国对伊拉克文化财产的返还还是非常积极的。伊拉克国家博物馆被掠之后，国会就建议立法。联合国安理会 1483 号决议生效之后，美国通过了《2004 年伊拉克文物紧急保护法》（*Emergency Protection for Iraqi Cultural Antiquities Act of* 2004），授权总统根据《文化财产公约执行法》（*Convention on Cultural Property Implementation Act*）第 304 节，对来源于伊拉克的考古学和人种学物品，施加紧急进口限制。而不需要伊拉克是《教科文组织 1970 年公约》的成员国，也不需要伊拉克政府的正式请求。且对“伊拉克考古学或人种学物品”进行了界定。这些物品是指伊拉克文化财产和其他考古的、历史的、文化的、珍稀科学的，或者有重要宗教意义的，而自 1990 年联合国安理会 661 决议之后，非法从伊拉克国家博物馆、国家图书馆以及伊拉克的其他地方移出的物品。依此为基础，2008 年 4 月 30 日，美国对来自伊拉克的考古学和人种学物品继续施加紧急进口限制。为此，附有一个指定清单。这一清单包括所有来自伊拉克的考古学和人种学物品，从最早期到 20 世纪的人类制造物，包括但不限于“陶瓷、石器、金属、玻璃制品、象牙、贝壳、灰泥制品、纺织品、纸质品、羊皮纸、皮革制

---

① See Statutory Instrument 2003, No. 1519, available at http://www.opsi.gov.uk/si/si2003/20031519.htm, accessed on Mar. 20, 2008.

品、木制品以及绘画”。① 被列入清单中的物品，只有附有文件证明其在 1990 年 8 月 6 日之前离开伊拉克的，才可以进入美国。

3. 欧盟的实施

根据 1483 号决议，欧盟也通过了 1210 号指令，其中第 3 条专门规定有关伊拉克文化财产的内容。② 第 3 条禁止进口、出口、转移或者交易非法转移的伊拉克文化财产或者其他考古学、历史、文化、罕见的具有科学、宗教重要性的物品，特别是如果这些物品列在伊拉克博物馆、档案馆、图书馆或者宗教机构的名册上，构成公共收藏的一部分或者是有合理怀疑这些物品的转移没有经过合法所有者的同意或者违反了伊拉克的法律法规。但这些禁止只针对 1990 年 8 月 6 日之后从伊拉克出口的文化财产和其他物品。其附件 2 还列入了属于第 3 条规制的具体文化财产的范围。

总之，依据 1949 年日内瓦公约及其 1977 年的附加议定书，适用于国际性武装冲突的规则同样适用于占领。因此，国际性武装冲突中保护文化财产的各种规则也适用于被占领土文化财产的保护。不仅如此，国际法还针对占领状态，规定了一些特殊规则。

国际规则的发展表明其趋势是越来越强化占领者的义务。维也纳会议确认禁止占领者的掠夺并强调被掠文化财产应当返还。1899 年和 1907 年海牙公约体系也禁止占领者对被占领土文化财产的破坏和掠夺。《1954 年海牙公约》则更进一步，不仅禁止占领者自己的掠夺行为，而且要求占领者积极防止和制止他人对文化财产的掠夺和破坏行为。

2003 年美英联军侵入伊拉克，在其势如破竹的攻击中，巴格达很快失守。但其兵力不足以及对文化财产缺乏足够重视，导致伊拉克国家博物馆被掠的惨剧。虽然对美英联军是否违反国际人道法

① Import Restrictions Imposed on Archaeological and Ethnological Material of Iraq, available at http://eca.state.gov/cultural-heritage-center/cultural-property-protection/bilateral-agreements/iraq, accessed on July 3, 2014.

② Council Regulation (EC) No 1210/2003 of 7 July 2003 concerning certain specific restrictions on economic and financial relations with Iraq and repealing Regulation (EC) No. 2465/96.

存在争论，但是，伊拉克国家博物馆被掠之后，国际社会的强烈谴责表明：占领者应积极采取措施防止和阻止被占领土文化财产被掠的义务已经得到了广泛承认。

美英联军在伊拉克国家博物馆被掠事件中违反了国际法，特别是作为习惯国际法的《1954 年海牙公约》第 4 条第 3 项。因为美国没有准备好就入侵伊拉克，违反了其应当积极防止掠夺文化财产的义务；而在掠夺过程中，美国可以制止可是没有制止这场掠夺违反了其应当尽量阻止掠夺文化财产的义务；文化财产被掠之后，美国积极采取措施促进文化财产的返还是其作为占领者应当履行的职责。

对美英是否违反国际人道法的争论表明促使更多国家加入《1954 年海牙公约》及其两个议定书的重要性。在伊拉克国家博物馆被掠事件中，虽然两国的行为明显违反了《1954 年海牙公约》的相关条款，但因两国在当时都不是《1954 年海牙公约》及其两个议定书的缔约国，才导致对这场掠夺中美英两国是否违反国际人道法的争论。

第五章　武装冲突中针对文化财产的国际犯罪及其个人刑事责任

虽然国际社会对国际犯罪的概念并没有统一认识①，但一般认为，国际犯罪是指违反国际社会所公认的国际刑法规范，严重危害国际社会共同利益，依照国际刑法应当承担刑事责任的行为。因此，武装冲突中针对文化财产的国际犯罪就是指违反保护武装冲突中文化财产的国际法律，严重危害文化财产，依照国际法应当承担刑事责任的行为。对于国际犯罪应当承担怎样的责任，哪些主体应当承担责任，理论上还存在争论。但是个人应当承担刑事责任，则经过漫长时间的发展，已经在理论上达成了共识，并为实践所采纳。

第一节　概　　述

国际法中个人刑事责任的确立，经历了一个不断发展的过程。就国际犯罪的主体而言，从以私人身份行事的个人扩展到代表国家行事的个人；就国际犯罪的客观行为而言，从海盗、贩卖奴隶扩展到范围更为广泛的违反国际法的行为；就追究刑事责任的方式而言，则从国内法庭扩展到国际法庭。② 而追究武装冲突中的个人国际刑事责任，则从国际性武装冲突扩展为国际性和非国际性武

① 张旭主编：《国际刑法——现状与展望》，清华大学出版社 2005 年版，第 74 页。

② 马承元著：《国际犯罪与责任》，中国政法大学出版社 2001 年版，第 186 页。

装冲突。

国际上最早追究个人国际刑事责任的实践可以追溯至各国处罚海盗与贩卖人口等国际犯罪。中世纪以来，海盗行为猖獗，地中海沿岸国家把海盗行为视为可以任意制裁的行为。到了十八九世纪逐渐形成了在公海上惩治海盗行为的习惯国际法规则。后来又把此原则运用到贩卖人口的国际犯罪中。① 而第一次世界大战之后的《凡尔赛和约》，则第一次以国际条约的形式试图对犯有战争罪行的个人追究刑事责任。其第227、228条都明确规定个人犯有战争罪应承担刑事责任。不仅如此，该和约还正式谴责战败国德国皇帝，并决心为审判德国皇帝威廉二世建立一个"特别法庭"。但最后由于荷兰的庇护，审判德国皇帝威廉二世的尝试没有成功。此外，《凡尔赛和约》还规定，协约国有权建立军事法庭，对被指控犯有战争罪的德国军人进行审判。但是，这一规定受到德国的坚决反对，导致真正受到审判的人极少，而且判处的刑期也很短。因此，第一次世界大战之后《凡尔赛和约》之下的审判事实上并不成功。1920年关于土耳其和平的《色佛尔条约》也规定对战犯进行审判。该条约中对土耳其战犯起诉的条件甚至更为激进。根据该条约，对占领区内，无论是协约国的军人还是平民、实施侵害的犯罪分子，都将受到审判。但是，土耳其拒绝批准该条约，审判也未真正举行。1923年，《色佛尔条约》被《洛桑条约》取代，审判也不了了之。②

第二次世界大战后，1945年8月8日，《关于起诉和惩处欧洲轴心国主要战犯的协定》及其附件《欧洲国际军事法庭宪章》正式通过。该宪章规定对反人类罪、战争罪和种族灭绝罪有管辖权。根据这些文件，1945年10月，对主要纳粹战犯的审判开始。审判历时近一年，19名被告被判有罪，其中12名主要战犯被判处死

---

① 张旭主编：《国际刑法——现状与展望》，清华大学出版社2005年版，第141页。

② 参见［加］威廉·A. 夏巴斯：《国际刑事法院导论》（第二版），黄芳译，中国人民公安大学出版社2006年版，第4~6页。

刑。同样，在太平洋地区，依据《波茨坦公告》，莫斯科英、美、苏外长会议决定，1946 年 1 月 19 日，盟军最高统帅麦克阿瑟公布了《远东国际军事法庭宪章》，组建了远东国际军事法庭。该法庭于 1946 年 4 月 29 日接受了盟军最高统帅部国际检察处对东条英机、广田弘毅等 28 名被告的起诉，并于同年 5 月 3 日至 1948 年 11 月 12 日在东京对这批日本主要战犯进行了审判，判处 28 名被告全部有罪，7 名被判处绞刑。

因此，纽伦堡审判和东京审判实际上追究了犯有战争罪行的个人的刑事责任。不仅如此，两个纳粹领导人 Hermann Dresden 和 Alfred Rosenberg 则主要因为在战争中掠夺文化财产而受到审判。自此，追究个人国际刑事责任不仅为理论所认同，而且真正付诸实践。此后，一系列的国际规则确认了个人的国际刑事责任。而且在 20 世纪末开始的前南斯拉夫联盟国际刑事法庭和卢旺达刑事法庭的实践中，这一责任不断得以加强。

第二节　武装冲突中针对文化财产的国际犯罪及其个人刑事责任的两种规制思路

追究武装冲突中针对文化财产的国际犯罪及其个人刑事责任是随着国际规则和实践的发展而不断发展的。如前所述，规制武装冲突的成文国际规则可以追溯至 1899 年和 1907 年的海牙公约体系。但是，1907 年海牙公约体系仅仅在第 4 公约中规定交战方的责任，而由各缔约国自行规定是否惩罚自己的军队以及是否在其自身立法中包含个人刑事责任。第一个专门针对文化财产的《罗里奇公约》条文很少，也是任由各缔约国自行规定是否采取国内立法措施确保文化财产得到尊重和保护。因此，在国际法中规定文化财产的国际犯罪及其个人刑事责任主要是从第二次世界大战之后才开始的。

综合各国际条约的规定，规制武装冲突中文化财产国际犯罪及其个人刑事责任有两条清晰的思路。第一条思路以战争罪行规制武装冲突中针对文化财产的犯罪并追究个人的刑事责任。如《欧洲国际军事法庭宪章》和《远东国际军事法庭宪章》以及 1949 年日内瓦四公约及其《日内瓦公约附加第 1 议定书》就是这条思路。另一条思路则是以侵犯文化财产罪行规制武装冲突中针对文化财产的犯罪。这条思路的典型代表是《1954 年海牙公约》及其《1999 年第 2 议定书》。

一、以战争罪行规制

这里所指的战争罪行主要包括战争罪和反人类罪。从 1949 年日内瓦四公约及其《日内瓦公约附加第 1 议定书》、《欧洲国际军事法庭宪章》和《远东国际军事法庭宪章》等国际文件的文字表述来看，很明确武装冲突中针对文化财产的行为可以构成战争罪。而反人类罪的界定中则没有直接提及文化财产，但在实践中也认为破坏文化财产在一定条件下可以构成反人类罪。

（一）《欧洲国际军事法庭宪章》和《远东国际军事法庭宪章》的规定及其实践

早期在战争罪中涵括针对文化财产行为的是《欧洲国际军事法庭宪章》和《远东国际军事法庭宪章》。前者第 6 条规定法庭的审理权限是审理反和平罪、战争罪和反人类罪。其对战争罪的定义是：违反战争法规或战争习惯的罪行。具体而言，这种违反行为包括（但不限于）：屠杀或虐待占领区平民，或以奴隶劳动为目的、或为其他任何某种目的而将平民从被占领区或在被占领区内放逐，屠杀或虐待战俘或海上人员，杀害人质，掠夺公私财产，肆意破坏城镇乡村，或任何非属军事必要而进行的破坏。后者第 5 条也有类似规定。这两个宪章将掠夺公私财产的行为列入战争罪的范畴。因此，在武装冲突中针对文化财产的行为，如对文化财产的掠夺，对文化财产的破坏都可以归为战争罪，从而要求个人承担刑事责任。

不仅如此，在纽伦堡审判的相关案例中，也承认对文化财产的破坏可以构成反人类罪。如审判庭认为 1938 年秋天对犹太人的迫害是采取排除他们在德国的生活而进行的，特别明显的表现是“有组织地焚毁犹太教堂，掠夺犹太人的商行”等。而且，在 Alfred Rosenberg 案件中，其被认为犯有战争罪和反人类罪是因为“在被侵欧洲国家有组织有体系掠夺公私财产”。判决也提到对文化财产的掠夺问题“在希特勒 1940 年 1 月的命令之下，Alfred Rosenberg 掠夺了博物馆和图书馆，没收艺术品和收藏，掠夺私人住宅”①。Alfred Rosenberg 案件以及相关案件的判决表明武装冲突中掠夺、破坏文化财产也可以构成反人类罪。

（二）1949 年日内瓦四公约和《日内瓦公约附加第 1 议定书》的规定

《欧洲国际军事法庭宪章》和《远东国际军事法庭宪章》的这种模式在此后被多个文件采纳。《日内瓦公约附加第 1 议定书》第 85 条中的“重大违反”（grave breach）② 就是如此。如前所述，1977 年的两个附加议定书是为了补充 1949 年日内瓦公约之不足而订立的。在国际犯罪以及个人刑事责任方面，《日内瓦公约附加第 1 议定书》对 1949 年日内瓦公约有所发展。虽然 1949 年日内瓦公约中有共同条款规制违反国际人道法的行为并规定了刑事制裁。但对于这些行为，四个公约仅规定各缔约国有义务进行必要立法，对违反这些公约的行为人，处以有效的刑事制裁。而对于这些行为的管辖，公约仅规定各缔约国的义务是将这些人送交各该国法庭。这些规定并不明确，且缺乏直接针对文化财产的条款。《日内瓦公约附加第 1 议定书》第 85 条则对此进行了补充。其规定的“重大违反”中包括了针对文化财产的行为。第 85 条第 4 款第 4 项规定：如果没有证据证明敌方违反第 53 条第 2 款③的规定，并在历史纪念物、艺术品和礼拜场所不紧靠军事目标的情形下，使特别安排，例如在主管国际组织范围内的安排所保护的，构成各国人民文化或

① Prosecutor v. Tihomir Blaskic，Case No. IT-95-14-T，para. 228.

② 如前所述，我国经常将“grave breach”翻译为“严重违反”，但为了和《1999 年第 2 议定书》的“serious breach”相区别，笔者将“grave breach”翻译为“重大违反”，而将“serious breach”翻译为“严重违反”。

③ 《日内瓦公约附加第 1 议定书》第 53 条规定：“对文物和礼拜场所的保护，在不妨害 1954 年 5 月 14 日关于发生武装冲突时保护文化财产的海牙公约和其他有关国际文件的规定的条件下，禁止下列行为：一、从事以构成各国人民文化或精神遗产的历史纪念物、艺术品或礼拜场所为对象的敌对行为；二、利用这类物体以支持军事努力；三、使这类物体成为报复的对象。”

精神遗产的公认历史纪念物、艺术品或礼拜场所成为攻击的对象，其结果使该历史纪念物、艺术品或礼拜场所遭到广泛的毁坏，则构成对议定书的“重大违反”。并且明确规定，破坏文化财产的行为可以构成战争罪。

《日内瓦公约附加第 1 议定书》直接将武装冲突中针对文化财产的行为规定为“重大违反”，并规定可以构成战争罪，相对于 1949 年日内瓦公约有所进步。但是，也存在一些问题。首先，《日内瓦公约附加第 1 议定书》是针对国际性武装冲突的，针对非国际性武装冲突的《日内瓦公约附加第 2 议定书》中没有类似规定。因此，针对武装冲突中文化财产的国际犯罪仅适用于国际性武装冲突，而不适用于非国际性武装冲突。其次，犯罪的主体只是武装冲突中的攻击方。从《日内瓦公约附加第 1 议定书》第 85 条第 4 款第 4 项的规定可以看出，仅仅是攻击方才能成为犯罪的主体，如果防御方在武装冲突中将文化财产用于军事目的，并不能受到惩罚。因此，《日内瓦公约附加第 1 议定书》对攻击方要求更为严格，在一定意义上，不能平衡武装冲突中攻击方和防御方的权利义务。最后，第 85 条第 4 款第 4 项要求武装冲突中针对文化财产的犯罪，必须要有破坏后果的存在。这就说明如果仅仅对文化财产故意攻击，而没有损坏后果，不构成“重大违反”。此外，从文字表述来看，第 85 条第 4 款第 4 项无“军事必要”的限制，没有将“军事必要”作为攻击文化财产的合法依据。

（三）《国际刑事法院罗马规约》的规定

1998 年《国际刑事法院罗马规约》同样在战争罪中包括了针对武装冲突中文化财产的行为。第 8 条规定，严重违反国际法既定范围内适用于国际武装冲突的法规和惯例的其他行为，构成战争罪，其中包括：故意指令攻击专用于宗教、教育、艺术、科学或慈善事业的建筑物、历史纪念物、医院和伤病人员收容所，除非这些地方是军事目标。而第 8 条同时也规定，严重违反国际法既定范围内适用于非国际性武装冲突的法规和惯例的其他行为，构成战争罪，其中包括：故意指令攻击专用于宗教、教育、艺术、科学或慈善事业的建筑物、历史纪念物、医院和伤病人员收容所，除非这些地方是军事目标。

《国际刑事法院罗马规约》与1977年《日内瓦公约附加第1议定书》相一致，都是规定武装冲突中攻击文化财产的行为可以构成战争罪。但是前者也在后者的基础上有所发展。前者明确非国际性武装冲突中攻击文化财产的行为也可以构成战争罪。而且，前者不要求有损害后果，只要是故意攻击行为就可以构成战争罪。同时，前者强调“军事目标”的例外。

除此之外，如同《欧洲国际军事法庭宪章》和《远东国际军事法庭宪章》，《国际刑事法院罗马规约》中所规定的反人类罪没有直接涉及文化财产，但是，依据其文字表述，掠夺或者破坏文化财产的行为也可以构成该罪。①

二、以侵犯文化财产罪行规制

这一模式的典型代表是《1954年海牙公约》及其《1999年第2议定书》。在这两个文件中，并没有将武装冲突中针对文化财产的行为列为战争罪行之下，而是以保护文化财产为视角，规定哪些行为构成针对文化财产的国际犯罪及应负的个人刑事责任。

(一)《1954年海牙公约》的简单规定

虽然《1954年海牙公约》专门就武装冲突中的文化财产保护规定了各缔约国的义务。但是，与1949年日内瓦四公约相仿，《1954海牙公约》的制裁条款非常简单，只在第28条规定：缔约各方承允在其普通刑事管辖系统内对违犯或教唆违反本公约的任何

① 《国际刑事法院罗马规约》第7条将“危害人类罪”界定为：在广泛或有系统地针对任何平民人口进行的攻击中，在明知这一攻击的情况下，作为攻击的一部分而实施的下列任何一种行为，这里的“行为”包括“基于政治、种族、民族、族裔、文化、宗教、第3款所界定的性别，或根据公认为国际法不容的其他理由，对任何可以识别的团体或集体进行迫害……”掠夺或破坏文化财产，可以构成此种“迫害”。从这一定义也可以看出，《国际刑事法院罗马规约》中所称的“危害人类罪”并不以武装冲突的存在为条件，这区别于《欧洲国际军事法庭宪章》和《远东国际军事法庭宪章》的相关规定。

人，不论该人属何国籍，采取一切必要步骤予以追诉并施以刑罚或纪律制裁。

1. 制定背景

在拟定《1954年海牙公约》时，教科文组织的草案文本强调有效制裁体系的重要性，但由于当时的国际刑法还处于早期，发展还不充分，而且各国不愿意严厉惩罚针对文化财产的犯罪。因此，草案文本仅仅写明各国应当采取刑罚或纪律制裁。但即使在当时，对这些规定，也有不同的意见。如英国就认为，这一条的用语太模糊，而且《1954年海牙公约》第1条包括的文化财产范围非常宽，这就会造成人们很容易无意地违反公约，而将无意的违反也施以刑罚是错误的。因此建议加上“故意”二字。而前苏联则建议制定一个更为详细的条款。但是，1954年外交大会上的讨论表明部分政府的限制性态度，如有的提议去掉制裁条款。① 最终，这些建议都没有被采纳。

2. 评析

显而易见，一方面，相对于后来的国际文件，《1954年海牙公约》第28条是非常简陋的。第28条没有列举具体的应受刑罚处罚的行为；没有提及主观上的构成要件；也没有规定应受何种刑罚。而且，在管辖上，虽然规定“不论该人属何国籍”，均应在刑事管辖系统内予以追诉。但是，对于犯罪行为发生地的管辖问题，完全没有提及。这就说明公约起草者们的意图是让这些事项由各国自行解决。但是，出于主观上不愿意惩罚武装冲突中破坏文化财产的犯罪行为，很少有缔约国在其随后的国内立法中特别针对武装冲突中文化财产的犯罪进行立法，虽然确实有许多国家在军事手册和军事法典中有规定。这就导致，对于平民和非正规部队的违反行为，需

① Jiri Toman, *The Protection of Cultural Property in the Event of Armed Conflict*, *Commentary on the Convention for the Protection of Cultural Property in the Event of Armed Conflict and its Protocol*, Signed on 14 May 1954 in The Hague, and on Other Instruments of International Law Concerning such Protection, Dartmouth Publishing Company, 1996, p. 292.

要依赖于各国对损害财产或者国家所保护的纪念碑和收藏品的一般刑事条款的规定。但是，后者经常仅仅是名义上的刑罚，经常仅仅以罚款或者最多是短时间的监禁了事。① 而这一条只要求这一措施是在一个成员国“普通刑事管辖”范围之内。因此，违反不构成国际犯罪罪行，不能将这一纠纷提交国际司法机构，如国际刑事法院或者国际法院。② 这就导致违反《1954 年海牙公约》的行为既不能寻求国际上的管辖，而在国内管辖中，又不能得到有效的制裁。

另一方面，《1954 年海牙公约》只提及在非国际性武装冲突中，各方在最低限度必须遵守尊重文化财产的各规定。因此，从字面来看，《1954 年海牙公约》的制裁规定不适用于非国际性武装冲突。

（二）《1999 年第 2 议定书》对《1954 年海牙公约》的发展

《1954 年海牙公约》对制裁的简单规定在实践中不能发挥应有的作用。而随着前南斯拉夫和卢旺达刑事法庭的实践，1977 年《日内瓦公约附加第 1 议定书》对“重大违反”的规定以及 1998 年《国际刑事法院罗马规约》的规定，国际社会一致认为新的文件应当对武装冲突中针对文化财产的刑事责任进行详细规定。因而《1999 年第 2 议定书》用了 1 章、7 个条文对此进行了明确，这被认为是对《1954 年海牙公约》的最大发展之一。

1. 《1999 年第 2 议定书》对刑事责任的规定

《1999 年第 2 议定书》对缔约国施加了两套义务。第一套要求缔约国对构成“严重违反”（serious violations）的行为采取必要措施，依据其国内法加以指控并且处以适当刑罚。第二套针对其他违反行为，要求缔约国采取立法、行政或惩罚措施加以制止。其中，

① Patrick J. Boylan, *Review of the Convention for the Protection of Cultural Property in the Event of Armed Conflict*, 1993, A. 2 UNESCO Archive.

② Erika J. Techera, *Protection of Cultural Property in Times of Armed Cconflict: the International Legal Frame-work Revisited*, MQJICEL, 2007, Vol. 4, p. 9.

“严重违反”是议定书的核心内容，用了6个条文加以规定。

（1）严重违反

第一，严重违反的构成。根据《1999年第2议定书》的规定，构成严重违反，有以下要件；首先，主观上当事人是故意的；其次，客观上当事人的行为违反了《1954年海牙公约》或者《1999年第2议定书》的具体规定；最后，当事人的行为构成所列的五种行为之一。这五种行为中，前两者集中于重点保护：包括将受重点保护的文化财产作为进攻目标以及将受重点保护的文化财产或其周围设施用以支持军事行动。第三种规定大量地破坏或者夺取受《1954年海牙公约》和《1999年第2议定书》保护的文化财产。这种行为事实上是违反了《1954年海牙公约》第4条第3项规定的“缔约各方设法禁止、防止及在必要时制止对文化财产以任何形式实施的盗窃、抢劫以及任何破坏行为”，也包括《1999年第2议定书》规定的附带损害。第四种和第五种严重违反是在红十字国际委员会的建议下增加的，理由是这两种行为已经被《国际刑事法院罗马规约》认定为战争罪应受到刑罚处罚。第四种严重违反是将受《1954年海牙公约》和《1999年第2议定书》保护的文化财产作为进攻目标。因为第一种专门规定了重点保护的文化财产，这一项应当是一般保护和特别保护的文化财产。第五种规定偷盗、掠夺或侵占受公约保护的文化财产，以及对它们进行破坏的行为。

第二，缔约国规制“严重违反”的义务。对这五种严重违反行为，《1999年第2议定书》规定了各缔约国的最基本义务，包括采取必要措施，依据国内法对其加以指控，并通过适当刑罚制止此类行为。但是，对于何种刑罚构成适当刑罚，《1999年第2议定书》并没有明确。但至少可以确定，监禁是唯一的适当刑罚。罚款和没收本身不能构成适当刑罚，只能作为附加刑出现。因为这五种严重违反中，第四种和第五种已经被《国际刑事法院罗马规约》确定为战争罪。而按照《国际刑事法院罗马规约》的规定，国际刑事法院可以判处的基本刑罚是“有期徒刑”和“无期徒刑”，

"罚金"只能作为附加刑出现。[①] 而前三种严重违反的程度如果不是比第四种和第五种更为严重，至少严重程度是不相上下的。因此，监禁才是处罚"严重违反"的适当刑罚。至于监禁的期间，如果与《国际刑事法院罗马规约》的规定相一致，那么，作为一般原则，应当是"有期徒刑，最长不能超过30年"。而且，可以判处"无期徒刑，以犯罪极为严重和被定罪人的个人情况而证明有此必要的情形为限"。同时《1999年第2议定书》强调缔约国在采取国内措施时，应遵守"法律的一般原则和国际法，尤其是遵守把个人刑事责任扩大到直接行为者以外之其他人的规则"。根据国际刑事审判，包括纽伦堡和远东、前南斯拉夫和卢旺达法庭的审判以及《国际刑事法院罗马规约》、《1999年第2议定书》中所称的"法律的一般原则和国际法"应当考虑个人刑事责任的行为人范围。这一范围毫无疑问包括直接行为者，还应当包括命令、唆使、引诱实施犯罪的人，以及为了便利实施这一犯罪，帮助、教唆或以其他方式协助实施或企图实施犯罪的人，和以任何方式支助以共同目的行事的团伙实施或企图实施犯罪的人，当然，也包括指挥官和其他上级的责任。此外，时效问题也值得注意，根据1968年联合国《战争罪及危害人类罪不适用法定时效公约》的规定，战争犯罪不适用时效。《国际刑事法院罗马规约》也规定其管辖的犯罪，包括战争罪不适用时效。《1999年第2议定书》没有明确这几种"严重违反"构成战争罪行，但考虑到这几种严重违反中，第四种和第五种已为国际文件承认为"战争罪行"，不适用时效。程度更为严重的前三种当然也应当无时效限制。

第三，管辖问题。《1999年第2议定书》还规定了五种严重违反行为的管辖问题。普遍适用的管辖依据是属地和属人管辖，即如果这五种严重违反行为发生在该国的领土范围内或者被推定违约行为者是该国的国民，该国应当采取必要的立法措施，确定在这两种情况下的管辖权。此外，针对前三种严重违反，《1999年第2议定

---

① ［加］威廉·A. 夏巴斯：《国际刑事法院导论》（第二版），黄芳译，中国人民公安大学出版社2006年版，第201～202页。

书》还规定了普遍管辖，即如果被推定作案人就在该国领土之上，该国也有管辖权。① 除此之外，针对可能存在的其他管辖依据，《1999 年第 2 议定书》规定其不妨碍依据有关的国内或国际法承担个人的刑事责任和行使管辖权，也不影响根据国际习惯法行使管辖权。这一规定表明《1999 年第 2 议定书》允许超出其规定对严重违反行为者处以刑事责任以及行使管辖权。同时，美国为了避免其海外驻军可能因《1999 年第 2 议定书》的规定而受到刑事制裁，强烈要求《1999 年第 2 议定书》中的刑事规定不能适用于非缔约国。故《1999 年第 2 议定书》专门规定，非《1999 年第 2 议定书》缔约国的武装力量成员和国民可不按《1999 年第 2 议定书》的规定承担个人刑事责任，因为其并没有规定必须确定对这些人的管辖权限，也没有规定引渡他们的义务。但是如果非缔约国的国民服役于《1999 年第 2 议定书》缔约国的武装力量则无此种豁免。

第四，采纳或起诉或引渡原则。对前三种严重违反，《1999 年第 2 议定书》还采纳了国际法中早已存在的或起诉或引渡原则。即有关缔约国在发现前三种严重违反的被推定作案人在其领土上时，如不将其引渡，则应无一例外和不过分拖延地将此案送交主管当局，按照符合国内法或符合有关国际惯例的程序起诉。同时，为了保证公正审判，《1999 年第 2 议定书》规定受到司法程序审查的任何人在整个过程中依据国内法和国际法享有得到公正待遇和审判的保障，而且这种保障在任何情况下都不能低于国际法所认可的保障。

缔约国也允许以前三种严重违反为由将推定作案人引渡。而且规定，这三种严重违反行为，应被视为缔约国之间在《1999 年第 2 议定书》生效之前已有的引渡条约中规定的可引渡行为。缔约国有义务将此类违反公约行为纳入它们之间今后可能达成的引渡条约之中。如果缔约国规定引渡只能以现存条约为依据，《1999 年第 2

① Anne-Marie La Rosa, *Sanctions as A Means of Obtaining Greater Respect for Humanitarian Law: A Review of Their Effectiveness*, International Review of the Red Cross, No. 870, 2008, p. 230.

议定书》则规定如收到未与其签订有引渡条约的另一缔约国的引渡要求，其可根据自己的选择，以前三种严重违反行为进行引渡的法律依据。不以现存条约为引渡条件的缔约国，承认这三种严重违反属于它们之间根据被请求国法律规定的条件进行引渡的范围。《1999 年第 2 议定书》还规定，如有必要，为实现缔约国之间的引渡，前三种严重违反应视为既是在作案地也是在已根据《1999 年第 2 议定书》确定了其管辖权的缔约国的领土上发生。

第五，增加了刑事协助条款。为了更好地打击武装冲突中破坏文化财产的行为，《1999 年第 2 议定书》还规定了各缔约国之间的刑事司法协助义务。根据《1999 年第 2 议定书》的规定，协助的范围很广，包括在违反公约行为的调查、刑事诉讼或引渡程序中，协助取得其所掌握的、为诉讼程序所必需的证据。《1999 年第 2 议定书》还规定了协助的依据。缔约国进行司法协助，应当按照它们之间可能业已存在的司法互助条约或协议。如果没有此类协议，就应当依据国内法的规定提供。

第六，规定了“政治犯不引渡”原则的具体适用。政治犯不引渡原则是指当要求引渡的对象是政治犯时，被请求国可拒绝引渡，它是 18 世纪末期以后形成的一项国际法原则。这一原则虽然广为接受，但是其中有许多问题一直存在争论，特别是政治犯的界定问题。近些年来，这一原则有了新发展，表现在限制和扩大两个相反的方向。限制主要表现为“非政治化”的努力，也即国际社会通过制定公约从反面规定某些罪行不能视为政治犯罪。典型的就是国际犯罪行为，包括战争罪行被排除在政治犯之外。① 如前所述，许多国际文件规定破坏武装冲突中的文化财产构成战争罪行，因此，《1999 年第 2 议定书》规定，原则上其所规定的违反公约行为不得视为政治罪行、与政治犯罪相关的罪行或有政治动机的罪行。因此，就此类违反公约行为提出的引渡或相互司法协助的要求

① 贾宇等著：《国际刑法学》，中国政法大学出版社 2004 年版，第 396～397 页；另见林欣、李琼英等著：《国际刑法新论》，中国人民公安大学出版社 2005 年版，第 242 页。

不能仅以其涉及政治罪行、与政治犯罪相关的罪行或有政治动机的犯罪行为由而加以拒绝。另外，出于保护个人的基本人权和政治自由，国际上又有将“政治犯”扩大到与政治有关的因种族、宗教、国籍或政治见解等原因而受追诉和处罚者。① 《1999 年第 2 议定书》的规定也反映了这一趋势，其指明如被请求的缔约国有充分理由认为，以前三种严重违反要求引渡，或以违约为由要求提供相互司法协助的目的是为了因某人的种族、宗教、国籍、族裔或政治观点而对该人进行起诉和惩罚，或认为顺从这一请求将使该人的处境因上述任何一种理由受到损害，则《1999 年第 2 议定书》的任何条款都不应被解释为规定该缔约国有进行引渡或提供相互司法协助的义务。

（2）其他违反

《1999 年第 2 议定书》第 21 条列举了两类“其他违反”行为。这两类行为的构成在主观上也要求出于故意。这两类违反行为包括：故意对文化财产的违反《1954 年海牙公约》或《1999 年第 2 议定书》规定的任何形式的使用；故意违反《1954 年海牙公约》或《1999 年第 2 议定书》的规定，从被占领土上非法出口、转移文化财产或转让文化财产权。

《1999 年第 2 议定书》规定缔约国有义务采取有效的立法、行政或惩罚措施，以便制止这两类违反行为。但是，《1999 年第 2 议定书》没有说明缔约国的何种行为算有效。一般而言，构成有效至少应当是缔约国在其国内立法中包括对这两类行为的规制，并且确认自己对这两类行为的管辖权。

2. 主要发展

显而易见，《1999 年第 2 议定书》中的制裁条款发展了《1954 年海牙公约》第 28 条的规定，更详细、更具体。而且，相对于《日内瓦公约附加第 1 议定书》和《国际刑事法院罗马规约》，《1999 年第 2 议定书》也有一些创举。

---

① 贾宇等著：《国际刑法学》，中国政法大学出版社 2004 年版，第 398 页。

第一，适用范围的扩大。《1999 年第 2 议定书》对刑事责任的规定既适用于国际性武装冲突，也适用于非国际性武装冲突。但在《1999 年第 2 议定书》的制定过程中，是否将刑事制裁适用于非国际性武装冲突，存在争论。有观点认为这种适用将侵入传统上由各国国内法解决的事项。最后的文本还是坚持将刑事责任的规定适用于非国际性武装冲突。但根据印度和我国的建议，《1999 年第 2 议定书》也指出，这种情况下，缔约国具有法律优先权。这一扩大超越了《1954 年海牙公约》和《日内瓦公约附加第 1 议定书》的规定。

第二，列举了应承担刑事责任的行为。如前所述，《1954 年海牙公约》第 28 条在实践中没有发挥积极作用，其主要原因之一就在于没有列举哪些行为构成对公约的违反。《1999 年第 2 议定书》克服了这一缺陷，对应当承担刑事责任的行为进行了具体列举。

第三，较好地平衡了攻击方和防御方的利益。如前所述，按照《日内瓦公约附加第 1 议定书》和《国际刑事法院罗马规约》的规定，只有对文化财产的故意攻击行为才构成战争罪。但是，《1999 年第 2 议定书》规定的严重违反中，不仅对重点保护文化财产的进攻构成犯罪，而且对重点保护文化财产及其直接周围设施用以支持军事行动也构成犯罪。后者就强调了防御方的义务。此外，其他违反中包括对“文化财产的违反《1954 年海牙公约》或《1999 年第 2 议定书》之规定的任何形式的使用”，就使得非法使用文化财产也得以规制。这也强调了防御方的义务。

第四，超越了以前国际文件规制的范围。《1999 年第 2 议定书》规定的五种严重违反突破了以前国际文件规制的范围，不仅规定对文化财产的攻击，而且对文化财产的破坏或夺取、偷盗、掠夺和侵占以及对受重点保护文化财产的攻击和不当使用都可能构成犯罪。其中，对受重点保护文化财产的攻击和不当使用构成犯罪在其他任何文件中都找不到依据。

第五，采纳了《国际刑事法院罗马规约》的规定，没有将造成破坏文化财产的后果作为犯罪的构成要件，突破了《日内瓦公约附加第 1 议定书》对“重大违反”的规定。

第六，规制文化财产的攻击行为时，弱化了军事必要。如前所述，《日内瓦公约附加第1议定书》和《国际刑事法院罗马规约》都规定，对文化财产的故意攻击行为可以构成犯罪。《1999年第2议定书》也不例外。但相比而言，《1999年第2议定书》在规制文化财产的攻击行为时，弱化了军事必要的规定。因为按照《国际刑事法院罗马规约》的规定，如果文化财产构成军事目标，对其攻击就不构成战争罪。但是，《1999年第2议定书》还强调即使文化财产构成军事目标，对其攻击还是可能构成犯罪，只要还有其他办法能够像对该目标采取敌对行动那样获得相同的军事优势。

第七，明确提出普遍管辖。《1954年海牙公约》已经暗含着普遍管辖的规定，因为其规定各国“不论该人属何国籍”，均应在刑事管辖系统内予以追诉。《1999年第2议定书》对此予以了发展，明确提出对于前三种严重违反行为，被推定作案人就在该国领土之上。普遍管辖权授予各缔约国审理前三种严重违反的权力，而不管犯罪行为在哪里发生，也不管犯罪嫌疑人是否本国国民。这就至少在理论上导致与前三种严重违反有关的案件都可以找到一个合格的管辖机关，都不能逃脱制裁。

第三节　前南斯拉夫国际刑事法庭相关案例评析

第二次世界大战结束之后，尤其是冷战结束之后，世界出现了一些新矛盾和新热点问题。这其中包括20世纪90年代以来发生在前南斯拉夫联盟境内、卢旺达境内、阿富汗境内的武装冲突以及2003年美英入侵伊拉克等。在这些武装冲突中，前南斯拉夫境内的武装冲突对文化财产的破坏尤为引人注目。根据联合国安理会的决议建立的前南斯拉夫国际刑事法庭审理了许多与破坏文化财产相关的案件，作出了许多判决。对这些案件的审理和判决既发展了现行的国际法规则，也是对现行保护武装冲突中文化财产国际规则的实践检验。

一、前南斯拉夫境内的武装冲突对文化财产的破坏

20 世纪 90 年代以来前南斯拉夫境内的武装冲突被称为冷战后欧洲第一场热战，是前南斯拉夫联邦解体而引发的民族对立和冲突，时间大致从 1991 年苏联崩盘到 2000 年米洛什维奇下台为止。①

这场冲突的主要特点之一是具有极强的民族性。前南斯拉夫武装冲突的爆发主要是由于复杂的民族矛盾引起的，武装冲突爆发后，又主要以民族为主要角色进行斗争。斯洛文尼亚与前南人民军的战斗，主要原因是占多数的斯洛文尼亚族人寻求独立。克罗地亚共和国境内的战火，主要源于克罗地亚境内的塞族聚居区塞族人与克罗地亚当局之间的矛盾，也就是克族和塞族之间的矛盾。波黑战争是塞尔维亚族、克罗地亚族和穆斯林三大主体民族矛盾激化的结果。② 这种特性导致在前南斯拉夫联盟的武装冲突中，各方经常为了打击敌方的文化尊严，消除敌方的文化痕迹，而以文化财产为故意攻击目标，而不管这些文化财产是否构成军事目标、是否位于军事目标附近。

据称，在前南斯拉夫联盟冲突开始时，塞族军队故意毁损丰富的克罗地亚文化遗产。当占领一个克罗地亚城镇时，其首先的行动是毁损公墓，烧毁百年历史的出生、结婚和死亡登记，废除指示克罗地亚历史的纪念碑。对城镇的轰炸也有特定的模式：主要目标不是居住中心，而是教堂和历史纪念物。在这些武装冲突中，占领杜布罗夫尼克的塞族指挥官的名言经常被引用：“毁灭杜布罗夫尼克。我们可以以后重建：更伟大、更古老，更塞族。”③ 在塞族占

---

① 参见百度百科：http：//baike. baidu. com/view/933282. htm，accessed on Apr. 3，2009。

② 参见《影响世界的 100 次战争》：http：/ /www. cetin. net. cn/storage/cetin2/js/zzsh/waiguo /wg100/102. htm，accessed on Apr. 3，2009。

③ Karl Habsburg-Lothringen，*The Destruction of Cultural Goods as A Primary Goal During War*，in *Protection of Cultural Property in the Event of Armed Conflict—A Challenge in Peace Support Operations*，ed. by Edwin R. Micewski Gerhard Sladek，Vienna，2002，p. 23.

领区域，特别是 Knin 地区和东斯洛文尼亚，执行着种族清洗和重新安置的计划，并且联合起来伪造定居名单，努力证明这些地区早已经是塞族地区。这些对文化财产的破坏中，轰炸被列为世界遗产的克罗地亚杜布罗夫尼克老城、波西尼亚和黑塞哥维那地区的 Mostar Bridge 引起了世界震惊。

据专家评估表明，在 1991 年最初的 7 个月里，前南斯拉夫发生的战争对文化财产的毁损和 1979 年发生于前南斯拉夫 Montenegro 地区的地震造成的损害不是一个级别，也超过第二次世界大战 4 年战斗中前南境内文化财产所遭受损失之总和。

二、《联合国前南斯拉夫问题国际刑事法庭规约》对破坏文化财产行为的规定

鉴于前南斯拉夫境内的武装冲突带来巨大的人道灾难，联合国安理会通过 808 号和 827 号决议，根据《联合国前南斯拉夫问题国际刑事法庭规约》（以下简称《规约》），组建了前南国际刑事法庭，对前南境内违反国际人道法，包括破坏文化财产的行为进行审判。因此，对前南的审判主要以《规约》为法律依据。

《规约》第 1 条规定前南法庭的职权是根据《规约》各条款起诉应对 1991 年以来前南斯拉夫境内所犯的严重违反国际人道主义法行为负责的人。第 2～5 条则分别规定法庭有权审理的各种事项：第 2 条规定可以审理构成对 1949 年各项日内瓦公约重大违反的情事；第 3 条规定法庭有权审理违反战争法律和惯例的行为；第 4 条规定对灭绝种族罪的审判；第 5 条则涉及危害人类罪的审判。

在《规约》规定的法庭可以审理的各种事项中，直接规制破坏文化财产行为的当属第 3 条（d）项。第 3 条（d）项虽然没有使用“文化财产”这一术语，但其保护的财产毫无疑问可以归属于文化财产的范围。该项规定：对战争法律和习惯的违反包括夺取、毁损或故意损害用于宗教、慈善和教育、艺术、科学的建筑，历史纪念物，艺术和科学品。同时规定，这一列举并非穷尽式的。除此之外，《规约》第 2 条规定了对民用财产的保护，这也与文化财产的保护相关。第 2 条是追究那些违反 1949 年日内瓦公约所规

定“重大违反”行为的刑事责任。其（d）项规定：禁止不能以军事必要证明其正当性的非法、恣意、大量的损害和占有财产。如果从文化财产属于民用财产的角度，这一规定也涉及文化财产的保护。另外，《规约》第5条授予法庭对反人类罪的审判。这一条中没有提到文化财产的字眼，甚至没有提到“财产”二字，但是，在前南案例中文化财产的破坏与这一条也紧密联系在一起。至于《规约》规定的灭种罪，也未提及文化财产或者民用财产，但在案件的审理中也引起了破坏文化财产能否构成灭种罪的讨论。

从实践来看，法庭审理针对文化财产的案件主要依据第3条（d）项，而《规约》第2条没有在任何规制文化财产破坏行为的案例中援引。① 其原因可能在于两个方面：首先，第3条（d）项的规定比第2条（d）项的规定更为具体。前者直接列举了所保护的特定财产，而后者只是提到“财产”；其次，第3条（d）项，根据相关案例②，既适用于国际性武装冲突，也适用于非国际性武装冲突。③ 而第2条（d）项，与1949年日内瓦公约的重大违反有关，只适用于国际性武装冲突。而对于前南斯拉夫境内某一时期武装冲突性质存在争论，如果法庭以第2条定罪，还必须证明当时的冲突是国际性武装冲突，这会带来不必要的麻烦。因此，有关破坏文化财产行为的规制主要是第3条（d）项的规定。第5条反人类罪也经常在针对文化财产的犯罪中被提及，特别是其中（h）项的规定：“基于政治、种族、宗教原因而进行迫害。”

① Theodor Meron, *The Protection of Cultural Property in the Event of Armed Conflict within the Case-law of the International Criminal Tribunal for the Former Yugoslavia*, Museum, No. 228, Vol. 57, p. 44.

② Prosecutor v. Tadic, IT-94-1-AR72, Decision on the Defence Motion for Interlocutory Appeal on Jurisdiction, 2 October 1995, para. 137.

③ Prosecutor v. Tadic, IT-94-1-AR72, Decision on the Defence Motion for Interlocutory Appeal on Jurisdiction, 2 October 1995, para. 137; See also the Judgement, The Prosecutor v. Anto Furundija, Case No. IT-95-17/1-T, 10 December 1998, para. 132.

三、前南斯拉夫刑事法庭典型案例

前南国际刑事法庭审判中有一系列的案例涉及破坏文化财产的个人刑事责任。其中，有一些案例值得关注。

（一）检察官诉 Tihomir Blaskic 案件①

这是前南国际刑事法庭作出的涉及文化财产的早期案件。Blaskic 是当时的克罗地亚陆军上校，在 2000 年 3 月同其他 5 名被告一起被指控。Blaskic 自身有 13 项指控。其中包括根据《规约》第 3 条（d）项的规定，被指控在波西尼亚和黑塞哥维那的 Lasva 山谷地区，毁损 12 个城镇的用于宗教或者教育的机构。

在审判中，审判庭特别强调，根据《规约》第 3 条（d）项进行惩罚，“故意毁损或者破坏的此类机构必须在当时清晰表明其为宗教或者教育机构，且在当时没有被用于军事目的”。而且还阐明：“这些机构必须不能位于军事目标的直接周围。”②

更有甚者，这一案件中 Blaskic 也被指控犯有反人类罪。这一指控是以其参与破坏或者故意损害“用于宗教或教育的机构”为前提。审判庭认为：根据《规约》第 5 条（h）项的规定，在国际或国内武装冲突中针对平民基于政治、种族、宗教原因而进行迫害构成反人类罪。而迫害可以采取伤害人类以外的方式，特别是采取那些表面并不残忍，而是能逐渐对人类灌输歧视思想的行为。根据对被告的指控，迫害可以采取那些对私人住所和营业、标志性建筑征收、破坏的方式进行，也可以是对波西尼亚—黑塞哥维那穆斯林人谋生手段的破坏。③ 法庭在这里提到的“标志性建筑”很明显包括宗教建筑。不仅如此，法庭还引用了国际法委员会 1991 年和 1996 年的报告所声称的“迫害可以采取许多方式”，典型例子是“系统性地毁损代表特定社会、宗教、文化或者其他团体的纪念物

---

① 具体案情可以详见 Prosecutor v. Tihomir Blaskic，Case No. IT-95-14-T。

② Prosecutor v. Tihomir Blaskic，Case No. IT-95-14-T，para. 185.

③ Prosecutor v. Tihomir Blaskic，Case No. IT-95-14-T，para. 227.

和建筑"①。依此分析，在歧视的基础上对文化财产的破坏可以延伸到这些文化财产背后的人。因此，恣意破坏这些财产不仅受到《规约》第3条的规制，而且受到《规约》第5条的间接规制。

在Blaskic案件的上诉审判中，上诉庭首先明确，许多审判庭认为对财产的破坏可以构成反人类罪。上诉庭还引用了Kupreskic案件中的判决。指出该案件的初审判决认为：攻击民用财产是否构成反人类罪中的迫害也许依赖于所涉及的财产类型。"某些类型的财产，其破坏也许不能对受害人有足够严重的影响以至于构成反人类罪，即使这种破坏是以（政治、种族或者宗教的）区分为基础，典型例证是烧毁某人的汽车（除非汽车构成主人的不可或缺和生死攸关的财产）。"还指出Kupreskic的初审判决认定：全面破坏房屋和财产，导致"对某类人的生存的破坏"，并且可以"与同强迫迁移或者驱逐一样残忍的结果"，那么，这种行为"可以构成对基本人权的否定，并且，如果以区分为基础，可以构成迫害"。之后，上诉庭表示同意Kupreskic案件初审判决的上述观点。② 并且提出"对财产的毁损，依赖于财产的性质和毁损的程度……可以构成第5条下的迫害"。③ 从上诉庭的引用可以看出，Blaskic案件的上诉判决也同意对文化财产的破坏在一定条件下可以构成反人类罪。

（二）检察官诉Dario Kordic和Mario Cerkez案件④

两个被告都是波西尼亚克罗地亚人，在波西尼亚—黑塞哥维那的波西尼亚中部地区的冲突中发挥了重要作用，是当时克罗地亚国防部的政治和军事领导人。二者主要被指控在1992年和1993年，在波西尼亚穆斯林和波西尼亚克罗地亚人之间的冲突中有违反国际

① Prosecutor v. Tihomir Blaskic, Case No. IT-95-14-T, para. 231.

② Prosecutor v. Tihomir Blaskic, Case No. IT-95-14-A, para. 146.

③ Prosecutor v. Tihomir Blaskic, Case No. IT-95-14-A, para. 149.

④ 具体案情可详见Prosecutor v. Dario Kordic&Mario Cerkez, Case No. IT-95-14/2-T。

人道法的行为。① 其中包括故意以穆斯林清真寺和其他宗教和教育机构为攻击目标，因此构成《规约》第3条（d）项规定的指控。

在分析被告的行为是否构成《规约》第3条（d）项时，相较于Blaskic案件，审判庭的分析更为详细。审判庭首先分析了《海牙规章》第27条以及《日内瓦公约附加第1议定书》第53条，而后分析了《1954年海牙公约》中的相关规定。认为《1954年海牙公约》适用于该案件。因为前南斯拉夫在1956年批准了该公约，在克罗地亚共和国和波斯尼亚—黑塞哥维那宣告独立之后，该公约继续适用。审判庭也引用了《1954年海牙公约》第1条，指出其保护的文化财产包括对各国人民的文化遗产具有重大意义的动产或不动产；其主要目的是为保存或展览前述动产的建筑物，以及发生武装冲突时用以掩护前述可以移动文化财产的保藏所和用以存放大量的上述动产、不动产、建筑物和保藏所的中心站。并从中得出结论：根据《1954年海牙公约》对文化财产的定义，教育机构毫无疑问属于对人类具有重大意义的不可移动文化财产，因为教育机构在收藏书籍和艺术和科学作品方面有显著作用，是学习、艺术以及科学的中心。②

两个案件的审判庭也阐明了第3条（d）项的适用范围，认为，破坏宗教或者教育机构的罪行在某种程度上，与一般保护中非法攻击民用物品的罪行相重叠。在评论这种重叠中，审判庭得出的观点是：第3条（d）项保护的范围更为特定，因为其直接针对破坏“文化财产”的行为。③

审判庭还对《1954年海牙公约》所规定的“特别保护”进行了分析，认为特别保护仅仅提供给“有限的意图掩护可移动文化财产的保藏所”。而且，取得特别保护的文化财产在用于军事

① Prosecutor v. Dario Kordic&Mario Cerkez, Case No. IT-95-14/2-T, para. 1.

② Prosecutor v. Dario Kordic&Mario Cerkez, Case No. IT-95-14/2-T, para. 358-360.

③ Prosecutor v. Dario Kordic&Mario Cerkez, Case No. IT-95-14/2-T, para. 361.

目的时就失去特别保护资格。因此，审判庭得出结论：《1954年海牙公约》中的一般保护和特别保护没有太大区别，其基本原理都是不管什么类型的财产，包括教育机构被用于军事目的，就会失去保护，并且认为这种结论与《海牙规章》第27条确认的习惯相一致。①

在上诉判决中，审判庭推翻了初审法庭所认为的所有教育机构都能构成《1954年海牙公约》规定的文化财产。② 不仅如此，上诉判决更是根据《日内瓦公约附加第1议定书》第52、53条的规定，对文化、历史和宗教纪念物的保护进行了区分。认为第52条规定对民用物品的保护，包括对建筑物和纪念物，以及学校和宗教场所的一般保护，即“不能毁损此类物品，除非此类物品在攻击时已经变成军事目标，且对其攻击可以给攻击方带来确定的军事利益”。第53条提供特殊保护，即针对“构成人们文化或者精神遗产的三类物品：历史纪念物、艺术品，宗教场所进行特殊保护，不允许对其采取直接敌对行为”。

这两个案件也涉及反人类罪问题。其基本推理类似于Blaskic案件，并有所发展。初审审判庭认为纽伦堡审判中的案例和1991年国际法委员会的报告等都指明：宗教场所的毁损是反人类罪中所称迫害的明显例子。③ 当毁损符合反人类罪中的区别性迫害要求，且是攻击某一民族特定的宗教场所就符合反人类罪的定性，因为所有人因该独特宗教文化和其伴随物——文化物品的毁损而受到伤害。④ 对此，上诉判决给予了实质上的确认，同时强调：对民用物品的毁损达到反人类罪中的迫害必须是这种行为构成“否定或者

---

① Prosecutor v. Dario Kordic&Mario Cerkez, Case No. IT-95-14/2-T, para. 362.

② Prosecutor v. Dario Kordic&Mario Cerkez, Case No. IT-95-14/2-A, para. 92.

③ Prosecutor v. Dario Kordic&Mario Cerkez, Case No. IT-95-14/2-T, para. 206.

④ Prosecutor v. Dario Kordic&Mario Cerkez, Case No. IT-95-14/2-T, para. 207.

侵害国际习惯和条约法中的基本权利”，“故意攻击民用物品构成迫害，如果这一行为单独或者和其他行为一起等同于《规约》第5条所列举（反人类罪中）的其他犯罪行为的分量”①。

（三）检察官诉 Naletilic 和 Vinko Martinovic 案件

这一案件在2003年3月作出判决。根据《规约》第3条（d）项，两被告被指控命令毁损在克罗地亚 Dosanj 山谷地区的穆斯林清真寺。在这一案件中，初审法庭重复了以前案例中确定的原则，即以违反战争法律和习惯追究毁损宗教机构的行为，必须是这些机构在当时没有被用于军事目的且行为人有毁损该类机构的故意。②

这一案件因为证据不足，被告并没有被确认构成《规约》第3条（d）项下的犯罪，但其对武装冲突中的文化财产犯罪构成作出了引人注目的阐述，明确拒绝了 Blaskic 案件中所阐明的观点。如前所述，根据 Blaskic 案件，文化财产位于军事目标的直接周围可以证明对其攻击的正当性。但该案件的审判庭认为：根据1907年《海牙规章》第27条，不能仅仅以文化财产位于军事目标的直接周围，而证明对其毁损的正当性，但同意如果文化财产用于军事目的，丧失保护。③

（四）杜布罗夫尼克老城案件：检察官诉 Strugar 和 Jokic 案件

这两个案件都是对炮轰杜布罗夫尼克老城的指控，受到世人瞩目。之所以如此，主要是因为根据1972年的《世界文化和自然遗产公约》，该老城在1979年被教科文组织授予世界文化遗产的称号。杜布罗夫尼克老城并不大，但是历史悠久，包含着许多非常重要的历史纪念物、艺术品和礼拜场所，这些构成了人类的文化和精神遗产，对克罗地亚的经济和旅游事业也非常重要，被誉为“亚德里亚海明珠”。但是在前南武装冲突中，老城受到重创。根据教

① Prosecutor v. Dario Kordic&Mario Cerkez, Case No. IT-95-14/2-A, para. 103-105.

② Prosecutor v. Mladen Naletilic, aka “TUTA” and Vinko Martinovic, aka “ŠTELA”, Case No. IT-98-34-T, para. 605.

③ Prosecutor v. Mladen Naletilic, aka “TUTA” and Vinko Martinovic, aka “ŠTELA”, Case No. IT-98-34-T, para. 604-605.

科文组织以及相关部门的调查，在1991—1992年，老城824处建筑中有563处受到过炮射。438处的屋顶因为直接攻击而受到损害，而262处因为炮弹的碎片而受到损害。6处建筑已经因为焚烧而彻底毁损。①

1. 检察官诉Jokic案件②

Jokic被指控严重违反国际人道法，对其有6项指控，包括《规约》第3条（d）项所称的夺取、毁损或故意损害用于宗教、慈善和教育、艺术、科学的建筑，历史纪念物，艺术和科学品。③

在分析Jokic的行为是否构成《规约》第3条（d）项的罪行时，审判庭首先提及此类罪行代表着违反了国际社会特别保护的价值理念。然后回顾了保护文化财产的相关规则，包括1899年和1907年《海牙规章》的规定以及《1954年海牙公约》的规定，还回顾了《世界文化和自然遗产公约》前言所称“任何文化或自然遗产的坏变或消失都构成使世界各国遗产枯竭的有害影响”。接着，审判庭提出《日内瓦公约附加第1议定书》第53条和《日内瓦公约附加第2议定书》第16条对1949年日内瓦公约的发展，认为这两条禁止攻击文化财产，而不要求文化财产有实际损害。

杜布罗夫尼克老城被认为是世界文化遗产的重要组成部分，是人类历史遗迹以及建筑艺术的突出代表。炮轰老城不仅有损于当地历史和遗产，而且有损于整个人类文化财产。即使老城的受损部分可能被恢复也不能减轻这一行为。因为“恢复这样的建筑，即使可能，也永不可能恢复到攻击以前的状态，因为，某种原始性、历史真实性被损害，因此影响该建筑的固有价值”。

审判庭还将攻击老城与攻击一般民用物品进行了对比，认为攻击民用建筑构成对国际人道法的违反，攻击受特别保护的场所，比如老城，则更为严重。不仅如此，审判庭还认为，被告所犯罪刑的

---

① See http://www.icty.org/x/cases/strugar/cis/en/cis_strugar_en.pdf, visted on 12-29-2013.

② 具体案情可详见Prosecutor v. Miodrag Jokic，Case No. IT-01-42/1-S。

③ Prosecutor v. Miodrag Jokic，Case No. IT-01-42/1-S，para. 1-8.

轻重必须考虑到建筑的受损程度。而攻击老城造成超过100处建筑物，包括老城城墙的重要组成部分受到毁坏，其范围包括完全毁损到对非结构部分的损害。因此，非法攻击老城必须被认为是特别严重的犯罪行为。①

2. 检察官诉Strugar案件②

Strugar先生被指控在1991年12月6日至31日，在前南人民军针对克罗地亚杜布罗夫尼克老城的战斗中犯有罪行。对其指控有6项，其中包括夺取、毁损或故意损害用于宗教、慈善和教育、艺术、科学的建筑，历史纪念物，艺术和科学品的责任。③

在分析Strugar的行为是否构成《规约》第3条（d）项所列的罪行时，审判庭首先还是回顾了保护武装冲突中文化财产的国际习惯和条约，包括1907年《海牙规章》第27条、《1954年海牙公约》、《日内瓦公约附加第1议定书》第53条和《日内瓦公约附加第2议定书》第16条。对这些规定，审判庭讨论了攻击时的“军事必要”问题，认为1907年《海牙规章》和《1954年海牙公约》都有军事必要的例外，而《日内瓦公约附加第1议定书》第53条和《日内瓦公约附加第2议定书》第16条虽然没有明文提及军事必要。但是，因这两条提及“在不妨害《1954年海牙公约》和其他有关国际文件规定的条件下”，所以这两条不影响《1954年海牙公约》中对“军事必要”的适用。因此，武装冲突中攻击文化财产存在“军事必要”的例外。但因为该案件中炮轰老城根本不存在军事必要，所以，审判庭没有讨论军事必要如何具体适用。

审判庭还讨论了军事目的的适用问题。因为文化财产被用于军事目的，就会失去保护地位。对此，审判庭讨论了Blaskic案和Naletilic案判决的区别：在Blaskic案件中，审判庭认为攻击文化财产构成犯罪必须是该文化财产未用于军事目的，而且不在军事目标

① Prosecutor v. Miodrag Jokic, Case No. IT-01-42/1-S, para. 46-55.

② Prosecutor v. Pavle Strugar, Case No. IT-01-42-T, para. 298-312.

③ Prosecutor v. Pavle Strugar, Case No. IT-01-42-T, para. 1-4.

附近。① 而 Naletilic 案件中则认为文化财产位于军事目标附近不是攻击文化财产的合法理由。② 最终，审判庭采纳了后者的观点，认为是对文化财产的军事目的的使用，而非其所在位置导致其失去保护地位。但审判庭也承认当文化财产位于军事目标附近时，实际结果可能会导致认为对文化财产的损害不是直接针对文化财产，而是周围的军事设施。

审判庭还认为，《规约》第 3 条（d）项明确表示，只有那些其结果导致文化财产损害或破坏的行为才构成犯罪。因此，第 3 条（d）项规定的罪行的构成要素中必须存在实际的损害。同时，审判庭也认为构成第 3 条（d）项的罪行，必须出于主观上的故意。

综上所述，最终，审判庭认为根据习惯国际法，构成第 3 条（d）项的罪行必须符合 3 个构成要件：导致对构成人类文化或精神遗产的财产的毁损；被损财产在当时没有被用于军事目的；财产被损在主观上出于故意。③

具体到该案件，审判庭认为 Strugar 在炮击老城的行为中，主要负有指挥官责任（superior responsibility）。因为当时 Strugar 有效地控制着非法炮轰老城的行为人，有合法的权力以及事实上的能力阻止对老城的不合法攻击以及惩罚行为人。但是，被告没有这样做。因此，对炮轰老城的行为，被告负有上级责任。④

四、相关案例中涉及的主要问题

（一）武装冲突中破坏文化财产承担个人刑事责任的主要国际法渊源

前南国际刑事法庭成立的组织文件是《规约》。因此，前南国际刑事法庭追究武装冲突中严重违反国际人道法的行为，其主要依据是《规约》。但由于《规约》一方面没有明确的刑罚规则，另一

① Blaskic Trial Judgement, para. 185.

② Naletilic Trial Judgement, para. 605.

③ Prosecutor v. Pavle Strugar, Case No. IT-01-42-T, para. 312.

④ Prosecutor v. Pavle Strugar, Case No. IT-01-42-T, para. 446.

方面许多规定又不是很明确。① 而正如联合国秘书长就前南国际法庭应适用的法律强调的“实施法无明文规定不为罪的原则要求国际法庭应适用那些已毫无疑问成为国际习惯法一部分的国际人道法规则，以避免发生只有一些国家而不是所有的国家都遵守具体公约的问题”②。因此，在实际操作中，前南国际刑事法庭还必须经常提及和适用那些已经构成国际习惯法的国际人道法。具体到追究破坏文化财产的刑事责任，也是以相关的保护文化财产的国际习惯和相关条约为基础。从前南国际刑事法庭案例可以看到，这些国际规则和惯例主要分为三种：第一种专门针对文化财产的保护，包括1907年海牙第4公约所附的《陆战法规和惯例章程》第27条和第56条、1907年《海牙有关战时海军轰炸公约》第5条、《1954年海牙公约》、1972年《保护世界文化和自然遗产公约》，还包括《日内瓦公约附加第1议定书》第53条和《日内瓦公约附加第2议定书》第16条。第二种主要针对民用财产的保护，这主要包括1949年日内瓦公约及其附加议定书。第三种主要针对个人刑事责任的承担，这表现为《欧洲国际军事法庭宪章》和《远东国际军事法庭宪章》的规定以及纽伦堡审判和东京审判实践中的相关案例。而国际社会有关追究战争犯罪的一些文件也是其国际法渊源之一。

（二）武装冲突的性质对破坏文化财产承担个人刑事责任的影响

如前所述，武装冲突从其性质上来看，可以分为国际性武装冲突和非国际性武装冲突。所谓国际性武装冲突，是指两个或两个以上国家之间爆发的武装冲突。非国际性武装冲突，则往往指以政府的武装力量为一方，反政府的武装力量为另一方的武装冲突，或者

① 李寿平著：《现代国际责任法律制度》，武汉大学出版社2003年版，第220页。

② 参见凌岩著：《跨世纪的海牙审判》，法律出版社2002年版，第69页。

是发生在后者之间的武装冲突。① 而传统上，国际条约和习惯是按照武装冲突的性质来确定国际人道规则的适用，追究当事人的个人刑事责任。而且，适用于国际性武装冲突的国际规则比适用于非国际性武装冲突的规则要多很多。这主要是出于对各国主权的尊重，以及打消一些国家对可能产生的“干涉内政”的顾虑。但随着时间的发展，人们认识到非国际性武装冲突引起的人道灾难也非常突出，从而逐渐将非国际性武装冲突也纳入国际法调整的范围。在此，首先要提及的是1949年日内瓦公约共同第3条。共同第3条规定了非国际性武装冲突中各方应遵守的最低义务。仿照这一条，《1954年的海牙公约》第19条也提出在非国际性武装冲突中，各方最低限度应当履行尊重文化财产的义务。而1977年《日内瓦公约附加第2议定书》则专门以非国际性武装冲突为调整对象。因此，国际社会调整非国际性武装冲突的国际规则呈逐步增加趋势，特别是“二战”之后。但是，相比较而言，其包括的内容远远少于对国际性武装冲突的调整。

前南国际刑事法庭的建立，是为起诉“1991年以来在前南斯拉夫境内发生的严重违反国际人道法行为的人”。通过惩治来防止以后再发生类似的不法行为，并对该地区重建和平作出贡献。至于前南境内发生的武装冲突的性质，联合国安理会并没有确定。在联合国秘书长向安理会提交的报告中指出：“‘自1991年以来’所犯的违法行为是指自1991年1月1日起或以后的任何时间。这个日期是中立的，与任何特定事件都没有关系。而且该日期表明，不对这场冲突的国际或国内性质作出判断。”这一报告被联合国安理会一致通过。联合国安理会的这一决议并没有明确前南斯拉夫境内的冲突性质。② 而如前所述，有关武装冲突的国际条约和习惯又区分

① 参见第一章对武装冲突的论述。

② 但有些事件，如轰炸杜布罗夫尼克老城和Mostar Bridge桥被认为是国际性武装冲突。See M. Keba M'Baye, *Destruction of Cultural Property Report*, UN Security Council, S/1994/674/Add. 2, Vol. V, 28 Dec. 1994, avaliable at http://www. ess. uwe. ac. uk/comexpert/ANX/XI. htm, visited on 12-30-2013.

武装冲突的性质来适用。这导致了在前南国际刑事法庭审判中首先遇到的难题是：某一案件的背景是国际性还是非国际性武装冲突难以确定，从而导致适用国际法的难题。这在前南国际刑事法庭第一案 Tadic 案件中就有着针锋相对的观点。最后，审判庭认为，《规约》第 2 条对“1949 年日内瓦公约的‘严重违反’”只适用于国际性武装冲突，而公约第 3 条“战争法律和习惯的违反”和第 5 条“反人类罪”既适用于国际性武装冲突也适用于非国际性武装冲突。Tadic 案件的判决意见对追究武装冲突中破坏文化财产的个人刑事责任有重要影响。故虽然《规约》第 2 条（d）项中规定“无军事上之必要，而以非法和蛮横之方式，对财产进行大规模的破坏与占用”涉及对民用财产的保护，文化财产作为民用财产的一种，也可以引用这一条来规制。但是，考虑到该条根据 Tadic 案件，只能适用于国际性武装冲突。而且第 3 条（d）项①直接与文化财产相关，所以，在具体追究破坏文化财产的个人刑事责任时，审判庭的主要根据是《规约》第 3 条和第 5 条。

这些说明在现行国际法下，区分武装冲突的性质规定国际规则的适用影响追究武装冲突中破坏文化财产的个人刑事责任。

（三）破坏文化财产所构成的罪名分析

个人承担国际刑事责任是以其行为构成国际罪行为前提和基础。武装冲突中破坏文化财产的行为构成何种国际罪行是一个值得探讨的问题。而前南国际刑事法庭是审理自 1991 年以来在前南斯拉夫境内发生的严重违反国际人道法的行为。依据联合国安理会的决议和《规约》，与破坏文化财产相关的国际罪行主要有三种：战争罪、灭种罪和反人类罪。

首先应当明确武装冲突中破坏文化财产毫无疑义可以构成战争罪。所谓战争罪，根据《欧洲国际军事法庭宪章》第 6 条的规定，是指违反战争法规或战争习惯的罪行。《规约》第 3 条也明

---

① 对战争法律和习惯的违反包括夺取、毁损或故意损害用于宗教、慈善和教育、艺术、科学的建筑，历史纪念物，艺术和科学品。同时规定，这一列举并非穷尽式的。

确规定，战争罪是违反战争法和惯例的罪行，还列举了具体的违反行为。而保护武装冲突中的文化财产早已经是战争法律和习惯的一部分，审判庭在审理案件时，经常就提及1899年和1907年海牙公约中的相关规定、《1954年海牙公约》、1972年《保护世界文化和自然遗产公约》，还包括《日内瓦公约附加第1议定书》第53条和《日内瓦公约附加第2议定书》第16条。因此，武装冲突中破坏文化财产可以构成战争罪。事实上，前南国际刑事法庭对破坏文化财产行为的追诉主要是以其构成战争罪为依据。

武装冲突中破坏文化财产能否构成反人类罪是一个有争论的问题。所谓反人类罪，依据《欧洲国际军事法庭宪章》第6条的规定，是指在战前或战时，对平民施行谋杀、灭绝、奴役、放逐及其他非人道行为；或基于政治的、种族的或宗教的理由，而为执行或有关本法庭管辖权内之任何犯罪而作出的迫害行为，至于其是否违反犯罪地法律则在所不问。1950年联合国国际法委员会编纂的《纽伦堡国际军事法庭及该法庭判决书中所包含的国际法原则》对反人类罪也进行了定义，是指对任何平民实行谋杀、灭绝、奴役、放逐及其他非人道行为；或基于政治的、种族的或宗教的理由，为执行或有关于任何破坏和平罪或战争罪而作出的迫害行为。相对于前者，这一定义删去了“战争爆发前或战争中”的规定，从而使反人类罪不必与战争有联系。《规约》对反人类罪的定义基本与前相同：在国际性或非国际武装冲突中犯有谋杀、灭绝、奴役、驱逐出境、监禁、酷刑、强奸、基于政治、种族、宗教原因而进行迫害或其他不人道的行为。但在塔迪奇案件中，反人类罪被界定为必须与武装冲突存在联系。① 从这些定义来看，反人类罪针对的应当是对人的某种危害行为，而没有涉及财产，当然更不可能直接涉及文化财产。因此，从表面上看，

---

① Marco Sassoli and Laura M. Olson, *Prosecutor v. Tadic* (*Judgement*). *Case No. IT-94-a-A*. 38 *ILM* 1518 (1999), The American Journal of International Law, Jul. 2000, Vol. 94, No. 3, p. 574.

破坏文化财产并不能构成反人类罪。但是，从前南国际刑事法庭的案例来看，破坏文化财产毫无疑问可以构成反人类罪。这一依据主要对“基于政治、种族、宗教原因而进行迫害”的解释。如前所述，前南国际刑事法庭中涉及破坏文化财产的早期案件——Blaskic 案件中，被告就因为破坏文化财产被指控犯有反人类罪。在分析这一案件时，审判庭就对“基于政治、种族、宗教原因而进行迫害”进行了解释。按照审判庭的观点，被告参与毁损或者故意破坏“用于宗教和教育的机构”可以证明被告的行为是“以种族、宗教或者政治”的区分为基础。而且，审判庭对“迫害”一词的解释也使破坏文化财产的行为可以被纳入反人类罪的范畴。因为审判庭认为迫害可以采取没收或者破坏住所和营业、标志性建筑的方式进行。而标志性建筑当然包括“宗教建筑”等文化财产。该案件的上诉判决虽然没有直接确定破坏文化财产的行为可以构成反人类罪，但从其表述来看对此并没有否认。因为上诉庭认为攻击民用财产是否构成迫害“也须依赖于所涉及的财产类型”，“某种类型的财产被破坏也许没有对受害人有足够影响以至于构成反人类罪，即使这种破坏是以歧视基础进行”。“破坏对所有者不可缺少和至关重要的财产可以构成反人类罪。”这些表述都表明上诉庭也承认在一定条件下，破坏文化财产可以构成“反人类罪”。

后来的检察官诉 Dario Kordic 和 Mario Cerkez 案件的判决也表明“破坏文化财产”可以构成“反人类罪”。在这些案件中，审判庭对此的分析比 Blaskic 案件更为详尽，引用了纽伦堡审判中的案例和 1991 年国际法委员会的报告。这些案例和报告都指明：宗教场所的毁损是“反人类罪中所称的明显迫害”，“当毁损符合反人类罪中所要求的区别性，且是因攻击某一民族特定的宗教场所造成的”就符合反人类罪的界定。因为所有人因该独特宗教文化和其伴随物——文化物品的毁损而受到伤害。对此，Kodic 案件的上诉判决也表示认同。除此之外，检察官诉 Milomir Stakic 案件也承认破坏文化财产可以构成“反人类罪”。其推理类似于检察官诉 Dario Kordic 和 Mario Cerkez 案件。①

相对而言，针对破坏文化财产能否构成灭种罪的讨论较少。所谓灭种罪，根据 1948 年《防止及惩治灭绝种族罪公约》的规定，是指蓄意全部或局部消灭某一民族、人种、种族或宗教群体，如杀害该群体的成员，对其加以严重的身体或精神的伤害，故意使该群体处于某种生活状况下，以毁灭其全部或局部的生命；强制实施使该人群不能生育的措施，强行将该人群的儿童转移给另一个人群等。《规约》继承了这一界定。因此，仅从字面解释，破坏文化财产不能构成灭种罪。但是，如果从 1948 年《防止及惩治灭绝种族罪公约》的最初文本来看，其包含了“文化灭种”的概念。“文化灭种”是指“系统性地破坏历史或者宗教纪念物或者它们与之不同的特征”，“损害具有历史、艺术和宗教价值的文件和物品、损害在宗教场合使用的物品或者使之消失”②。在后来的文本中又提到“损害……该群体的图书馆、博物馆、学校、历史纪念物、宗教场所和其他文化机构和物品”③。从这些用语可知，“文化灭种”的概念包含对文化财产的破坏。但 1948 年《防止及惩治灭绝种族罪公约》的正式文本中并没有包括“文化灭种”的概念。《规约》第 4 条规定的“灭种罪”是逐字逐句照搬 1948 年《防止及惩治灭绝种族罪公约》的规定，因此，也不包括“文化灭种”的概念。从前南国际刑事法庭的相关案例来看，也否定了破坏文化财产可以构成“灭种罪”。④ 在

① Also See Obrenovic Sentencing Judgement, para. 64, n. 95; Momir Nikolic Sentencing Judgement, para. 104, n. 148; Kordic Trial Judgement, para. 205.

② Article II (2) of the Draft Convention for the Prevention and Punishment of Genocide (UN Doc. E/447), annexed to ECOSOC Res. 77, 6 August 1947.

③ Article III (2) of the Draft Convention on the Prevention and Punishment of the Crime of Genocide (UN Doc. E/794), United Nations Economic and Social Council, Third Year, Seventh Session, Supplement No. 6, Annex.

④ Roger O'Keefe, *The Protection of Cultural Property in Armed Conflict*, Cambridge University Press, 2006, p. 343.

Krstic案件中审判庭认为“习惯国际法将灭种罪限制在对群体或者群体的局部进行身体上或者生理上的迫害”。所以，仅仅攻击一个群体的文化或者社会学意义的特征以便消除这一群体区别于其他群体的特征并不包含在灭种罪的概念中。以此推定，破坏文化财产并不能构成灭种罪。但是，审判庭强调：对某一群体身体上或者生理上的迫害往往伴随着对文化财产或者标志性建筑的破坏，所以，对文化财产或者标志性建筑的破坏可以作为证据证明存在灭种的意图。① Krstic案件的上诉判决也确认了审判庭的意见。②

（四）武装冲突中破坏文化财产国际罪行的构成要件

如前所述，追究武装冲突中针对文化财产的个人责任是以该行为构成了相关的国际罪行，主要是以战争罪和反人类罪为依据。但是，并非所有的破坏文化财产的行为都构成犯罪，因为此类罪行的构成必须符合一定的条件。

1. 主观构成要件：蓄意和明知

武装冲突中破坏文化财产的行为构成犯罪必须存在主观上的故意，也即对文化财产的破坏必须是蓄意（intent）和明知（knowledge）的，后者的意思是“知晓这种情况的存在”。这一标准在具体案件中如何运用，值得探讨。

前南国际刑事法庭的案例表明其对“蓄意”和“明知”的判断有一个发展的过程。在Blaskic案件中，审判庭认为：故意毁损或者破坏的此类机构必须在当时清晰表明（clearly identified）其为宗教或者教育机构。从其表述可以看出，“明知”要求受损的文化财产必须“清晰表明”其为文化财产，这样才能确定被告是“明知”为文化财产而进行破坏的。但是，这一观点在后来的案例中，包括Strugar案件并没有被采纳。在Strugar案

① Prosecutor v. Krstic, IT-98-33-T, Trial Chamber Judgment, 2 August 2001, para. 580.

② Prosecutor v. Krstic, IT-98-33-A, Appeal Chamber Judgment, 19 April 2004, para. 25.

件中，审判庭认为被告的主观意图要通过当时相关的事实和情况来判断，而在此案中，前南斯拉夫人民武装部队可以在 1991 年 12 月 6 日看到教科文组织规定的明显标记标在杜布罗夫尼克老城上面。这一点证明了被告的破坏行为是“明知的”。因此，Blaskic 案件中的“清晰表明要求”一般被认为是对被告“知晓”要求的不适当的表达方式。

2. 对文化财产的哪些行为可以构成犯罪

在武装冲突中对文化财产的哪些破坏行为构成犯罪、犯罪是否必须以文化财产的实际损害为构成要件也在前南国际刑事法庭相关案件中得到讨论。

哪些破坏文化财产的行为构成国际罪行呢？首先毫无疑问包括对文化财产的“直接攻击”行为。但是，如果对文化财产的损害仅仅是不分皂白攻击中造成的附带损害，是否也构成犯罪呢？从前南国际刑事法庭相关案例来看，答案是肯定的。如在 Blaskic 一案的上诉判决中①，上诉判决引用了 1977 年《日内瓦公约附加第 1 议定书》第 51（2）条和《日内瓦公约附加第 2 议定书》第 13（2）条的规定，认为：适用于国际和非国际性武装冲突的习惯国际法承认，如果故意攻击导致平民和民用物品的损害，超过了预期的、固有的、直接的军事利益，就应当承担个人刑事责任。在检察官诉 Galic 一案②中，审判庭也认为：不分皂白的攻击违反了比例性原则，习惯国际法禁止不分皂白的攻击。这两个案例虽然没有直接表明对文化财产的附带损害应当承担个人刑事责任，但两个案例中的判决意见无疑暗示了这一点。

除直接攻击和不分皂白的攻击造成文化财产损害之外，对文化财产的其他敌对行为是否也构成犯罪，值得讨论。从国际实践和前南国际刑事法庭的案例来看，答案也是肯定的。“二战”后欧洲纽伦堡审判实践中几个德国战犯就是被指控在被占领土上毁灭文化财产所起的作用而被判处刑罚。在前南国际刑事法庭的案

① Blaskic, Appeals Chamber Judgment, para. 157.

② Prosecutor v. Galic, para. 57-58.

例中，也有一些案例说明这一问题。如在 Blaskic 案件中，被告对文化财产的破坏，是被指控在清真寺中布雷。在 Brdjanin 案件中，被告被指控对文化财产的破坏行为也是布雷和其他爆炸行为，以及用大型机械将文化财产夷为平地和放火烧毁文化财产。

此外，对文化财产的掠夺是否构成犯罪也是一个值得探讨的问题。习惯国际法承认国际性和非国际性武装冲突中非法掠夺公私财产，包括文化财产也负个人国际刑事责任。《伦敦宪章》第 6（b）条授予法庭在纽伦堡审判中对“掠夺公私财产”的战争罪有管辖权。在占领情况下，审判庭判决 Rosenberg“对整个被占欧洲地区公私财产的体系性的掠夺负有责任”。前南国际刑事法庭第 3（e）条中授予审判庭对同样行为的管辖权。Hadzihasanovic 和 Kubura 案件①的审判庭还认为，作为习惯，这种犯罪“应当被理解为包括在武装冲突中的对财产的所有形式的非法占有，与国际刑法相联系的个人刑事责任，包括那些传统上描述为掠夺的行为”。

武装冲突中攻击文化财产的犯罪是否必须以文化财产受损为前提也经常在相关案例中讨论。如前所述，国际文件对这一问题规定不一。《日内瓦公约附加第 1 议定书》对此持肯定态度，而《1999 年第 2 议定书》和 1998 年《国际刑事法院罗马规约》持否定态度。在前南国际刑事法庭规章中，所用的措辞是“毁损或故意损害”。因此，前南案例认为对文化财产的攻击必须以存在损害结果为构成要件。这在 Strugar 案和其他类似案件中都表明了这一点。

（五）文化财产的重要性及受损程度对个人刑事责任的影响

虽然在《规约》中，没有明确文化财产的重要性对个人刑事责任的影响，但是，这一点是毫无疑问的。前南国际刑事法庭对 Jokic 案的判决也说明了这一点。审判庭判决攻击杜布罗夫尼克老城是特别严重的行为，构成严重的犯罪。在得出这一结论时，审判庭从两个方面进行了分析。一方面，审判庭认为“攻击民用

① Prosecutor v. Hadzihasanovic and Kubura，para. 37.

建筑构成违反国际人道法的严重犯罪，直接攻击受特别保护的地区，是更为严重的犯罪”。而杜布罗夫尼克老城属于特别保护的地区，被教科文组织授予世界文化遗产的称号。另一方面，攻击老城造成特别损害也对个人刑事责任有影响。因为被告的行为，造成超过100处建筑物，包括老城城墙的重要组成部分受到毁坏，其范围包括完全毁损到对非结构部分的损害。这两个事实，以及结合《世界文化和自然遗产公约》的前言部分“任何文化和自然遗产的恶化或者消失构成世界所有国家遗产的穷困”以及强调老城受损部分可能被恢复不能减轻这一行为，因为“恢复这样的建筑，即使可能，也永不可能恢复到攻击以前的状态，其原因是某种原始性、历史真实性将被损害，因此影响该建筑的固有价值”。从这些分析可以看出，对责任轻重的影响包括所破坏文化财产的重要性和损害的程度。在Plavsic案件中，审判庭也认为：所攻击文化财产的重要性加重了被告的罪刑，“构成最严重的犯罪”。

（六）“军事必要”对追究个人国际刑事责任的影响

从国际法规和习惯来看，虽然用语不同，但几乎都承认“军事必要”的例外，也即如果该文化财产在当时用于军事目的或构成军事目标，对其破坏就不构成犯罪。如前所述，1907年海牙第4公约所附的《陆战法规和惯例章程》第27条规定了对文化财产的保护，但是加上了一条，“只要这些场所在当时没有被用于军事目的”。《1954年海牙公约》规定了对文化财产两种不同类型的保护，即一般保护和特别保护。但在一般保护中强调，对文化财产的保护义务在“军事迫切必要”的情况下可以放弃；在特别保护中强调，对授予特别保护的文化财产在“无可避免的军事必要，且这项必要尚在继续时”，豁免权可以撤回。《日内瓦公约附加第1议定书》第53条和《日内瓦公约附加第2议定书》第16条虽然没有提到军事必要的例外，但是其强调“不妨碍1954年5月14日关于发生武装冲突时保护文化财产的海牙公约的规定的条件下”。这种表述说明其对“军事必要”的例外也是赞同的。

而前南国际刑事法庭相关案例也都确认了“军事必要”的例外。如Blaskic案件、Strugar案件、Kordic Naletilic案件、Galic案件、Brajanin案件、Jokic案件、Plavsic案件都确认“军事必要”例外。但是，在Blaskic案件中，审判庭还强调“文化财产不能位于军事目标的直接周围”。这是否暗示如果文化财产位于军事目标的直接周围，破坏文化财产就不追究其个人刑事责任呢？应当说答案是否定的，因为在Blaskic案件之后的Naletilic和Strugar两个案件中，都拒绝了Blaskic案件中的用语。在Naletilič案件中，审判庭强调：根据1907年《海牙规章》第27条的规定，不能仅仅以文化财产位于军事目标的直接周围，而证明对其毁损的正当性。在Strugar案件中，审判庭也认为：“对文化财产的使用，而不是因其在军事目标的周围，决定文化财产是否以及何时失去保护。”但审判庭也讨论了文化财产位于军事目标附近实际上可能对当事人刑事责任的承担产生影响：“实际结果可能会导致认为对文化财产的损害不是因直接针对文化财产，而是因直接针对周围的军事目标。”因此，从国际条约和惯例以及前南国际刑事法庭的相关案例可以看出，“军事必要”是唯一的免责事由，文化财产位于军事目标的直接周围并不能成为免责事由。

迄今为止，武装冲突中针对文化财产的行为，其刑事责任主要是按照战争罪或者反人类罪的罪名承担。而战争罪的构成要件要求与武装冲突存在联系。反人类罪虽然不要求与武装冲突有联系，但是对文化财产仅仅是间接保护。由于国际文件没有对武装冲突作出明确界定，而现实情况又是各种各样的，这就导致有些对文化财产的破坏行为不能以现行罪名惩罚。2001年塔利班破坏巴米扬大佛事件就面临着这样的尴尬。

巴米扬大佛是世界上最高的立佛，距今已有1500多年，因雕凿在巴米扬河谷边山崖南面的断崖上，故被称为“巴米扬大佛”。我国晋代高僧法显和唐代玄奘都曾瞻仰过宏伟庄严的巴米扬大佛。它是多年来的文化地标，被联合国教科文组织列为世界文化遗产。2001年，塔利班政府发表声明，声称如果美国入侵阿富汗，将炸毁大佛。美国不顾联合国教科文组织及外国非政府组织的反对，仍旧向阿富汗派兵。因此，2001 年 3 月，巴米扬大佛在经过近一个月的猛烈炮轰下，最后被炸药摧毁。

对这一事件，现有的国际条约，包括《1954 年海牙公约》及其议定书很难得以适用。首先，阿富汗不是公约的成员国。而即使阿富汗是公约的成员国，《1954 年海牙公约》及其议定书也很难规制这一事件。因为阿富汗当时并不存在武装冲突，而是其合法政府的决策。因此，联合国教科文组织专门为此发表了《教科文组织关于蓄意破坏文化遗产问题的宣言》，在宣言中，对塔利班的行为予以谴责。但是，现行的罪名，无论是战争罪还是反人类罪很难适用于该事件。因此，有学者建议专门设立破坏文化财产的罪名。①

① Roger O'Keefe, *The Protection of Cultural Property in Armed Conflict*, Cambridge University Press, 2006, p. 189.

第六章　中国与武装冲突中文化财产的国际法保护

我国是一个有着几千年文明历史的国家，聪明、睿智的祖先给我们留下了无数瑰丽的文化财产。古代的武装冲突法中也有保护敌国百姓和财物的规定，如秦以前，军队进入敌国，不准亵渎神位，不准打猎，不准破坏水利工程，不准烧毁房屋建筑，不准砍伐树木，不准擅取家畜、粮食、器具。① 但是，近代历史中极弱的状态，使我国完全成为欧洲列强砧板上的鱼肉。欧洲列强对我国文化财产的破坏、掠夺令人发指，典型的例证包括 1860 年英法联军对圆明园的掠夺与焚烧。无数承载着中国文明、代表中国璀璨文化的财产落入敌手。时至今日，在世界各主要博物馆中，中国的文化财产都是其重要的组成部分。这种状态在新中国成立之后得以根本改善，特别是从 20 世纪 80 年代开始，我国颁布了一系列的保护文化财产的国内法，也加入了许多保护文化财产的国际性公约，并且积极同其他国家达成保护文化财产的双边协议。

第一节　概　　述

一、我国保护文化财产的国内立法

在我国的国内立法中，一般并不使用“文化财产”这一术

① 参见俞正山等著：《武装冲突法》，军事科学出版社 2001 年版，第 3 页。

语，而是使用“文物”一词。1949 年新中国成立之后，我国就着手制定与保护文化财产相关的国内立法。1950 年，政务院颁发了《禁止珍贵文物图书出口暂行办法》和《古文化遗址及古墓葬之调查发掘暂行办法》。特别是 1961 年国务院发布了《文物保护管理暂行条例》。根据该条例，文化部制定了《古遗址、古墓葬调查、发掘暂行管理办法》。除此之外，文化部还颁发了《关于管理名胜古迹职权分工的规定》、《关于地方文物名胜古迹的保护管理办法》和《地方文物管理委员会暂行组织通则》。①

“文化大革命”期间，我国的文化财产遭受重创。“文化大革命”结束之后，我国又开始着手制定规则保护文化财产。1981 年 4 月 28 日文物局颁发了《文物工作人员守则》，对文物工作人员提出了十项要求。5 月 23 日颁发了《关于拍摄文物的几项暂行规定》，7 月 17 日又颁发了《文物商店工作条例》。不久，也即 1982 年 11 月 19 日，第五届全国人民代表大会常务委员会第二十五次会议通过了《中华人民共和国文物保护法》，这是新中国成立之后的第一部保护文化财产的法律，是在肯定 1961 年《文物保护管理暂行条例》规定的基本制度的前提下，适应新形势而制定的。在该法之下，国务院于 1989 年 10 月 20 日发布了《中华人民共和国水下文物保护管理条例》，文物局颁发了《中华人民共和国考古涉外工作管理办法》和《中华人民共和国文物保护法实施细则》。随着改革开放政策的推进，一些人打起了文化财产的歪主义，国内针对文化财产的违法行为逐渐增多。为了加大对这些行为的惩罚力度，1991 年 6 月 29 日第七届全国人大常委会第二十次会议通过了《关于修改〈中华人民共和国文物保护法〉第三十条第三十一条的决定》，根据法律实施过程中存在的问题，将文物保护法规定的应当给予行政处罚的行为由三项增加为八项，还增加了应受刑罚处罚的行为。为了进一步保护文化财产，免受非法出口、挖掘等不法行为的侵害，经过反复讨论和

① 参见刘晓霞著：《文物保护通论》，中国城市出版社 2005 年版，第 14 页。

调研，在1982年《中华人民共和国文物保护法》颁发20年之际，2002年10月28日第九届全国人大常委会第三十次会议通过了新的《中华人民共和国文物保护法》（以下简称《文物保护法》），并于2003年开始施行。随后，该法于2007年和2013年进行了修订。

近些年来，我国越来越意识到文化财产保护的重要性。在2002年《文物保护法》之下，颁布了一系列规章。2005年颁布了《文物行政处罚程序暂行规定》和《博物馆管理办法》，2006年颁布了《国家级非物质文化遗产保护与管理暂行办法》、《古人类化石和古脊椎动物化石保护管理办法》、《世界文化遗产保护管理办法》，2007年颁布了《文物进出境审核管理办法》、《文物保护工程管理办法》、《文物行政处罚程序暂行规定》，2011年又颁布了《世界文化遗产申报项目审核管理规定》。这些法律、法规、规章成为我国保护文化财产的主要法律依据。除此之外，其他法律中也有针对文化财产的条款，如刑法中针对文化财产犯罪的规定。而且文化财产也属于一般财产的一部分，在未特别规定下，针对一般财产的法律、法规也适用于文化财产。

二、我国已加入的保护文化财产的国际条约

改革开放之后，我国不仅积极制定国内法律法规保护文化财产，而且积极加入国际保护文化财产的各种条约。1985年加入了《保护世界文化和自然遗产公约》。随后，自1987年第11届世界遗产大会首次将故宫等6项遗产列入《世界遗产名录》，至今我国已有多项遗产列入该名录中。1989年我国加入了《关于禁止和防止非法进出口文化财产和非法转让其所有权的方法的公约》，1997年加入了国际统一私法协会《关于被盗或者非法出口文物的公约》。这两个公约在诉求返还非法出口文化财产时，经常被引用。1999年我国决定加入《1954年海牙公约》和《1954年第1议定书》。我国也已经加入《保护非物质文化遗产公约》以及《保护文化内容和艺术表现形式多样性国际公约》。此外，我国还是1949年日内瓦四公约及《日内瓦公约附加第1议定书》

和《日内瓦公约第2议定书》的成员国。因此，除了《保护水下文化遗产公约》和《1999年第2议定书》之外，我国几乎加入了所有重要的保护文化财产的国际性公约。在这些公约中，直接涉及武装冲突中的文化财产保护的当属《1954年海牙公约》和《1954年第1议定书》。同时，1949年日内瓦四公约及其附加议定书中保护武装冲突中文化财产的条款当然也适用于我国。

第二节　我国实施《1954年海牙公约》及其议定书存在的问题

1999年，全国人民代表大会决定加入《1954年海牙公约》和《1954年第1议定书》。2000年1月5日我国向教科文组织总干事交存加入书，按照公约第33条的规定，加入书交存之后3个月对该方生效。因此，2000年4月5日，《1954年海牙公约》和《1954年第1议定书》正式在我国生效。但从实践来看，该公约及其议定书在我国并没有得到很好的实施。

一、一般问题：我国宪法中缺乏实施公约的原则性规定

根据一般法理，条约在一国生效并不等于在该国得到有效实施。条约在国内的有效实施涉及各国对条约在国内法中地位和效力的规定。从实践来看，各国对这一问题规定不一，大致可以分为两种：第一种是条约须经转化才可以成为国内法。也即条约被批准之后，必须再经国内立法机关用国内立法的形式把它转化为国内法，才使条约在国内生效。比较典型的有英国和意大利。如根据英国法律，除非议会将条约转变为国内法，否则，英国参加的条约对个人不发生效力。① 英国近些年来，酝酿着加入《1954年海牙公约》及其两个议定书。在此之前，英国已经草拟了《文

① See *eg*. The Parlement Belge (1879) 4 PD 129; J. H. Rayner (Mincing Lane) Ltd. v. Department of Trade and Industry [1989] 3 WLR 969, at 1002, per Lord Oliver.

化财产法案草案（武装冲突）》①，为加入作准备。第二种是条约无须转化就可以直接纳入国内法。② 也即条约在国际上生效之后，一旦加入，就在国内自动生效，无须再通过国内立法使之成为国内法。比较典型的国家有美国③和西班牙。法国也采用这种方式，法国宪法第 55 条就规定：经法国批准的条约构成法国法律的一部分，不需要进一步的立法行为。到底采用何种方式使条约在国内得到有效实施，大都由各国在宪法中予以明确。

反观我国，迄今为止，虽然已经加入了很多国际公约，但是宪法并没有就国际条约在我国的实施作出明确规定。条约在我国的效力和地位问题，理论上存在争论，实践上也莫衷一是。有些条约在我国的效力和地位可以依赖于单行法律、法规的相关规定。如《民法通则》第 142 条规定："涉外民事关系的法律适用，依照本章的规定确定。中华人民共和国缔结或者参加的国际条约同中华人民共和国的民事法律有不同规定的，适用国际条约的规定，但中华人民共和国声明保留的条款除外。中华人民共和国法律和中华人民共和国缔结或者参加的国际条约没有规定的，可以适用国际惯例。"类似模式被相当多的单行法律、法规采纳。我国现在有约 87 部法律和法规的 132 个条款有类似规定。④ 而有些条约在我国有配套的法律法规来实施，如《世界文化遗产保护管理办法》是为了履行《保护世界文化与自然遗产公约》而制定的，其第 1 条也明确制定该办法的目的是为了加强对世界文化遗产的保护和管理，履行对《保护世界文化与自然遗产公约》

① *Draft Cultural Property (Armed Conflicts) Bill*, January 2008, Department for Culture Media and Sport, available at http://www.culture.gov.uk/reference_library/publications/3573.aspx/, accessed on April 1, 2009.

② 王铁崖等著：《国际法》，法律出版社 1997 年版，第 426 页。

③ 依据美国判例，如果条约是自动执行的，即无须转化可以直接在国内实施；如果是非自动执行条约，则需要国会制定法律将其转化为国内法。

④ 王勇：《条约在中国适用之基本理论问题研究》 华东政法学院 2006 年博士论文，第 174 页。

的责任和义务。《关于实施〈专利合作条约〉的规定》是为了实施《专利合作条约》。《外交特权与豁免条例》和《领事特权与豁免条例》则是为了实施《维也纳外交关系公约》和《维也纳领事关系公约》而制定的。除此之外，有些条约则是通过国内立法时尽量与其相一致来实施，如中国于1995年10月颁布了《民用航空法》，其中有关民用航空器权利的规定与1948年《国际法承认航空器权利公约》的内容完全一致。2000年10月，由于我国已经建立了民用航空器权利登记制度，具备了实施条约的条件，全国人大常委会作出了加入该公约的决定。①

一方面，虽然实践中存在这些实施条约的方式，但是对于那些单行法规很难涉及，又没有配套国内立法的条约，其实施就很困难。此类条约虽然对我国已经生效，但是并没有真正实施。另一方面，由于缺乏宪法的原则性规定，条约在我国法律中的地位也没有理清。一旦条约的规定与国内法的相关规定发生冲突，到底如何适用，我国也没有原则性的处理方式。而条约必须信守和履行是国际法的一项基本原则。因此，我国没有在宪法性文件中规定国际条约在我国的效力和地位是国际条约在我国实施中存在的共性问题，我国已经加入的涉及文化财产的公约也不例外。

二、《1954年海牙公约》和《1954年第1议定书》在我国实施存在的具体问题

如前所述，《1954年海牙公约》和《1954年第1议定书》已于2001年在我国生效。按照公约第34条的规定，作为公约一方的每一国家应于公约生效之日采取一切必要措施，以保证公约能于生效后6个月期间内有效实施。如果是公约生效之后才交存批准书或加入书的国家而言，应是该国交存批准书或加入书以后的6个月。由此可见，我国应当在2000年7月5日之前实施该

① 徐里莎：《论国际条约在国内执行的立法实践》，available at http：//www.chinalawedu. com/news/2004_4/10/ 1639412817. htm，accessed on Mar. 1，2008.

公约。但是，我国对该公约及其议定书的实施并不积极。我国没有出台配套的国内法律法规来实施《1954年海牙公约》和《1954年第1议定书》，甚至对其宣传也极其有限。究其原因，一方面在于《1954年海牙公约》和《1954年第1议定书》规定较为笼统，难以采取实际的实施措施；另一方面也在于我国对其不够重视，在与其他一些保护文化财产的公约的对比中，这一点很容易显现。如为履行《保护世界文化与自然遗产公约》，我国颁布了《世界文化遗产保护管理办法》。《国家级非物质文化遗产保护与管理暂行办法》也与《保护非物质文化遗产公约》相对应。在声势浩大的要求返还从我国掠夺的文化财产的国际斗争，如鼠首、兔首雕像斗争中，《教科文组织1970年公约》和《1995年UNIDROIT公约》也经常被提及。相比之下，《1954年海牙公约》和《1954年第1议定书》虽然在我国生效，但大众认知度甚低，也几乎没有涉及实施问题。

（一）蓝盾标记未受到重视

《1954年海牙公约》中规定的保护武装冲突中文化财产的蓝盾标记没有在任何历史建筑物、纪念碑上标示，也没有规章禁止对蓝盾标记的不适当使用。至于公约所规定的蓝盾标记的使用由“缔约一方主管当局授权”，我国也没有指定谁是主管当局。这与另一个标记“红十字”形成了鲜明的对比，我国颁布了《中华人民共和国红十字会法》，其中对红十字的使用作了说明，并明确禁止对其滥用。蓝盾应当是与红十字相对等的标记，只不过后者是标示武装冲突中必须受到尊重和保护的人员和设备，前者是标示武装冲突中必须受到尊重和保护的文化财产以及保护文化财产的相关人员。但蓝盾标记未受到重视和宣传，在网络搜索中，甚至找不到标识武装冲突中文化财产的蓝盾，而只有作为许多商业公司名称的蓝盾字眼。

（二）制裁等于一纸空文

对《1954年海牙公约》所规定的各项义务的履行，最有效的方式当然是在国内法中具体实施其制裁措施。如前所述，公约规定的制裁条款非常简单，仅在第28条规定：缔约各方承允在其普通刑事管辖系统内对违反或教唆违反本公约的任何人，不论该人属何国籍，采取一切必要步骤予以追诉并施以刑罚或纪律制裁。这条简单的规定在我国立法中更是被完全忽视。我国《刑法》第 9 条规定："对于中华人民共和国缔结或参加的国际条约所规定的罪行，中华人民共和国在所承担条约义务的范围内行使管辖权的，适用本法。"也即，《1954 年海牙公约》中规定的针对文化财产的罪行必须适用我国《刑法》的规定。而综观我国《刑法》，几乎没有规定相关的罪行。所以，《1954 年海牙公约》规定的制裁在我国几乎是一纸空文。这一方面是因为《1954 年海牙公约》第 28 条规定太过简单、笼统，缺乏可操作性；另一方面，也是因为我国刑事立法存在缺失。这一问题在论述《1999 年第 2 议定书》时将进一步阐明。

（三）未得到积极传播

《1954 年海牙公约》规定了各国的传播义务，按照第 25 条的规定，缔约各方承允在平时及在发生武装冲突时尽量广泛地在其自己国内传播本公约及其实施条例的文本，特别要把对于上述公约和条例的研究列入军事训练（如果可能的话，亦列入平民训练）的计划中，使全体居民，特别是武装部队和从事于保护文化财产的人员知道公约的原则。但从我国的实践来看，《1954 年海牙公约》和《1954 年第 1 议定书》并没有得到有效传播。翻开各个军事训练教程，几乎没有国际人道法的章节，更不用提其中的保护文化财产的规定。国际法中有武装冲突法的章节，但是这一章通常不在教师的教学之列。而针对全体居民的传播则更是几乎不存在。

（四）未提交执行公约及其议定书的报告

向教科文组织总干事提交执行公约的报告也是公约所规定的缔约国的义务。《1954 年海牙公约》第 26 条第 2 款明确提出：缔约各方应至少四年一次向总干事致送一份报告，提供它们所认为合适的关于各自政府机关为履行本公约及其实施条例而采取、拟订或准备实行的任何措施的一切情报。《1954 年海牙公约》和《1954 年第 1 议定书》于 2000 年在我国生效，按照公约规定，到目前为止，应当至少提交三次报告。但是，中国从来没有提交这样的报告。2007年10月，在教科文组织总干事提出要求之后，中国也没有提交类似报告。①

此外，按照公约的规定，缔约各方应当在平时将可以保证遵守本公约的各项规定列入军事条例或教程之中，并在其武装部队内培养一种尊重各国人民文化及文化财产的精神。而且应当在平时在其武装部队内设计或成立服务队或专门人员，其目的在于获得对于文化财产的尊重并同负责保障文化财产的民政当局进行合作。但这一事项，我国也没有采取适当的措施来实施。

第三节　我国加入《1999年第2议定书》的展望

一、《1999年第2议定书》对《1954年海牙公约》及其议定书的主要发展

如前所述，《1999年第2议定书》是继《1954年海牙公约》和《1954年第1议定书》之后，最重要的专门保护武装冲突中文化财产的公约。它在许多问题上对《1954年海牙公约》的相关规定进行了补充和完善，如扩大适用范围，将其所有规定延伸到非国际性武装冲突中文化财产的保护；细化了和平时期缔约国应当履行的保障义务，《1954年海牙公约》的简单规定被细化为缔约国应当编制目录，制定预防建筑物火灾或倒塌的应急措施，做好可移动文化财产的移出或有效保护的准备工作，以及确定负责文化财产保护的主管机构；强化了被占领土文化财产的保护，增加了对被占领土文化财产非法出口、移动或者转让的禁止，增加条款禁止和阻止对被占领土文化财产的考古挖掘以及目的是隐匿或毁坏文化财产所具有的文化、历史或科学见证作用的改变或改造文化财产用途的行为；引用“军事目标”术语，明确了比较模糊的“军事必要”的

① 这是教科文组织的Jan Hladik先生给我的回信中提到的。Jan Hladik先生是教科文组织中负责武装冲突下文化财产保护事务的专家。

规定；增加了攻击文化财产的预防措施，包括攻击时的预防和攻击后果的预防；强化了执行措施，设立了专门保护武装冲突中文化财产的机构，建立了武装冲突中文化财产保护的基金，强化了缔约国大会的作用；更为重要的是强化了刑事责任。

二、我国加入《1999 年第 2 议定书》的必要性

《1999 年第 2 议定书》秉承了《1954 年海牙公约》的精神，且发展和补充了其相关规定，弥补了相关缺憾。其对缔约国义务的强化，更有利于保护武装冲突中的文化财产。从目前来看，《1999 年第 2 议定书》在 2004 年 3 月 9 日已经生效，迄今为止，已经有 67 个成员国。① 此外，一些国家正在酝酿加入该议定书。

我国是一个文化财产非常丰富的国家，也是一个武装冲突不断的国家。仅从 20 世纪 30 年代开始，我国经历了第二次世界大战，八年抗战结束之后，又经历了四年国内战争，60 年代的中印战争，70 年代的中越战争。直至 20 世纪 80 年代，我国才开始走向和平的年代。但是国土周围并不平静，台湾问题、西藏问题，以及南海诸多岛屿问题，还是存在武装冲突的可能性。

尊重文化财产的理念已经是世界的潮流。文化财产作为具有历史、文化意义的财产，对于传承民族的精神，促进民族之间的理解，以及对人类过去的理解都具有重要意义。正如同《1954 年海牙公约》和《1999 年第 2 议定书》所称，某一文化财产的破坏等于整个世界文化财产的贫瘠。因此，为了更好地保护我国的文化财产以及尊重其他国家的文化财产，我国有必要成为《1999 年第 2 议定书》的成员国。

三、我国加入《1999 年第 2 议定书》的主要障碍：刑事立法的不足

《1999 年第 2 议定书》补充和发展了《1954 年海牙公约》的

---

① 详见教科文组织网站：http：//erc. unesco. org/cp/convention. asp? KO = 15207&language = E，accessed on Jan. 1，2014.

规定。对于缔约国，最重要的莫过于刑事责任问题。如前所述，《1954 年海牙公约》仅用一个条文要求各国应当在其普通刑事管辖系统内对违反或教唆违反公约的人，采取一切必要步骤予以追诉并施以刑罚或纪律制裁。但这一条几乎没有发挥任何作用，其主要问题在于没有列举具体的违反行为。① 而随着 1977 年《日内瓦公约附加第 1 议定书》第 85 条“重大违反”（grave breach）的规定，前南斯拉夫和卢旺达审判的实践，以及 1998 年《国际刑事法院罗马规约》对武装冲突中针对文化财产罪行的规定，《1999 年第 2 议定书》对此进行了明确，列举了五种“严重违反”应受刑罚处罚的行为。但是，这些规定都只是指出哪些行为构成严重违反，至于构成严重违反的行为应当承担何种刑事责任以及具体的刑罚等还需要国内法进行明确。为此，《1999 年第 2 议定书》规定了缔约国的义务，包括采取必要措施依据国内法对五种严重违反行为加以指控，并通过适当刑罚制止的义务；采取属地、属人以及对前三种严重违反的普遍管辖义务；或起诉或引渡义务；法律上的相互协助义务；以及针对其他违反《1954 年海牙公约》和《1999 年第 2 议定书》的行为采取有效的立法、行政或惩罚措施。根据条约必须信守原则，如果成为《1999 年第 2 议定书》的成员国，必须遵从其规定的义务。但审视我国现行立法，并不能满足《1999 年第 2 议定书》的要求。

（一）我国没有对武装冲突中针对文化财产的行为进行刑事规制

1. 我国直接针对文化财产犯罪的规定及存在的问题

目前我国直接涉及文化财产的罪行主要规定在《文物保护法》第 64 条：“违反本法规定，有下列行为之一，构成犯罪的，依法追究刑事责任：（一）盗掘古文化遗址、古墓葬的；（二）故意或者过失损毁国家保护的珍贵文物的；（三）擅自将国有馆藏文物出售或者私自送给非国有单位或者个人的；（四）将国家禁止出境的

① Kevin Chamberlain, *War and Cultural Heritage*, Institute of Art and Law, 2004, p. 205.

珍贵文物私自出售或者送给外国人的；（五）以牟利为目的倒卖国家禁止经营的文物的；（六）走私文物的；（七）盗窃、哄抢、私分或者非法侵占国有文物的；（八）应当追究刑事责任的其他妨害文物管理行为。”《文物保护法》第64条规定的行为在《刑法》第2编第6章第4节中也予以了明确。第4节有6个条文，分别规定了故意毁损文物罪，非法向外国人出售、赠送珍贵文物罪，倒卖文物罪，非法出售、私赠文物藏品罪，盗掘古文化遗址、古墓葬罪，盗窃、抢夺国有档案罪。此外，《刑法》第151条中还规定了走私文物罪。

《文物保护法》第64条以及《刑法》的相关条文直接规定针对文化财产的罪行，条文非常详细、具体，显示了我国对文化财产的保护和尊重。但是，可以确定这些应当追究刑事责任的犯罪行为，都是普通犯罪，与武装冲突没有任何关系。以这些条文来论证我国《刑法》规制了《1999年第2议定书》规定的违反行为，是非常牵强的。而且普通刑事犯罪和武装冲突中针对文化财产的犯罪在一些基本规定上，如普遍管辖、时效是有区别的。

2. 我国针对武装冲突的犯罪规定及存在的问题

我国《刑法》中也有针对武装冲突时发生的犯罪的规制。这主要体现在《刑法》第10章。第10章中有32个条文，其中与《1999年第2议定书》规定的5种严重违反关系紧密的应当是第446条，其规定：“战时在军事行动地区，残害无辜居民或者掠夺无辜居民财物的，处5年以下有期徒刑；情节严重的，处5年以上10年以下有期徒刑；情节特别严重的，处10年以上有期徒刑、无期徒刑或者死刑。”同时第450条规定了第10章所适用的主体范围：适用于中国人民解放军的现役军官、文职干部、士兵及具有军籍的学员和中国人民武装警察部队的现役警官、文职干部、士兵及具有军籍的学员以及执行军事任务的预备役人员和其他人员。第451条则解释了战时的概念。所谓战时，是指国家宣布进入战争状态、部队受领作战任务或者遭敌突然袭击时。部队执行戒严任务或者处置突发性暴力事件时，也称为战时。

第446条虽然规定战时掠夺无辜居民财物的，构成犯罪，但并没有指向文化财产，而且没有“破坏”的字眼。所以将该条作为承担《1999年第2议定书》规定的义务实在是勉为其难。同时，第450条对主体的限制使其适用范围较窄，只限于我国的现役军人以及执行军事任务的预备役人员和其他人员。这与《1999年第2议定书》规定的义务并不能完全相容。《1999年第2议定书》规定的严重违反以及其他违反行为所采用的字眼是“任何人”，也即不限于现役军人。如非国际性武装冲突的参加者攻击文化财产，这些参加者也属于《1999年第2议定书》规制的范围。但是，第450条的限制性规定就没有将其规定在内。同时，《1999年第2议定书》规定对于前三种严重违反行为，如果被推定作案人在该国领土上，缔约国必须确保自己享有管辖权。但第450条将主体只限制为我国的现役军人，就导致并不能适用第446条追究这部分人的责任。此外，第451条对战时的解释也与《1999年第2议定书》规定的适用范围不一致。《1999年第2议定书》针对的武装冲突，包括国际性武装冲突也包括非国际性武装冲突，但第451条强调战时是国家宣布进入战争状态之时。

（二）时效问题

如前所述，习惯国际规则已经确认武装冲突中针对文化财产的行为可以构成战争罪行。而战争罪行不适用时效已经在1968年联合国《战争罪及危害人类罪不适用法定时效公约》中有规定，而且被纽伦堡、东京审判以及前南刑事法庭和卢旺达刑事法庭的实践所采纳。1998年《国际刑事法院罗马规约》也规定战争罪行不适用时效。因此，在战争罪行的时效上，国际上已经达成共识。

但是，对于这一问题，我国现行《刑法》并未规定。我国《刑法》第87、88、89条对时效作了规定。第87条强调犯罪经过一定期限不再追诉：法定最高刑为不满5年有期徒刑的，经过5年；法定最高刑为5年以上不满10年有期徒刑的，经过10年；法定最高刑为10年以上有期徒刑的，经过15年；法定最高刑为无期徒刑、死刑的，经过20年。如果20年以后认为必须追诉的，须报请最高人民检察院核准。第88条规定了不受时效限制的情况，包括两种：在人民检察院、公安机关、国家安全机关立案侦查或者在人民法院受理案件以后，逃避侦查或者审判的，不受追诉期限的限制；被害人在追诉期限内提出控告，人民法院、人民检察院、公安机关应当立案而不予立案的，不受追诉期限的限制。从第 87、88 条的规定来看，武装冲突中针对文化财产所犯的罪行并没有排除在时效适用之外。这与国际条约的规定不符，也与纽伦堡、东京审判以及前南斯拉夫、卢旺达的审判实践相违背。

（三）上级责任问题

《1999 年第 2 议定书》强调缔约国在采取国内措施时，应遵守“法律的一般原则和国际法，尤其是遵守把个人刑事责任扩大到直接行为者以外之其他人的规则”。按照法律的一般原则，这里所称的“直接行为者以外之其他人”包括命令、唆使、引诱实施犯罪的、协助实施或协助企图实施犯罪的人，支助以共同目的行事的团伙实施或企图实施犯罪的人，还包括指挥官和其他上级的责任。从我国刑法的具体规定来看，前者在共同犯罪中可以找到相应的规定。但是，后者也即指挥官和其他上级责任则很难找到相应规定。

所谓指挥官和其他上级责任是指上级明知或是有理由知道下属即将犯罪或是已经犯罪，但却没有采取必要的合理措施阻止下属犯罪或是惩罚犯罪行为人，从而应负的不作为刑事责任。① 1977 年《日内瓦公约附加第 1 议定书》第 86 条第 2 款和 1998 年《国际刑事法院罗马规约》第 28 条对此作了详细规定。在纽伦堡、东京审判以及前南斯拉夫和卢旺达审判中，也有案件涉及指挥官和其他上级责任。

因此，违反武装冲突中保护文化财产义务的行为应当规定上级责任在国际社会已经达成了共识。但我国《刑法》中并无相应规定。我国《刑法》总则中只规定了共同犯罪中的主犯、从犯、胁从犯、教唆犯的责任，没有专门提及上级责任。《刑法》分则第 427 条虽然规定：“滥用职权，指使部属进行违反职责的活动，造成严重后果的，处 5 年以下有期徒刑或者拘役；情节特别严重的，

① 陈雄飞：《从国际刑事判例论国际刑法中的上级责任》，载《刑事法评论》（第 16 卷），中国政法大学出版社 2005 年版，第 367 页。

处 5 年以上 10 年以下有期徒刑。”但是这一规定明显与上级责任有区别，上级责任是不作为的刑事责任①，而该条要求有积极作为。

(四) 或引渡或起诉原则的缺乏

或起诉或引渡原则是指在其境内发现被请求引渡的犯罪人的国家，按照其签订的有关引渡条约或者依据双向互惠原则，应当将该人引渡给请求国。如果不同意引渡，则应将该人交给本国主管机关依照其国内法对该人提起诉讼以便追究其刑事责任。② 或引渡或起诉原则是引渡制度中的一项主要准则。对前三种严重违反，《1999 年第 2 议定书》规定了该原则，第 17 条明确提出：有关缔约国在发现违反前三种严重违反的规定的被推定作案人在其领土上时，如不将其引渡，则应无一例外地和不过分迟延地将此案送交主管当局，按照符合国内法或符合有关国际惯例的程序提出起诉。

从国际引渡立法上看，或引渡或起诉原则被广泛确认和肯定，在引渡制度中起着巨大作用，同时，或引渡或起诉原则在实践上具有广泛性和可操作性，而且在某种意义上，这一原则可以在特定情形下起到安全阀的作用，可以作为拒绝引渡后的一种补救措施而出现，是对政治犯不引渡原则、本国公民不引渡原则和死刑犯不引渡原则的必要补充。③ 该原则既保证了对犯罪分子的惩罚，又维护了某些特殊利益，兼顾了某些特殊情况。但遗憾的是，我国 2000 年颁布的《中华人民共和国引渡法》中却没有这一规定。这就导致《1999 年第 2 议定书》的相关规定不能得到保障，也给他国攻击我国制造了借口。

---

① Roger O' Keefe, *National Implementation of the Penal Provisions of Chapter 4 of the Second Protocol of 26 March 1999 to the Hague Convention of 1954 for the Protection of Cultural Property in the Event of Armed Conflict* (Report), UNESCO, March 29, 2002, p. 6.

② 成良文：《刑事司法协助研究》，西南政法大学 2002 年博士论文，第 86 页。

③ 张世平：《论国际犯罪的国内立法化》，中国政法大学 2005 年硕士论文，第 32 页。

（五）刑事司法协助的不充分

《1999年第2议定书》第19条规定了刑事司法协助，要求缔约国对严重违反行为进行的调查和刑事诉讼或引渡程序中，应相互提供最大程度的司法协助。《中华人民共和国刑事诉讼法》中有与这一条款相适应的规定。1996年，第八届全国人民代表大会第四次会议通过了关于修改《中华人民共和国刑事诉讼法》（以下简称《刑事诉讼法》）的决定。该决定在《刑事诉讼法》中增补了一个关于国际刑事司法协助的原则性条款："根据中华人民共和国缔结或者参加的国际条约，或者按照互惠原则，我国司法机关和外国司法机关可以相互请求刑事司法协助。"《刑事诉讼法》虽历经多次修改，但该条款继续适用。从实践来看，虽然我国与外国达成的双边刑事司法协助条约越来越多，但是还不够广泛，我国与外国达成的双边刑事司法协助条约只有30多个。① 因此，在刑事司法协助方面，我国还有待于加强。

第四节　建　　议

一、加入《1999年第2议定书》

一方面，我国应当加入《1999年第2议定书》。因为《1999年第2议定书》更有利于武装冲突中文化财产的保护，而文化财产作为传承人类文明的财产，应当得到尊重和保护。另一方面，我国是一个文化财产非常丰富的国家，也是一个战乱相对频繁的国家。即使在今天，周围环境也不平静，还是存在武装冲突的可能性。因此，为了更好地保护我国的文化财产，也为了更好地尊重其他国家的文化财产，我们应当作出努力，成为《1999年第2议定书》的成员国。

---

① 详见司法部网站：http://www.legalinfo.gov.cn/moj/sfxzws/content/2009-08/26/content_1144120.htm?node=7382, accessed on Mar. 18, 2014.

二、规定国际条约在我国的实施方式

条约必须信守是国际法的一项基本原则。我国不仅要成为《1999 年第 2 议定书》的成员国，而且应当使保护武装冲突中文化财产的各项国际条约在我国真正发生效力，这就应当规定国际条约在国内的实施方式。

如前所述，各国一般在宪法中规定国际条约在国内的实施，明确国际条约在国内的地位和效力。我国《宪法》中没有作此规定，使得条约在我国的实施问题没有原则性的规定，也导致理论和实践比较混乱。因此，从长远来看，我国应当修改《宪法》，明确加上国际条约在我国的实施条款。借鉴其他国家的做法，可以采用自动纳入的方式，并规定当国际条约和国内法二者发生冲突时，优先适用国际条约的规定，但是条约的效力不能高于宪法的效力。

三、更好地实施《1954 年海牙公约》及其两个议定书和相关的国际规则

如前所述，即使在宪法中原则性规定国际条约在国内的纳入适用方式，《1954 年海牙公约》及其两个议定书的规定在我国的实施问题并不能得到彻底解决，因为《1954 年海牙公约》及其两个议定书的一些规定不能自动执行，必须在国内法中得以明确。其中，刑事责任和蓝盾标记的使用是其中两个重要的问题。

（一）刑事立法的完善

如前所述，一方面，《1999 年第 2 议定书》对《1954 年海牙公约》的主要发展之一就是刑事责任。不同于《1954 年海牙公约》，《1999 年第 2 议定书》已经列举了应当受到刑罚处罚的五种严重违反行为和其他违反行为，而且规定了缔约国的相关义务。因此，如果说我国加入《1954 年海牙公约》，但没有规定制裁措施是因为公约本身太笼统，那么，一旦决定成为《1999 年第 2 议定书》的成员国，我国就不得不正视该文件中刑事责任的规定。另一方面，我国已经是 1949 年日内瓦公约和《日内瓦公约附加第 1 议定书》的成员国。《日内瓦公约附加第 1 议定书》第 85（4）（4）条

所规定的“重大违反”中也有针对武装冲突中文化财产的犯罪，且根据第85（5）条的规定，这种行为可以视为“战争罪”。因此，为了更好地实施《1954年海牙公约》以及《日内瓦公约附加第1议定书》，也为了将来更好地履行《1999年第2议定书》的义务。我国有必要完善刑事立法。从我国的现状来看，修改、补充刑法的相关规定应当是较为经济的立法方式。

1. 将《1999年第2议定书》规定的五种严重违反列入《刑法》第10章并规定相应的刑罚

具体罪名可以概括为武装冲突中针对文化财产的犯罪。在该罪名之下，将《1999年第2议定书》规定的五种严重违反一一列举，并且规定构成此罪的主观要件必须是故意。具体刑罚应当是判处有期徒刑以上的徒刑，但不宜规定死刑。这几种犯罪构成严重违反，因此，仅仅判处罚金或没收不足以消除此行为的不良影响；而这几种犯罪可能涉及引渡，而引渡中有“死刑犯不引渡”原则，因此，也不适宜规定死刑。参照《刑法》第446条，具体条款可以规定如下：

在武装冲突中，故意违反《1954年海牙公约》或者《1999年第2议定书》的规定，将受重点保护的文化财产作为进攻目标；将受重点保护的文化财产或其周围设施用以支持军事行动；大量地破坏或攫取文化财产；或者将文化财产作为进攻目标；或者偷盗、掠夺或侵占文化财产，以及对它们进行破坏的行为，处5年以下有期徒刑；情节严重的，处5年以上10年以下有期徒刑；情节特别严重的，处10年以上有期徒刑、无期徒刑。

同时，应当将《刑法》第450条所规定的主体范围修改为：适用于中国人民解放军的现役军官、文职干部、士兵及具有军籍的学员和中国人民武装警察部队的现役警官、文职干部、士兵及具有军籍的学员以及参加武装冲突的其他人员。也即在第450条中加入“参加武装冲突的其他人员”，这样，任何参加国际性和非国际性武装冲突的人员，包括不具有军籍的人员也可以涵括在内。此外，应当对第451条进行修改，改“战时”为“武装冲突时”，具体可以这样规定：本章所称武装冲突时，是指国家进入武装冲突状态，部队受领作战任务或者遭敌突然袭击时。部队执行戒严任务或者处置突发性暴力事件时，也称为武装冲突时。

2. 在刑法总则中明确武装冲突中针对文化财产的犯罪不适用时效

如前所述，我国《刑法》总则第 87、88、89 条规定时效。第 87 条规定追诉时效，第 88 条规定追诉时效的延长，第 89 条规定追诉时效的起算。这三个条款没有规定武装冲突中针对文化财产的犯罪不适用时效，不符合国际法的规定。因此，有必要在我国《刑法》总则中予以明确。具体而言，笔者认为可以将第 87 条规定为两款。现行的规定可以当做第 1 款，内容不变。第 2 款规定哪些罪行不适用时效，其中应当包括武装冲突中针对文化财产的犯罪。

除此之外，虽然 1977 年《日内瓦公约附加第 1 议定书》第 86 条第 2 款和 1998 年《国际刑事法院罗马规约》第 28 条对指挥官和其他上级责任作了明确规定，实践中也有采纳该责任的具体案例，如前南联盟米诺什维奇案件。但是，鉴于该规定可以动辄追溯到最高国家领导人，对其适用必须慎之又慎。① 而且，其他国家明确在国内法中规定该责任的并不多见②，因此，我国在现阶段也可以不在国内法中明确该规定。而《1999 年第 2 议定书》第 17 条规定的对前三种严重违反的或引渡或起诉原则，虽然在我国《引渡法》中没有规定，但如果我国《宪法》中原则性规定国际公约在我国的纳入适用方式，则第 17 条第 1 款的规定可以自动在我国实施，也就没有必要专门修改《引渡法》的规定。

（二）指定蓝盾标记的授权单位并禁止对其滥用

作为标示武装冲突中受保护的文化财产以及相关人员的标记，

---

① 陈雄飞：《从国际刑事判例论国际刑法中的上级责任》，载《刑事法评论》（第 16 卷），中国政法大学出版社 2005 年版，第 387 页。

② See Roger O’Keefe, *National Implementation of the Penal Provisions of Chapter* 4 *of the Second Protocol of* 26 *March* 1999 *to the Hague Convention of* 1954 *for the Protection of Cultural Property in the Event of Armed Conflict* (Report), UNESCO, March 29, 2002.

蓝盾标记应当受到重视。按照《1954 年海牙公约》的规定，对于一般保护的文化财产，并不强制要求标明标记。但是，对于受特别保护的文化财产和在紧急情形下的文化财产的运输以及临时保藏所，缔约国有义务保证为其置以识别标志。同时，公约规定蓝盾标记置于不可移动的文化财产，必须经缔约一方主管当局的授权。因此，我国应当指定可以授权使用蓝盾标记的主管当局，并且禁止对蓝盾标记的滥用。

（三）积极提交执行报告和参加会议

提交执行报告是《1954 年海牙公约》及《1999 年第 2 议定书》规定的缔约国的义务。这一规定的目的是通过这种形式使缔约国相互之间更好地了解为执行公约及其议定书而采取的措施，并可以相互参考和借鉴，从而更好地实施公约及其议定书的规定。因此，我国有必要积极提交执行报告，让世界了解我国在保护武装冲突中文化财产上所作出的努力。同时，我国也应当积极参加缔约国大会，发表自己的意见，为保护文化财产献计献策。

四、司法协助的加强

无论是《1999 年第 2 议定书》还是 1977 年《日内瓦公约附加第 1 议定书》都要求各国在法律上相互协助，这种相互协助在各国交往越来越密切的今天，具有重要意义，而相互协助的方式当以双边司法协助条约为宜。我国现今已经与一些国家签订了双边刑事司法协助条约，但还不够充分，应当在这一事项上继续加强。

五、保护武装冲突中文化财产意识的推广

无论什么规则，只有在人们切实遵守时才能发挥作用。而要人们遵守规则，首先必须让人们知晓规则的内容，武装冲突中保护文化财产的规则也不例外。因此，我国应当推广武装冲突中保护文化财产的意识。不仅针对军人和军事院校的学生，而且应当在全民培养珍惜文化财产的意识。

参 考 文 献

一、中文著作

[1] 邵津等著:《国际法》，北京大学出版社、高等教育出版社 2000 年版。

[2] [美] L. H. 尼古拉斯著:《欧洲的掠夺——西方艺术品二战蒙难记》，吴福元、罗蕾译，江苏人民出版社 2000 年版。

[3] [比] 让-马里·亨克茨等著:《习惯国际人道法规则》，法律出版社 2007 年版。

[4] 梁西著:《国际法》，武汉大学出版社 2003 年版。

[5] [加] 威廉·A. 夏巴斯著:《国际刑事法院导论》(第二版)，黄芳译，中国人民公安大学出版社 2006 年版。

[6] 张旭主编:《国际刑法——现状与展望》，清华大学出版社 2005 年版。

[7] 马承元著:《国际犯罪与责任》，中国政法大学出版社 2001 年版。

[8] 贾宇等著:《国际刑法学》，中国政法大学出版社 2004 年版。

[9] 林欣、李琼英等著:《国际刑法新论》，中国人民公安大学出版社 2005 年版。

[10] 李寿平著:《现代国际责任法律制度》，武汉大学出版社 2003 年版。

[11] 凌岩著:《跨世纪的海牙审判》，法律出版社 2002 年版。

[12] 俞正山等著:《武装冲突法》，军事科学出版社 2001 年版。

[13] 王铁崖等著:《国际法》，法律出版社 1997 年版。

[14] 刘晓霞著:《文物保护法通论》，中国城市出版社 2005 年版。

二、中文论文

[1] 郭玉军、陈芝兰:《被掠夺艺术品归还的法律问题研究》,载《国际法与比较法年刊》(第十辑),中国方正出版社 2004 年版。

[2] 徐衍光:《论国际人道主义法在非国际性武装冲突中的适用》,外交学院 2001 年硕士论文。

[3] 朱文奇:《战争罪与武装冲突性质的问题》,载《西安政治学院学报》2003 年第 1 期。

[4] 王勇:《条约在中国适用之基本理论问题研究》,华东政法学院 2006 年博士论文。

[5] 陈雄飞:《从国际刑事判例论国际刑法中的上级责任》,载《刑事法评论》(第 16 卷),中国政法大学出版社 2005 年版。

[6] 成良文:《刑事司法协助研究》,西南政法大学 2002 年博士论文。

[7] 张世平:《论国际犯罪的国内立法化》,中国政法大学 2005 年硕士论文。

[8] 高升:《文化财产返还国际争议的解决》,武汉大学 2006 年博士论文。

[9] 鲁立志:《非物质文化遗产法律保护之比较研究》,武汉大学 2007 年硕士论文。

[10] 张璐:《水下文化遗产的所有权及其管理的国际法律机制研究》,武汉大学 2007 年硕士论文。

三、外文著作和论文集

[1] Jiri Toman, *The Protection of Cultural Property in the Event of Armed Conflict*, *Commentary on the Convention for the Protection of Cultural Property in the Event of Armed Conflict and its Protocol*, Signed on 14 May 1954 in The Hague, and on Other Instruments of International Law Concerning such Protection, Dartmouth Publishing Company, 1996.

[2] Roger O'Keefe, *The Protection of Cultural Property in Armed Conflict*, Cambridge University Press, 2006.

[3] J. Pictet, *Commentary on the Geneva Convention for the Amelioration of the Condition of the Wounded and Sick in Armed Forces in the Field*, ICRC, Geneva, 1952.

[4] Kevin Chamberlain, *War and Cultural Property*, Institute of Art and Law, 2004.

[5] Patrick J. Boylan, *Review of the Convention for the Protection of Cultural Property in the Event of Armed Conflict*, 1993, A. 2 UNESCO Archive.

[6] Maria Teresa Dutli, *Protection of Cultural Property in the Event of Armed Conflict*, ICRC, Geneva, 2002.

[7] ICRC, *International Humanitarian Law and the Challenges of Contemporary Armed Conflicts*, 30th International Conference of the Red Cross and Red Crescent Geneva, October 2007.

[8] Edwin R. Micewski Gerhard Sladek, *Protection of Cultural Property in the Event of Armed Conflict—A Challenge in Peace Support Operations*, Austrian Military Printing Press, Vienna 2002.

[9] Wayne Sandiholz, *Prohibiting Plunder: How Norms Change*, Oxford University Press, 2007.

[10] Roger O'Keefe, *National Implementation of the Penal Provisions of Chapter* 4 *of the Second Protocol of* 26 *March* 1999 *to the Hague Convention of* 1954 *for the Protection of Cultural Property in the Event of Armed Conflict* (*Report*), UNESCO.

[11] Gerard von Glahn, *The Occupation of Enemy Territory: A Commentary on the Law and Practice of Belligerent Occupation*, University of Minnesota Press, Minneapolis, 1957.

[12] Yoram Dinstein, *The International Law of Belligerent Occupation*, Cambridge University Press, 2009.

[13] BarbaraT. Hoffman, *Art and Cultural Heritage*, Cambridge

University Press, 2006.

[14] Lawrence Rothfield, *Antiquities under Siege—Cultural Heritage Protection after the Iraq War*, Altamira Press, 2008.

[15] Jeanette Greenfield, *The Return of Cultural Treasures* (*3rd.*), Cambridge University Press, 2007.

[16] Wojciech A. Kowalski, *Art Treasures & War*, Institute of Art and Law, 1998.

[17] Patrick O'Keefe, *Commentary on the UNESCO* 1970 *Convention* (2*nd*), Institute of Art and Law, 2007.

[18] Emmerich de Vattel, *The Law of Nations or the Principles of Natural Law*, *Applied to the Conduct and to the Affairs of Nations and of Sovereigns*, Carnegie Institution of Washington, Washington, D. C., 1916 (reproduction of the 1758 edition).

四、外文论文

[1] Dietrich Schindler, *The Different Types of Armed Conflicts According to the Geneva Conventions and Protocols*, Recueil des Cours, 1979, Vol. 163, Issue II.

[2] H. P. Gasser, *International Humanitarian Law: an Introduction*, in *Humanity for All: International Red Cross and Red Crescent Movement*, ed. by H. Haug, Paul Haupt Publishers, Berne, 1993.

[3] Lyndel V. Prott and Patrick J. O'Keefe, *Cultural Heritage or Cultural Property?*, Vol. 1, International Journal of Cultural Property, 1992.

[4] Manlio Frigo, *Cultural Property v. Cultural Heritage: A "Battle of Concepts" in International Law?*, IRRC, June 2004, Vol. 86, No. 854.

[5] L. V. Prott and P. J. O'Keefe, *Law and the Cultural Heritage*, Vol. I, Professional Books Limited, 1984.

[6] Lyndel V. Prott, *Problems of Private International Law for the*

Protection of the Cultural Heritage, Recueil des Cours, 1989, Vol. 217, Issue V.

[7] Janet Blake, *On Defining the Cultural Heritage*, International and Comparative Law Quarterly, Vol. 49, No. 1 (Jan. 2000).

[8] John Henry Merryman, *The Public Interest in Cultural Property*, California Law Review, Mar. 1989, Vol. 77, No. 2.

[9] Hirad Abtahi, *The Protection of Cultural Property in Times of Armed Conflict: The Practice of the International Criminal Tribunal for the Former Yugoslavia*, Harvard Human Rights Journal, Vol. 14, Spring 2001.

[10] Erika J. Techera, *Ptotection of Cultural Heritage in Times of Armed Conflict: the International Legal Framework Revisited*, MQJICEL, 2007, Vol. 4.

[11] W. W. Kowalski, *Restitution* of *Works of Art Pursuant to Private and Public International Law*, Recueil des Cours, 2001, Vol. 288.

[12] Craig J. S. Forres, *The Doctrine of Military Necessity and the Protection of Cultural Property during Armed Conflict*, 37 Cal. W. Int'l L. J. 177, 2007.

[13] Jan Hladik, *Marking of Cultural Property with the Distinctive Emblem of the* 1954 *Hague Convention for the Protection of Cultural Property in the Event of Armed Conflict*, IRRC, June 2004, Vol. 86, No. 854.

[14] James G. Stewart, *Towards A Single Definition of Armed Conflict in International Humanitarian Law: A Critique of Internationalized Armed Conflict*, IRRC, June 2003, Vol. 85, No. 850.

[15] Stefanie Küfner, *The Threshold of Non-international Armed Conflict*, LWWL Research Thesis, August 2007.

[16] Marten Zwanenburg, *Existentialism in Iraq: Security Council Resolution* 1483 *and the Law of Occupation*, IRRC, December

2004, Vol. 86, No. 856.

[17] D. Rigby, *Cultural Reparations and A New Western Tradition*, the American Scholar, 1944, Vol. 13.

[18] Matthew Bogdanos, *Iraq Museum Investigation*: 22 April-8 (2003).

[19] Cathering Phuong, *The Protection of Iraq Cultural Property*, ICLQ, Vol. 53, October 2004.

[20] Fadlah Adams, *The Protection of Cultural Heritage: Have We Failed in Iraq?*, University of Western Cape, Nov. 2006.

[21] JE Kastenberg, *The Legal Regime for Protecting Cultural Property during Armed Conflict*, 42 Air Force Law Review, Vol. 277, 1997.

[22] O'Connell, Mary Ellen, *Occupation Failures and the Legality of Armed Conflict: The Case of Iraqi Cultural Property*, Art, Antiquity and Law, Vol. 9, December 2004.

[23] Theodor Meron, *The Protection of Cultural Property in the Event of Armed Conflict within the Case-law of the International Criminal Tribunal for the Former Yugoslavia*, Museum, No. 228, Vol. 57.

[24] Wojciech Kowalski, *Introduction to the International Law on the Restitution of Works of Art Looted during Armed Conflicts (Part I)*, available at http://spoils.libfl.ru/spoils/eng/spoil2_3 html #1.

[25] K. Siehr, *International Art Trade and the Law*, Recueil des Cours, Volume 243 (1993-VI).

[26] Matthew D. Thurlow, *Protecting Cultural Property in Iraq: How American Military Policy Comports with International Law*, Yale Human Rights and Development L. J., Vol. 8, 2005.

[27] John Noble Wilford, *War in Iraq Would Halt All Digs in Region*, N. Y. Times, Feb. 25, 2003.

[28] Roger M. Mastalir, *A Proposal for Protecting the "Cultural" and "Property" Aspects of Cultural Property under International Law*, 16 Fordham Int'l. L. J. 1033, 1048 (1993).

[29] Janet Rausa Fuller, *Theft of Iraq's Art Treasures Continuing*, CHI. SUN-TIMES, Sep. 30, 2003.

[30] Adam Goodheart, *Missing: A Vase, A Book, A Bird and* 10000 *Years of History*, N. Y. TIMES, Apr. 20, 2003.

[31] John Noble Wilfors, *Curators Appeal for a Ban on Purchase of Iraq Artifacts*, N. Y. Times, May. 7, 2003.

[32] Victoria A. Birov, *Prize or Plunder? —The Pillage of Works of Art and the International Law of War*, 30 N. Y. U. J. int'l L. &Pol. 201 (1997-1998).

[33] Joshua M. Zelig, *Recovering Iraq's Cultural Property: What can Be Done to Prevent Illicit Trafficking*, Brook. J. Int'l L., Vol. 31: 1, 2005.

[34] Jennifer Lehman, *The Continued Struggle With Stolen Cultural Property: The Hague Convention, The UNESCO Convention, and the UNIDROIT Draft Convention*, 14ARIZ. J. Int'l & COMP. L. (1997).

[35] Paul Berman, *The ICRC's Advisory Service on International Humanitarian Law: the Challenge of National Implementation*, International Review of the Red Cross, No. 312, 1996.

[36] Danio Campanelli, *The Law of Military Occupation Put to the Test of Human Rights Law*, International Review of the Red Cross, No. 871, 2008.

[37] Anne-Marie La Rosa, *Sanctions as A Means of Obtaining Greater Respect for Humanitarian Law: A Review of Their Effectiveness*, International Review of the Red Cross, No. 870, 2008.

[38] Jean Marie Henkearts, *New Rules for the Protection of Cultural Property in Armed Conflict*, International Review of the Red

Cross, No. 835, 1999.

[39] James A. R. Nafziger, *Art Loss in Iraq*, Iraq Double Issue, Vol. 6, Nos. 1&2.

[40] Richard L, *Iraq's Beleaguered Heritage*, Archaeology, May/June, 1991.

[41] Marco Sassoli and Laura M. Olson, *Prosecutor v. Tadic (Judgement)*, Case No. IT-94-a-A. 38 ILM 1518 (1999), The American Journal of International Law, Vol. 94, No. 3 (Jul. 2000).

[42] Olivier Durr, *Humanitarian Law of Armed Conflict: Problems of Applicability*, Journal of Peace Research, Vol. 24, No. 3, 1987.

[43] Lindsay Moir, *The Historical Development of the Application of Humanitarian Law in Non-International Armed Conflicts to* 1949, The International and Comparative Law Quarterly, Vol. 47, No. 2 (Apr. 1998).

[44] David P. Forsy, *Legal Management of Internal War: The* 1977 *Protocol on Non-International Armed Conflicts*, The American Journal of International Law, Vol. 72, No. 2 (Apr. 1978).

五、数据库和网站

[1] ICRC: http://www.icrc.org.

[2] UNESCO: http://unesdoc.unesco.org.

[3] ICTY: http://www.un.org/icty/cases-e/index-e.htm.

[4] 中国期刊全文数据库: http://dlib2.cnki.net/kns50/.

[5] JSTOR: http://www.jstor.org/.

[6] CUP: http://journals.cambridge.org.

[7] WESTLAW: http://www.westlaw.com/signon/default.wl? sp=wuhau-0000&rs=imp1.0&vr=1.0& cbhf =none.

[8] 中国优秀硕博士论文网: http://cnki1.lib.whu.edu.cn/

kns50/index. aspx.

[9] 超星中文电子图书：http：// cx. hbdlib. cn：8080/markbook / GetIndex. jsp? NetUser=2.

[10] Social Science Reaserch Network：http：//www. ssrn. com/.

后　记

本书是在我博士论文的基础上修改而成。即将付梓之际，心里五味杂陈，有点高兴，有点惶恐，又有点怅然若失，更多的则是感恩。

首先要感谢我的博士生导师郭玉军教授。本论题出自郭老师主持的项目。在本书撰写过程中，正逢郭老师到美国研习，回来之时，郭老师带来了大量的最新资料。如果没有这些资料，很难相信我能够顺利完成本书。而郭老师所授的文化遗产保护课程也对我颇有促进。在郭老师的主持之下，同学们针对文化遗产这一课题各抒己见，再加上郭老师的独特见解，给了我很大启发。郭老师的爱人蔡兴先生，是武汉有名的艺术爱好者和收藏家，他的关心和指导，对我也意义深远。

本书的出版也要感谢我所在的武汉理工大学文法学院的领导和同事，以及武汉大学出版社的张琼和胡荣两位老师。

最后要感谢我的家人，特别是我的先生沈忠杰，可以说我的求学和写作之路，都是在他的支持下完成的，他的宽容、豁达、忍耐和爱一直支持着我。而我的宝贝儿子沈知飞，更是我所有动力的源泉。每当疲倦之时，看到他的一颦一笑，让我困意全消。这值得我一辈子珍惜。

胡秀娟

2014 年 6 月 8 日于武汉